U0592657

亚洲的社会发展与民生保障

张　翼　房连泉　等著

YAZHOU DE SHEHUI FAZHAN YU
MINSHENG BAOZHANG

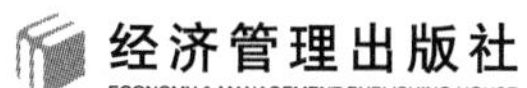

图书在版编目（CIP）数据

亚洲的社会发展与民生保障/张翼等著．—北京：经济管理出版社，2022.6
ISBN 978-7-5096-8591-4

Ⅰ.①亚…　Ⅱ.①张…　Ⅲ.①社会发展—研究—亚洲 ②社会保障—研究—亚洲
Ⅳ.①D730.69 ②D730.7

中国版本图书馆 CIP 数据核字(2022)第 120216 号

组稿编辑：任爱清
责任编辑：任爱清
责任印制：黄章平
责任校对：王淑卿

出版发行：经济管理出版社
（北京市海淀区北蜂窝 8 号中雅大厦 A 座 11 层　100038）
网　　址：www. E-mp. com. cn
电　　话：（010）51915602
印　　刷：唐山昊达印刷有限公司
经　　销：新华书店
开　　本：720mm×1000mm/16
印　　张：14.25
字　　数：248 千字
版　　次：2022 年 10 月第 1 版　　2022 年 10 月第 1 次印刷
书　　号：ISBN 978-7-5096-8591-4
定　　价：89.00 元

前　言

2022 年全球人口中有 61%（47 亿）生活在亚洲①。

在农业社会，亚洲不仅创造了光辉灿烂的历史，而且还长期引领世界发展。只是在近代以来的工业化进程中不幸落后。在西方的入侵与殖民地的压迫下，举步维艰。自 19 世纪末以来，亚洲各国奋起直追、加速发展，从根本上改变了原有发展格局。亚洲的迅速发展，改变了世界现代化的基本格局，增进了世界大多数人口的福祉。特别是在第二次世界大战以后，亚洲各国获得了长足进步。但在发展过程中，由于各国的国情不同、采取的发展战略不同、客观形成的发展速度也不同，由此决定了亚洲各国发展态势的不均衡性。

就全球而言，截至 2020 年，世界有 83 个国家和地区的人均 GDP 高于 12535 万美元。这些国家主要分布在欧洲、美洲和大洋洲。在亚洲国家中，只有卡塔尔、以色列、巴林、沙特阿拉伯王国、阿曼苏丹国、日本、新加坡和韩国，另加中国香港、中国澳门和中国台湾进入到高收入国家和地区的行列，其他国家既属于发展中国家，同时也属于发展中国家中的中低收入国家。②

中国作为世界第一人口大国，为世界民生的改善作出了重大贡献。在改革开放以后，更为显著地取得了突飞猛进的进展。自 2019 年起，中国人均 GDP 超过 1 万美元，2021 年按现汇估算的人均 GDP 已经达到 1. 25 万美元，恩格尔系数迅速降低，消费升级趋势明显，每百户家庭拥有的轿车数量迅速增长，网民数量超过了 10 亿，数字社会特征更趋明显。③

在亚洲国家的现代化进程中，人口转型与社会转型同步进行。而人口转型和

---

① United Nations Department of Economic and Social Affairs, Population Division (2022) . World Population Prospects 2022: Summary of Results. UN DESA/POP/2022/TR/NO. 3.

② World Bank country classifications by income level 2020－21 (https: //www. jagranjosh. com/general-knowledge/world-bank-country-classifications-by-income-level-1594710102-1)

③ 国家统计局历年《中国统计年鉴》(http: //www. stats. gov. cn/tjsj/ndsj/)。

社会转型的结果，直接影响着民生保障制度的配置。在亚洲，日本最先跨入世界高收入国家之列。其人口在达到峰值后经历了一个较为长期的高位平台，2002~2012 年的 10 年中，一直在 1.28 亿上下浮动，然后掉头向下，到 2020 年降低到 1.26 亿。虽然韩国人口在增长，但处于缓慢增长态势，在 2020 年达到 5178 万左右（在新冠肺炎疫情的影响下，韩国 2021 年出生人口 26.05 万，死亡人口 31.78 万，人口净减少 5.73 万），之后也出现了萎缩态势。新加坡作为移民国家，经济的增长拉动了人口——主要是移民的增长，在 2019 年达到 570 万，在 2020 年下降到 568 万，也显示出缓慢下降趋势。[①] 在这些国家进入高收入阶段之后，形成了人口从达峰到缓慢下降的拐点，进入出生人口减少和老龄人口增加的快速老龄化轨道——很显然，人均预期寿命的延长必然会带来社会福利支出的增加。

但另外一些亚洲国家，则仍然处于中低收入水平。现在，作为世界第二人口大国的印度，其人口增长率虽然有所下降，但每年净增加的人口仍然处于快速增长态势，2021 年已达到 14.02 亿，估计 2024 年将超过中国总人口而成为世界第一人口大国（仅就中国和印度而言，两国人口占世界总人口的比重就超过 36%）。不仅如此，印度在人口转型中还将成为世界最年轻的国家，其 0~25 岁人口占总人口的比重超过 50%。在这个意义上——未来，世界的劳动密集型企业还会向印度大规模转移。2021 年居于世界第四位的人口大国是印度尼西亚，人口达到 2.72 亿。居于世界第五位的人口大国是巴基斯坦，人口达到 2.29 亿。居于世界第八位的是人口大国孟加拉国，人口达到 1.68 亿。[②] 所以，如果发展要以人为中心的话，那么，亚洲的发展与现代化进程，将直接影响着世界人口的发展和现代化进程。

与人口发展相关的最主要的问题是吃饭问题和教育问题。贫困仍然是亚洲发展中国家需要克服的主要难题。人口的迅速增长必然造成人口数量增加速度与人均 GDP 增速之间的张力。如果解决不好吃饭与发展的关系问题，则易于形成贫困人口、城市贫民窟和大规模文盲人口。印度是世界上比较早就采取家庭生育控制政策的国家，但由于各种因素的影响，这个政策没有得到长期贯彻。根据世界银行统计，2021 年，印度的人均 GDP 为 2277 美元，巴基斯坦的人均 GDP 为 1537 元（受各种因素影响，最近几年其人均 GDP 处于缓慢降低状态）。但日本的人均 GDP 为

---

①② United Nations Department of Economic and Social Affairs, Population Division (2022). World Population Prospects 2022: Summary of Results. UN DESA/POP/2022/TR/NO. 3.

39285 美元，韩国的人均 GDP 为 34757 万美元（受新冠肺炎疫情影响，也有所降低）。在发展过程中，低收入陷阱、中等收入陷阱和高收入国家的停滞现象非常普遍。比如日本，1994 年人均 GDP 达到 3.99 万美元之后，就一直徘徊在 3.8~4.2 万美元，间或有升高的年份，但在老龄化影响下不可持续，从而显示出持续性停滞不前的态势①。韩国的发展模式与日本有所不同，在资本主义市场经济的大框架下，其采取财团竞争方式，形成了当前的发展格局，这种发展模式的可持续性还需继续观察。

因此，发展问题的本质表现为现代化过程的社会转型问题。在世界既定的发展秩序与转型轨道中，如果农业社会难以转型为工业社会，则肯定会陷入低收入陷阱；如果工业社会难以转型为后工业社会，则肯定会陷入中等收入陷阱；如果一个国家进入后工业社会和高收入阶段，但难以形成科技创新和生产力的技术突破并被日益严重的老龄化所困扰，则一定会陷入高收入阶段的“高收入停滞”。讨论低收入陷阱和中等收入陷阱的文章很多，但讨论“高收入停滞”的文献比较少。实际上，如果发展中国家发展到一定阶段，在常规生产领域缩小了与发达国家的差距，但在新技术领域难以取得突破，那么也会深陷泥沼而难以取得突破。亚洲的问题在一定程度上反映了世界的问题，世界的问题在一定程度上也在亚洲各国有所体现。

被低收入陷阱所困扰的国家中，社会分层的一个重要标准，就是能否完成初中阶段的学习，即让新生就业人员在国民教育体系中接受教育的年数达到 9 年或以上。实际上，在以农业社会为特色的社会中，初中及以上受教育程度的劳动力易于在劳动力市场找到富有竞争力的工作岗位。在工业社会中，如果新生的就业人员在国民教育中接受现代教育的年数更长，达到高中毕业水平，就易于在劳动力市场找到富有竞争力的工作岗位。与此类似，在后工业社会中，新生的就业人员，只有接受过大学教育，才能在劳动力市场找到富有竞争力的工作岗位。

任何社会，家庭背景都会对社会流动起到影响。如果一个人的社会流动主要由家庭背景所决定，则这个社会就处于传统之中。如果一个人的社会流动主要取决于自己的教育获得或人力资本积累的多少，则这个社会就具有更多现代社会的特征。在现代化过程中，家族力量会趋于式微，家庭规模也会趋于缩小，家庭的脆弱性也会日渐突出。因此，在现代社会，在所有促进社会流动的因素中，社会

① World Bank Open Data（https：//data.worldbank.org/country/korea-rep? view=chart）

发展所形成的社会转型因素将发挥更大的作用，也更能让社会全体成员普遍受益。积极的社会转型所造成的结构性机会，比家庭背景和财产或地位继承所造成的机会要更公平，或者更符合社会正义的要求。相反，消极的社会转型所造成的结构性约束，或者社会停滞所形成的机会收缩所造成的社会流动渠道的封闭，会对社会成员普遍造成负面影响。一国的发展与一国的不发展所形成的差距，即世界层面的发展不平衡。

在现代化逐步消解家族和家庭传统功能的过程中，社会政策——民生保障政策的出台与完善就成为必不可少的功能性建设。俾斯麦在德国由农业社会向工业社会迅速转型过程中出台了“社会保障制度”，随后这一制度在全世界得到推广。因为世界各国的现代化都经历了从农业社会向工业社会转型的过程，所以，民生保障就成为现代化的题中之义。在亚洲各国，一般而言，高收入国家的民生保障水平较高，低收入国家和中等收入国家的民生保障水平相对较低。不管是高收入国家的民生保障建设，还是低收入国家的民生保障建设，都对中国具有借鉴作用。别国之经验，我们积极吸纳；别国之教训，我们努力避免。唯有如此，才能使中国之民生建设日臻完善，为中国式现代化的顺利推进夯实社会基础。

与欧洲的经验相比，亚洲各国的经验具有更加显著的比较意义。现代化起源于西欧，肇始于英国的工业革命，随后波及西欧各国，又带动南北美洲的发展。先发国家的现代化，是在将亚非拉（亚洲、非洲和拉丁美洲国家的统称）作为原料地与消费市场的设定条件下的现代化。但亚洲各国的现代化，既具有后发性特征，也具有外生性特征，显现着与西方现代化遭遇中的撞击与回应模式，是后发与外生耦合在一起的现代化。当然，在全球化的今天，亚洲的现代化，也衍生出了外生性和内生性的特征。

后发外生型现代化的一个重要特点，就是发展并不会自动解决“不平衡问题”，因为现代化会带来更为剧烈的社会冲击，所以，为维护社会团结，达到社会整合，形成社会和谐发展格局，就需要以民生保障纾困解难，解决由于收入差距、城乡差距和地区发展差距等所形成的一系列社会问题。很多国家在现代化进程中，发生了难以消除的社会隔离，造成了社会断裂，形成了规模庞大的贫民窟，引发了严重的社会冲突，在未曾克服传统危机的同时，叠加了现代风险，使经济发展的不平衡问题传导为社会问题和政治问题，从而不断引发复杂的、周而复始的、难以在短期内消除的社会性矛盾与冲突。

实践证明，只有建立起相对公正的社会保障制度，量力而行、尽力而为地解决民生问题，使人民不断分享现代化成果，才会形成经济与社会的发展可持续格局。第二次世界大战以来，有些亚洲国家在民生保障建设上取得了重大进步，形成了可资借鉴的经验；有些亚洲国家在民生保障问题上困难重重，但对我们也能起到“教训”意义和警示作用。有些亚洲国家，还是在很强的儒家文化圈影响下走上现代化道路的。儒家文化圈的这种文明互鉴作用，更易于让我们反思社会发展与民生保障之间的关系，并将民生保障构建为安全而具有历史继承性的社会保护网，从而在风险防范中消解现代化进程可能造成的社会张力，续写经济快速发展和社会长期稳定的伟大奇迹。

张　翼

2022年3月

目　录

第一章　亚洲国家经济社会发展整体概况

亚洲由48个国家组成，加上中国台湾、中国香港及中国澳门，共有51个经济体。亚洲作为人口数量最多、全球经济最有活力，同时也是开放程度最高的地区之一，是当今世界的重要组成部分。亚洲人口数量长期占据世界人口总数的55%以上（见图1-1），截至2019年，亚洲人口总数达460137万，占世界人口的59.65%。

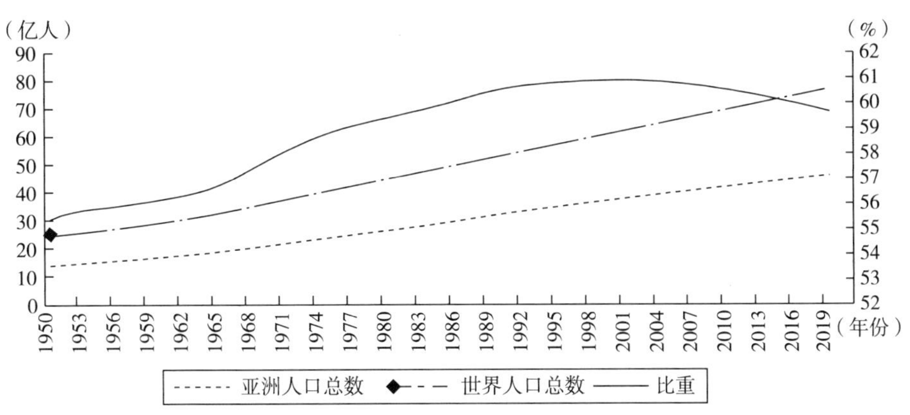

图1-1　1950~2019年亚洲与世界人口变化趋势及比重

资料来源：联合国人口司，https：//population. un. org/wpp/Download/Standard/Population/，2019-08-28.

最近几十年的经济和社会发展使亚洲地区成为世界发展最快的经济体之一，2004~2018年，亚洲地区人均GDP从2528.63美元增至6141.60美元，增加了1倍以上（美元现值计价）。相比之下，同期全球人均GDP增长率仅为65.82%。亚洲地区经济增长的核心一直是中国：1990~2019年，中国人均GDP增长了1031.79%（以1978年为基期）。同期，印度、老挝等国同样人均GDP增长超过 150%。

按美元现值计价，亚洲经济总量占世界经济总量的比重一直处于不断上升的状态（见图 1-2），2004~2018 年亚洲经济总量平均增长率达到 7.79%，同期世界经济总量平均增长率为 5.06%，亚洲经济年均增速远高于同期世界经济年均增速。截至 2018 年亚洲经济总量占世界比重达到 32.64%，亚洲在世界经济发展中占据重要地位。

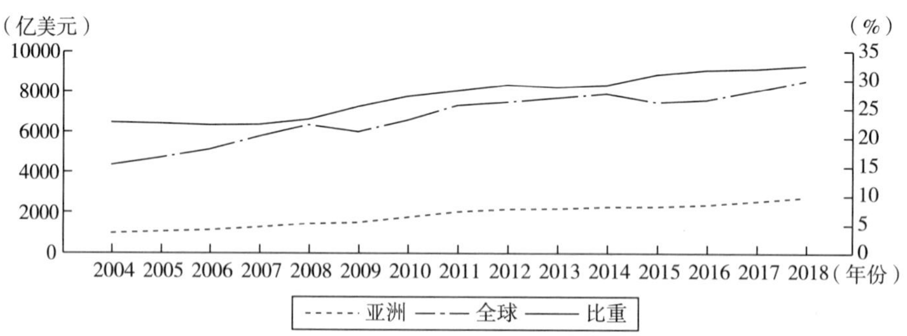

图 1-2　2004~2018 年亚洲与世界 GDP 变化趋势

资料来源：亚洲开发银行，https：//kidb.adb.org/kidb/sdg，2019-10-02；世界银行，https：//databank.worldbank.org/reports.aspx？source=world-development-indicators#，2019-10-28。部分国家数据缺失。

亚洲各国家在世纪交接之际，充分利用全球化及世界贸易便利化的机会，实现了自身的发展与繁荣，在贫困、就业、教育等方面均取得较大进步，本章从以下几个方面对亚洲整体情况进行介绍。

第一节　亚洲国家人口发展基本情况

亚洲是世界人口总量最大的地区，但在亚洲各次区域对比中，各区域在人口密度、性别比例、年龄结构等方面均存在巨大差异；并且亚洲国家正在经历迅速而深刻的人口变化，亚洲各国的人口以前所未有的速度老化，尽管老化的速度在不同国家和地区有所差别，但不可否认的是，人口老龄化已成为亚洲国家面临的重要问题。

与西方国家相比，亚洲国家的人口老龄化面临的问题更加复杂：一方面，老龄化发展速度过快，同时经济、社会、制度等方面还存在差距，未富先老现象较为严重；另一方面，老龄化还存在城乡失衡、性别失衡等问题。老龄化的发展对亚洲国家提出了前所未有的挑战。

一、人口总量大、区域分布存在差异

亚洲作为世界人口总量最大的地区，在世界发展中扮演着重要的角色。自1950年以来，亚洲人口占世界人口比重一直在55%以上，但人口在亚洲各次区域之间的分布存在差异，其中西亚与中亚人口总量占亚洲人口总量比重较低；中亚最低，1950~2019年中亚人口占亚洲人口总量的比重均低于2%；同期西亚人口占亚洲人口总量的比重均低于6%；南亚与东亚人口总量占亚洲人口总量的比重最高；1950~2003年东亚人口占世界人口总量的比重最高，平均水平达到45%，远高于中亚和西亚的水平，2013年南亚人口比重超过东亚之后，东亚人口占亚洲总人口的比重不断下降，2019年降至36.35%，而同期南亚人口比重达到亚洲总人口的41.81%，并且仍呈上升趋势（见图1-3）。

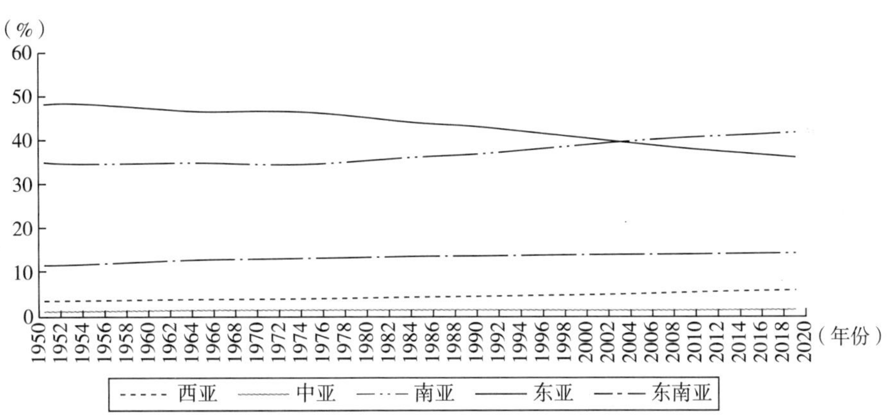

图1-3　1950~2020年亚洲各次区域人口占亚洲总人口比重

资料来源：联合国人口司，https：//population. un. org/wpp/Download/Standard/Population/，2019-08-28.

自1950年以来，南亚人口密度一直保持高水平的上升态势，至2019年，南亚地区每平方千米人口密度达到303人，是同期世界平均人口密度的5倍。在其他几个次区域中，中亚地区人口密度最低，西亚人口密度与同期世界水平大体保持一致，东亚地区与东南亚地区人口密度仍保持缓慢增长态势，但明显低于南亚地区人口密度增速（见图 1-4）。

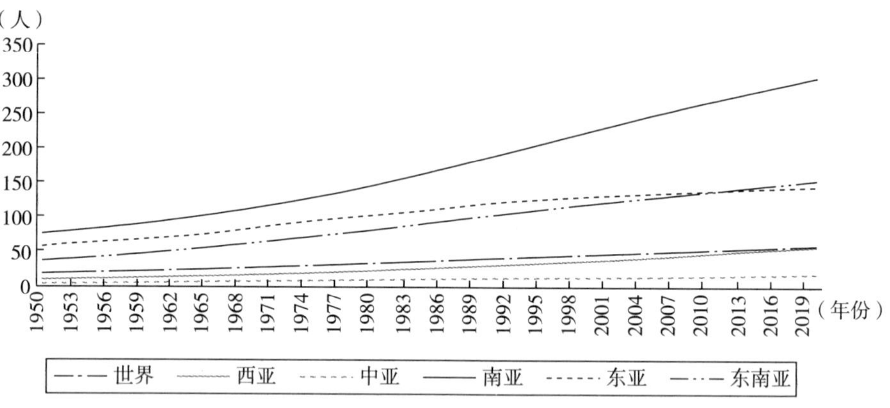

图 1-4　1950~2020 年世界与亚洲各次区域每平方千米人口密度

资料来源：联合国人口司，https：//population. un. org/wpp/Download/Standard/Population/，2019-08-28.

二、域内劳动年龄人口差别不大，老龄化差异明显

亚洲各次区域劳动年龄人口占总人口比例差别不大，但人口老龄化的发展在各个区域存在较大差异，其中老龄化程度最高的地区为东亚，该地区的老龄化程度 2020 年达到 18. 87%，老龄化水平逼近欧洲与北美洲，同期东亚地区 80 岁以上老龄人口比重达到 2. 48%，远超同期世界平均水平。另外，除东亚及东南亚地区外，亚洲其他几个区域 60 岁以上人口比重仍不及 10%，尚未进入国际社会认定的老龄化社会标准（见图 1-5）。

同时，由于老龄化发展较快区域（如东亚）人口总量较大，带动亚洲整体老龄化水平提高，亚洲地区老龄人口比重在 1965 年之后一直稳步上升，到 2020 年，亚洲地区 60 岁以上老龄人口比重达到 13. 07%，逼近同期世界人口老龄化水平（见图 1-6），但仍低于同期北美洲与欧洲等发达国家与地区的老龄化发展程度。2020 年亚洲地区老龄人口总数达到 6. 07 亿，同期世界老龄人口总数仅为 10. 50 亿，亚洲地区老龄人口总数超过世界其他地区之和，老龄化问题异常严峻。①

① 联合国人口司，https：//population. un. org/wpp/Download/Standard/Population/，2019-08-28.

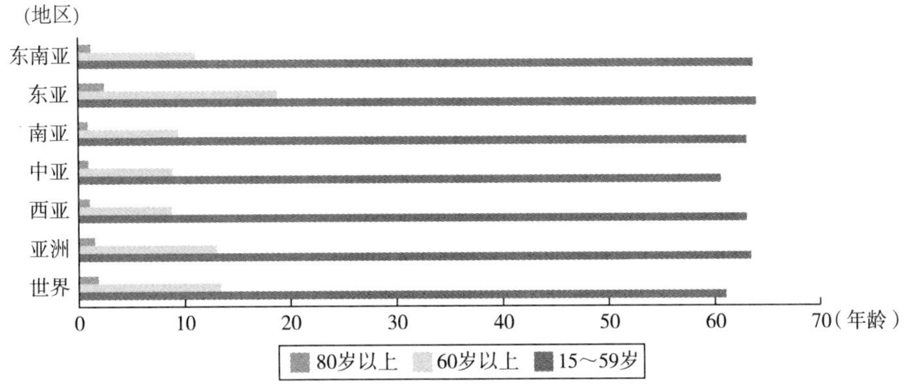

图 1-5　2020 年世界与亚洲及亚洲各次区域人口年龄结构

资料来源：联合国人口司 . https：//population. un. org/wpp/Download/Standard/Population/，2019-08-28.

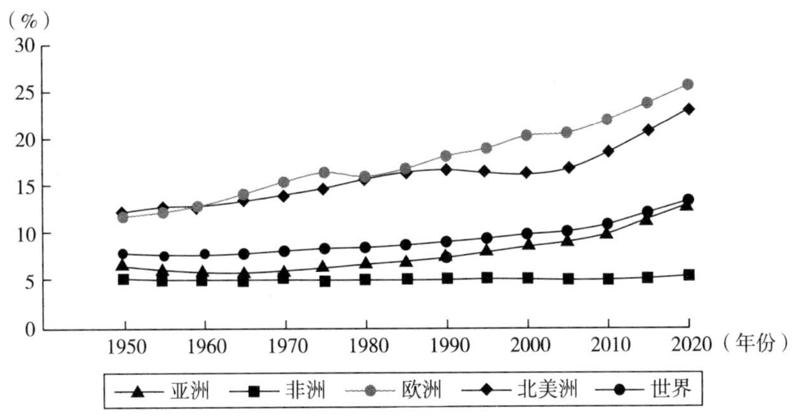

图 1-6　1950~2020 年世界与各大洲 60 岁以上人口发展趋势

资料来源：联合国人口司，https：//population. un. org/wpp/Download/Standard/Population/，2019-08-28.

中位数年龄也能反映亚洲各次区域人口年龄结构变化状况，东亚地区全部人口中位数年龄在 2020 年达到 39. 40 岁，远远超过同期世界平均水平的 30. 90 岁，其他次区域水平相对较低，老龄化程度相对较低，与世界平均水平相差不大。不过自 1990 年以来，亚洲各次区域人口中位数均显著提高，高于同期世界平均增速，地区人口年龄结构正在加速老化（见图 1-7）。

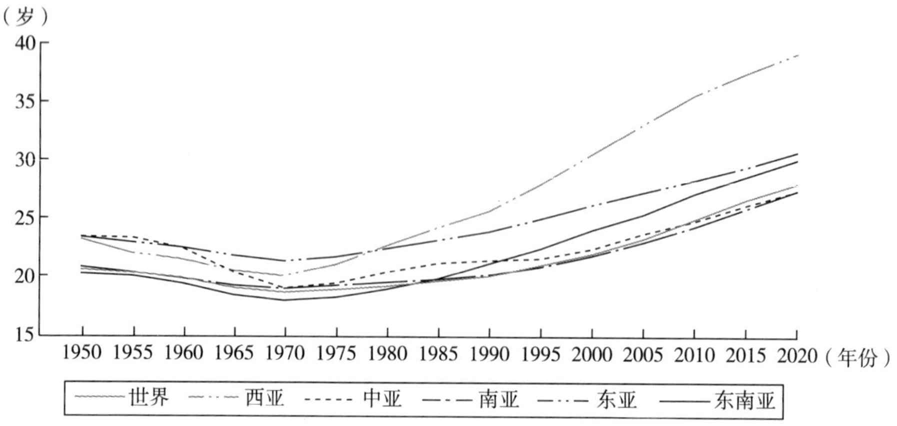

图 1-7　1950~2020 年世界与亚洲各次区域总人口中位数年龄

资料来源：联合国人口司，https：//population. un. org/wpp/Download/Standard/Population/，2019-08-28.

亚洲地区老年人口高龄化日趋严重，高龄老年人（80 岁以上老年人）的数量呈现出急剧上升的趋势。2020 年，该地区高龄人口占总人口的比重为 1.5%，数量为 7147 万人，占全球 80 岁以上人口的 49.11%；2016 年亚洲经济占世界经济比重仅为 31.88%，经济发展水平落后于老龄化发展程度，体现出未富先老的特征。到 2050 年，亚太地区高龄人口比重预计将升至总人口的 5%，数量达到 2.58 亿，占全球 80 岁以上人口的 59%，老龄人口及高龄人口的不断增长对该区域能否提供卫生保健、长期保健以及收入保障提出了巨大的挑战。①

三、老龄人口呈现性别差异，老龄女性尤需关注

亚洲地区人口老龄化在性别层面存在明显的差异性，妇女在人口中的比例随年龄增长而增加。2020 年亚洲地区 60 岁以上的男女人口比例为 90.4∶100，80 岁以上的男女人口比例为 66.6∶100，女性预期寿命显著高于男性。在亚太地区，女性平均寿命比男性高 4 年，其中韩国女性平均寿命比男性高 13.2 年。

长寿并不直接意味着女性的地位更高，在考虑预期寿命的同时需要兼顾生活质量。老年妇女很可能会丧偶或处于单身，其劳动力参与率低于男性（特别是婚后），平均工资与社保缴费年数低于男性，导致其老年女性经济上易出现困难，在老年寡居和离婚的情况下，这种脆弱性会进一步加剧，可能导致暴力、忽视或虐待。

① United Nations. Ageing in Asia and the Pacific Introduction ［Z］. ESCAP，2017.

四、域内养老保障制度发展存在差异，制度持续性存在挑战

当老年人口数量的增长速度高于年轻人口的增长速度，老年人口赡养率必然上升。在传统养老体制下，老年人口主要依靠家庭来进行赡养。然而，随着家庭规模的缩小，处于工作年龄的家庭成员能够履行赡养责任的人数将会减少，不断上升的老年人口赡养负担还影响到现有的社会保障计划，特别是对现收现付的养老保障制度造成压力。

1950 年以来，除中亚地区老年人口赡养率长时间保持下降态势之外，其他地区老年人口赡养率在长期内均呈上升态势，首先，东亚地区老年人口赡养率水平上升最快、水平最高，至 2020 年已达到 19.20%；其次是东南亚地区，该地区 2020 年老年人口赡养率水平也超过 10%（见表 1-1）。

表 1-1　1950~2020 年亚洲各区域 65 岁以上人口/15~64 岁人口赡养率变化

年份	西亚（%）	中亚（%）	南亚（%）	东亚（%）	东南亚（%）
1950	7.37	10.17	6.03	7.20	6.55
1955	7.44	10.34	5.83	7.06	6.46
1960	7.32	10.30	5.63	6.77	6.51
1965	7.75	10.54	5.88	6.55	6.66
1970	7.98	10.63	5.96	7.08	6.85
1975	8.28	10.11	6.19	7.70	6.79
1980	8.27	9.56	6.31	8.39	6.91
1985	7.53	8.44	6.41	8.89	6.83
1990	7.42	8.18	6.55	9.33	6.90
1995	7.87	9.15	6.80	10.18	7.22
2000	8.18	8.61	7.12	11.24	7.70
2005	8.19	8.69	7.47	11.96	7.92
2010	7.83	7.43	7.81	12.93	8.20
2015	7.95	7.02	8.32	15.07	8.90
2020	8.86	8.36	9.29	19.20	10.51

资料来源：联合国人口司，https://population.un.org/wpp/Download/Standard/Population/，2019-08-28.

在老龄化社会，建立全面的养老金制度并确保其覆盖率至关重要。养老保障制度不仅能够防止老年人贫穷、减轻劳动人口的负担，而且有助于促进消费和增加储蓄，这是确保老龄社会经济可持续增长的重要先决条件。

相比发达国家和地区，亚洲区域的养老保障制度覆盖水平仍然较低，在亚太地区的大多数国家，只有不到 1/3 的劳动年龄人口参加缴费型养老金计划，由于许多国家女性的劳动参与率低，参加缴费型养老金计划的比例也就更低。① 在亚洲内部还存在区域差异，东亚地区养老保障制度覆盖率水平整体较高，南亚地区覆盖率整体水平低，其中印度、老挝、孟加拉国、尼泊尔养老保障制度覆盖率不足 20%，与中国、日本相差巨大（见图 1-8）。

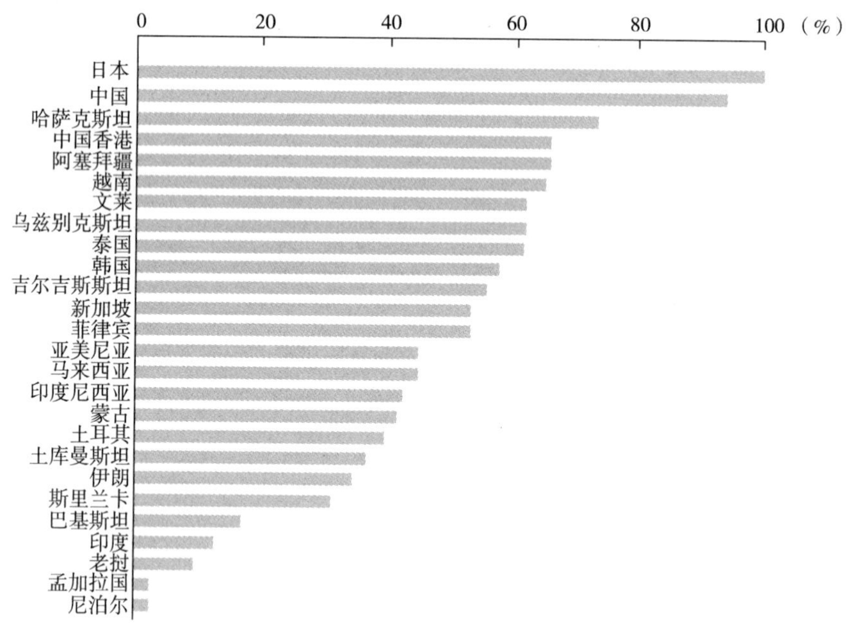

图 1-8　亚洲区域部分国家或地区强制性及自愿性养老保障计划覆盖范围

资料来源：United Nations. Ageing in Asia and the Pacific Introduction ［Z］. ESCAP，2017.

由于亚洲地区人口总体退休年龄较低，许多国家养老金制度的可持续性也受到威胁。目前，亚太地区的法定退休年龄一般为 60 岁，退休年龄最低的国家，如印度尼西亚的退休年龄仅为 55 岁；而日本、新西兰和马尔代夫等国家则将男女的退休年龄都延长到了 65 岁。同时，该区域 2/3 国家的妇女退休年龄低于 60 岁。②

①② United Nations. Ageing in Asia and the Pacific Introduction ［Z］. ESCAP，2017.

第二节 亚洲国家就业发展基本情况

促进持久、包容和可持续的经济增长，促进充分的生产性就业以及人人获得体面工作被联合国《2030可持续发展议程》列为重要目标。[①] 同时，稳定就业对社会稳定、个人及家庭生活幸福具有重要意义，就业为个人提供了收入，并在许多情况下为个人提供社会保障（失业救济、退休金和产假等）。但是，那些弱势就业群体或失业的人，通常无法获得这些福利。

亚洲地区劳动力规模巨大，但劳动质量仍需提高。相比于其他地区，亚洲地区尤其是亚太地区在近20年的强劲增长中，一直保持着高就业率与低失业率，较高的就业率水平在一定程度上掩盖了就业市场的结构性矛盾，但就业市场仍然存在年龄与性别差距，脆弱就业与非正规就业水平仍相对较高，这需要对青年教育进行投资，增加女孩和妇女入学和进入劳动力市场的机会，促进从学校到工作的有效过渡计划，转变经济发展结构，创造体面的工作。[②③]

一、劳动力总量大，行业、区域发展存在差异

2019年，亚洲地区与太平洋地区拥有20.68亿劳动力，占全球劳动力的59.38%。[④] 在亚洲各次区域中，东亚地区劳动力总量最大，自1992年以来，该区域劳动力总量一直呈上升态势，至2017年达到9.33亿，不过自2018年之后劳动力总量呈缓慢下降趋势。除东亚外，亚洲其他各次区域劳动力总量均保持上升态势，其中劳动力总量增加最多的区域是南亚，不过该区域劳动力总量增速也在放缓；相比其他区域，西亚与中亚地区劳动力总量最低，不过其增长率相对其他次区域最高（见图1-9）。

---

① United Nations. 变革我们的世界：2030年可持续发展议程［EB/OL］. https://www.un.org/zh/documents/treaty/files/A-RES-70-1.shtml，2019-11-09.

② International Labour Organization（ILO）. World Employment and Social Outlook：Trends 2018［R］. Geneva，Switzerland：ILO，DTP-WEI-CORR-REPRO，2018.

③ International Labour Organization（ILO）. Asia-Pacific Employment and Social Outlook 2018［R］. Eneva，Switzerland：ILO，978-92-2-132101-9，2018.

④ 因统计数据同时包含太平洋地区，亚洲与太平洋地区为亚洲各区域与太平洋地区之和，非亚太地区。

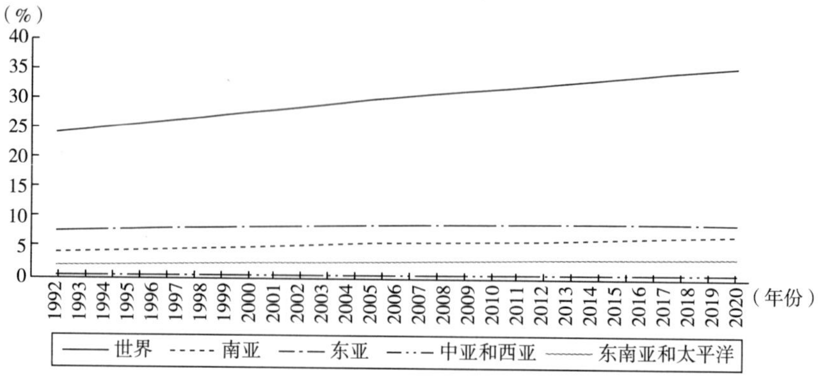

图 1-9　1992~2020 年世界与亚洲各地区劳动力总量变化

资料来源：International Labour Organization（ILO）DATA FINDER，https：//www. ilo. org/wesodata/，2019-11-26（2019~2020 年为预测数据）.

在亚洲区域分行业就业对比中，农业就业人数最多、占比最高，在 1992~2020 年一直呈上升趋势，相比 1992 年，2020 年农业就业人数增加了 137. 40%；同期服务业就业人数呈下降趋势，至 2020 年已降至 6. 36 亿人次，相比 1992 年，服务业就业人数降低了 1. 62 亿人次，下降了 20. 37%。目前亚洲与太平洋地区工业就业人数低于农业与服务业就业，工业就业仍有较大发展空间（见图 1-10）。

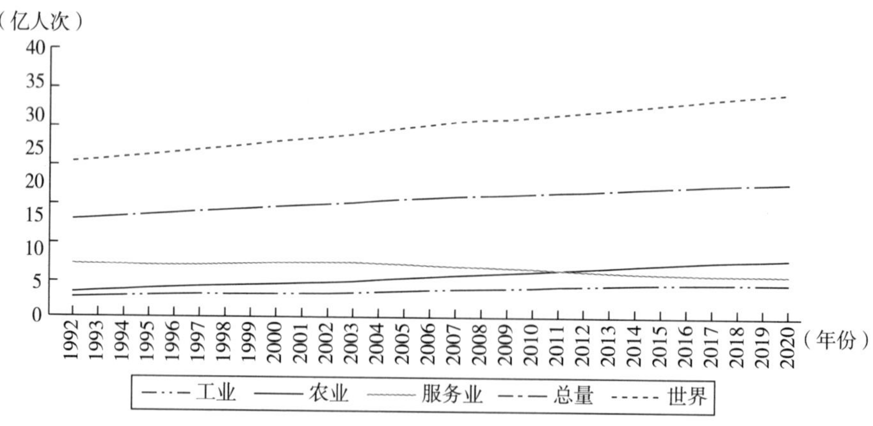

图 1-10　1992~2020 年亚洲各行业就业人数变化趋势

资料来源：International Labour Organization（ILO）DATA FINDER，https：//www. ilo. org/wesodata/，2019-11-26（2019~2020 年为预测数据）.

在亚洲各次区域中，东亚地区服务业就业人数占比最低，但农业就业人数占比相对较高，达到47.48%，较南亚地区高出14.21%。除南亚外，其他几个次区域农业服务人数占比均保持较高水平；东亚地区工业就业人数占比最高，高于其他几个次区域。亚洲各次区域三次产业发展存在一定的差异（见图1-11）。

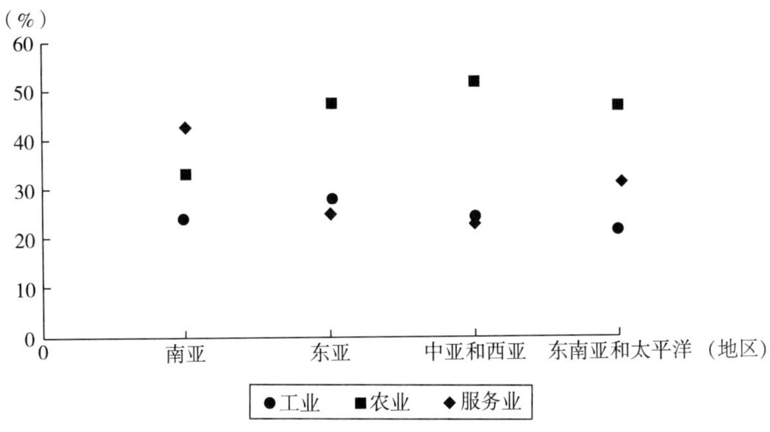

图1-11　2018年亚洲各区域分行业就业人数比例

资料来源：International Labour Organization（ILO）DATA FINDER，https：//www.ilo.org/wesodata/，2019-11-26.

二、失业率与就业率整体保持稳定

在亚洲，亚太地区的整体失业率水平低于全球平均水平（见图1-12），2019年该地区失业率约为3.6%，2020年继续保持这一水平。尽管如此，随着劳动力增长速度超过创造就业机会的速度，失业人数仍然会继续增加，2020年亚洲地区失业人数达到7230万。东亚地区的失业率水平最高，2018年达到4.2%，在未来几年仍将保持这一水平；2018~2020年南亚的失业率徘徊在3.1%，而东南亚和太平洋地区的失业率略增至3.0%，这主要是由印度尼西亚失业率上升所致。

2010~2017年，在全球8.6%的就业增长中，44%（1.156亿就业人口）来自亚洲地区，其中南亚的就业增长尤其强劲，2013~2017年，该地区就业年均增长率比全球平均水平高出50%以上。① 根据国际劳工组织统计，亚太地区的就业

① International Labour Organization（ILO）. Asia-Pacific Employment and Social Outlook 2018［R］. Eneva，Switzerland：ILO，978-92-2-132101-9，2018.

率增长在2018年为0.7%，相比2017年下降了近半个百分点。就业率增长的放缓在很大程度上原自东亚与南亚，主要归因于工作年龄人口的减少以及教育入学率的提高；此外，南亚的就业率增长也大幅度放缓，呈现出一定的下降趋势。南亚和东南亚及太平洋地区的就业率增长接近历史平均水平，在2019和2020年分别达到1.5%和1.2%，就业率水平整体保持稳定。①

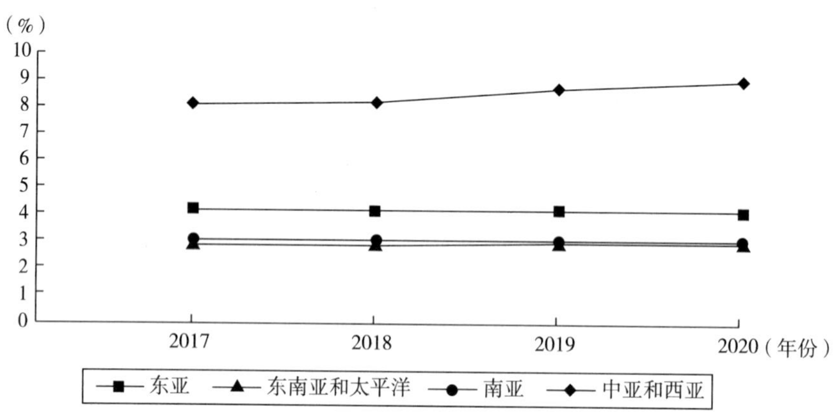

图1-12　2017~2020年亚洲各地区失业率变化与预测

资料来源：International Labour Organization（ILO）. World Employment and Social Outlook：Trends 2019［R］. Geneva，Switzerland：ILO，CMD-CORREDIT-WEI-SEP，2019-02-13.

三、就业市场特征与挑战

（一）就业市场存在年龄和性别差距

在亚洲地区2017年有可用数据的23个经济体中，除哈萨克斯坦外，所有国家15~24岁人口的失业率均高于25岁以上人口的失业率。有9个国家这两个年龄组之间的就业差距超过了10%，其中差距最大的是亚美尼亚，达到22.7%，年龄差异对就业影响显著，青年的整体失业率高于成年人。②

在亚洲地区2017年有可用数据的19个经济体中，在15岁以上分性别人口失业率对比中，有12个经济体女性失业率水平高于男性，平均差别为1.82%，

① International Labour Organization（ILO）. World Employment and Social Outlook：Trends 2019［R］. Geneva，Switzerland：ILO，CMD-CORREDIT-WEI-SEP，2019-02-13.

② 亚洲开发银行，https：//kidb. adb. org/kidb/sdg，2019-10-02.

其中孟加拉国差别最大，该国女性失业率水平比男性高 4.2%。有 7 个国家男性失业率水平高于女性，差距为 1.42%，其中格鲁吉亚差距最大，该国男性失业率水平比女性高 5.37%（见图 1-13）。

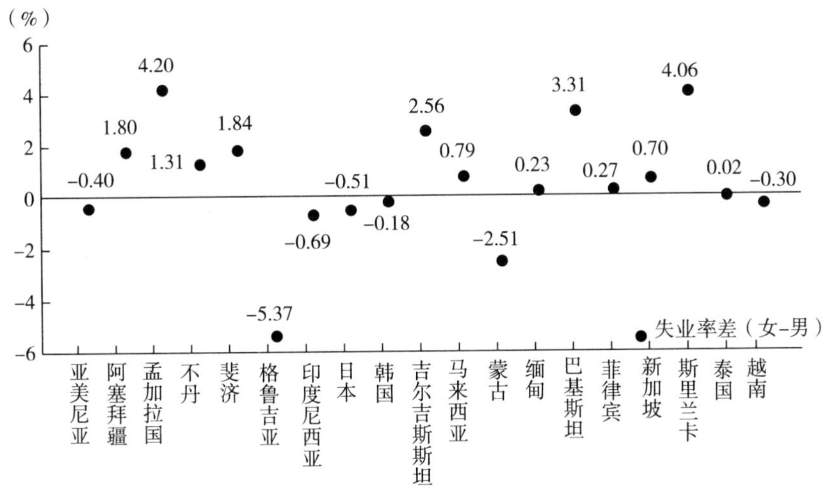

图 1-13　2017 年亚洲地区 19 国 15 岁以上男女失业率差别

资料来源：亚洲开发银行，https：//kidb. adb. org/kidb/sdg，2019-11-09.

总体上，亚洲地区女性失业率水平高于男性，且低龄人口失业率水平高。要缩小就业中的年龄和性别差距，需要对青年教育进行投资，增加女孩和妇女入学和进入劳动力市场的机会，有效地促进从学校到工作的过渡计划，并创造体面的工作。

（二）非正式就业与脆弱就业仍较为突出

尽管经济发展给社会带来了实质性的改善，但亚洲地区非正式就业与脆弱就业水平仍然高居不下，当前亚洲地区非正式就业比重为全球最高。

在亚洲各次区域中，特别是在东亚的某些国家，农业就业在很大程度上已被房地产、商业和金融服务等制造业和现代服务业所取代。但在该地区许多其他国家，大多数新增就业机会处于低附加值的传统服务行业，非正式性和恶劣的工作条件充斥其中；南亚非正式就业比例最高，达到 90%，这主要是由于该地区庞大的农业生产部门所致；非正式就业在东南亚地区的发生率也很高，非正式就业影响了该地区 3/4 的就业人口，在柬埔寨、印度尼西亚和缅甸等国家，这一比例高达85%以上；在中亚与西亚，非正式就业比例超过43%，特别是在某些中亚国家，如塔吉克斯坦（74.8%）和吉尔吉斯斯坦（48.6%）以及土耳其（34.8%）等国家，非正式就业仍占据总就业的相当比重。①

然而，在该地区，有工资和薪水的工作并不能保证良好的工作条件。该地区相当一部分员工缺乏工作保障、收入稳定或书面工作合同。在有数据可查的国家，40%~60%的有薪工人没有书面雇佣合同，20%~40%的人从事临时工作。此外，在一些国家临时工作的份额相当大，如孟加拉国、印度尼西亚和巴基斯坦，70%~80%的工资和受薪雇员受此影响。与此同时，该地区有数百万工人工作时间过长（每周超过48小时），近几十年来，高水平的经济增长，加上农业就业比重的下降，导致该区域，特别是东亚的贫困率迅速下降。然而，非正规工作的普遍存在和体面工作的普遍缺乏，阻碍了工作贫困率的进一步降低。②

这反映出一个事实：尽管工人已远离农业，但在过去的几十年中，诸如从事家庭工作和自营工作等脆弱的就业形式并未显著下降。在亚太地区，这两种形式的就业仍分别占总就业的12%和40%。③

非正规就业与脆弱就业较为突出，主要原因在于在该区域的大部分国家资本和工人从低增值部门生产，转移到高增值部门的结构改革进程的步伐仍然相对缓慢。事实上，很大一部分就业人口继续在农业或生产率低的传统服务业（如批发和零售服务、住宿和粮食服务活动）工作，在这些行业中，脆弱就业比较普遍，这是亚洲多个次区域发展需要解决的重要问题。

第三节　亚洲国家贫困治理发展基本情况

联合国《2030可持续发展议程》将消除贫困与极端贫困看作当前世界面临的最大挑战，并将其作为可持续发展目标的重要组成部分，目前消除贫困问题仍然是亚洲地区最大的挑战之一。

在全球范围内，极端贫困标准是由世界银行定期设立的国际贫困线来衡量

①② International Labour Organization（ILO）. World Employment and Social Outlook：Trends 2019［R］. Geneva，Switzerland：ILO，CMD-CORREDIT-WEI-SEP，2019-02-13.

③ 该部分为亚太地区数据。

的。1990 年，世界银行将国际贫困标准设定为每天 1 美元，后在 2008 年与 2015 年分别将其更新为每天 1.25 美元与每天 1.9 美元。[①] 陷入极端贫困的人难以满足基本生活需求，并常常得不到适当的医疗保健、教育、清洁水和卫生服务。经过近几十年的经济发展，亚洲地区在贫困治理方面取得了不俗的成就，极端贫困现象在很大程度上得到缓解，中度贫困与工作贫困也在缓慢下降，但不同国家呈现出一定的差别化。

一、贫困治理成效显著

按照亚洲开发银行统计数据，按 2011 年购买力平价标准，将每天生活费低于 1.9 美元定义为极端贫困。自 2002 年以来，亚洲发展中国家在减少极端贫困方面取得了重大成就，极端贫困人口的百分比在 21 世纪初期大幅下降，从 2002 年的 33.7%降至 2015 年的 7.0%。从绝对数量来看，这意味着极端贫困人口从 11.1 亿人减少到 2.64 亿人。极端贫困人口数量的下降绝大部分发生在东亚（从 4.09 亿人减少到 1000 万人）和南亚（从 5.05 亿人减少到 2.02 亿人），例如，在东亚，由于中国的进步，极端贫困率从 1990 年的 61%下降到 2015 年的 4%。[②]

1993~2013 年中国与印度是东亚与南亚地区减贫效果最为显著的两个国家（见图 1-14）。亚洲每个区域的极端贫困现象都有所缓解：中亚和西亚（从 2002 年的 29.3%降至 2015 年的 5.5%）、东亚（从 31.9%降至 0.7%）、南亚（从 39.7%降至 13.3%）和东南亚（从 24.7%降至 5.5%）。同期全球极端贫困人口比重从 2002 年的 25.6%下降到 2015 年的 10.0%，这在很大程度上是由于亚洲发展中国家的贡献。[③] 尽管亚洲地区在脱贫方面取得了巨大的成就，但截至 2015 年，亚洲地区仍有 4 亿人口生活在极端贫困之中，其中生活在南亚的贫困人口几乎达到总贫困人口的 2/3，不同区域之间贫困治理差异明显。

与极端贫困人口的下降速度相比，亚洲地区生活在中度贫困中的人口下降速度较为缓慢，目前亚洲地区共有近 12 亿人口生活水平低于每日 3.2 美元。在亚洲地区的孟加拉国、印度、印度尼西亚、老挝、尼泊尔、巴基斯坦、所罗门群岛、东帝汶和乌兹别克斯坦这九个国家中，目前仍有超过 40%的人口每天的生活费仍低于 3.2 美元。

---

① United Nations. Social Outlook for Asia and the Pacific ［Z］. ESCAP，2018.

② United Nations. 2015 年千年发展目标报告（中文版）［Z］. 2015.

③ 亚洲开发银行，https：//kidb. adb. org/kidb/sdg#4%20target=，2019-11-01.

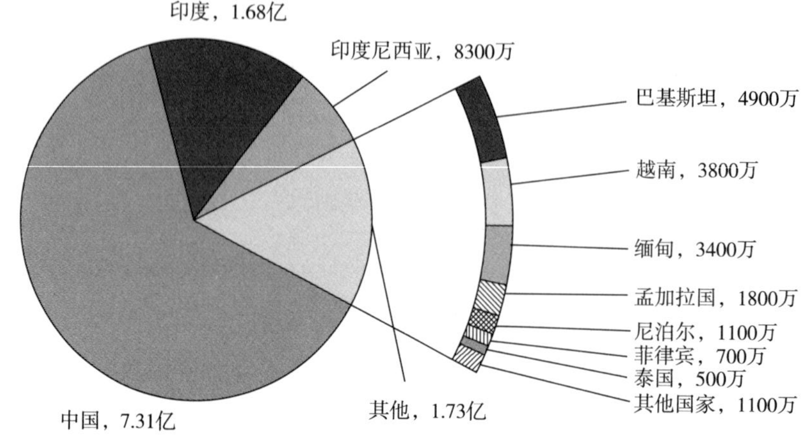

图 1-14　1990~2013 年亚洲地区摆脱极端贫困人数对比

资料来源：United Nations. Social Outlook for Asia and the Pacific［Z］. ESCAP，2018.

二、工作贫困降幅在不同国家中呈现两极分化

工作贫困（Working Poor）在理论上并没有统一的定义，其具备两个特征：一方面，统计对象为就业者或类就业者（暂时失业且正在积极寻找工作的劳动力）；另一方面，就业者家庭人均收入处在公布的贫困线之下。

2018 年数据显示，在亚洲可获得极端工作贫困（低于 1.9 美元）数据的 27 个经济体中，生活在极端工作贫困中的就业人口比重不到 5%。在阿富汗（37.6%）、乌兹别克斯坦（27.1%）等五个经济体中，工作贫困人口占总人口的比重超过 20%。在阿塞拜疆（0.02%）、蒙古（0.12%）和斯里兰卡（0.15%），极端工作贫困占总人口比重最低。2000~2018 年，在所有 27 个经济体中，工作贫困人口占总人口的百分比均在下降。其中降幅最大的国家是柬埔寨（49.3%），塔吉克斯坦（42.4%）和尼泊尔（40.3%）次之。

在可获得数据的亚洲三个区域中，工作贫困发生率呈持续下降趋势（见图 1-15），目前在亚洲各地区中，东亚地区极端工作贫困与中度工作贫困发生率均为最低，分别为略高于 3%和略高于 6%。

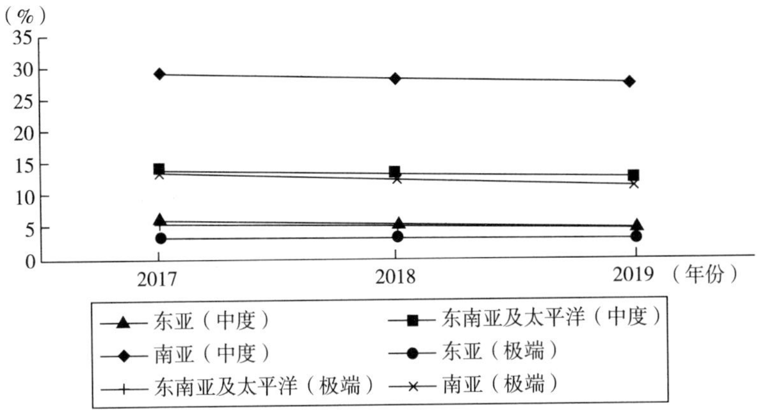

图 1-15　亚洲部分地区极端工作贫困与中度工作贫困发生率发展趋势

资料来源：International Labour Organization（ILO）. World Employment and Social Outlook: Trends 2018［R］. Geneva, Switzerland: ILO, 2018.

三、收入不平等阻碍贫困现象的缓解，贫困程度差异明显

尽管经济增长使亚洲贫困率得到下降，但从亚洲整体来看，不同收入群体之间的收入差距不仅没有得到缓解，反而进一步加剧，2001~2016 年，亚洲（不包含中东）地区前 10%人口年度收入与后 50%人口年度收入差距从 29.20%增加到 35.28%，高收入人群与中低收入人群之间的收入差距反而进一步拉大（见图 1-16），很显然，亚洲地区存在严重的收入不平等，同时，收入差距的进一步提高也会降低经济增长减贫的效应。

然而，在亚太地区更严重的是财富的不平等。财富不平等可以通过基尼系数来衡量。亚太地区的财富总额占全球财富总额的 62%，平均基尼系数为 0.90，同期拉丁美洲的基尼系数仅为 0.81。例如，在印度，最富有的 10%人口拥有的财富是最贫穷的 40%人口的 36 倍，最富有的 20%人口拥有 78%的总财富，在泰国，这一比例为 70%，在印度尼西亚，这一比例为 65%。相比之下，日本最富有的 20%人口只拥有全部财富的一半左右。①

① United Nations. Sustainable Social Development in Asia and the Pacific［Z］. ESCAP, 2017.

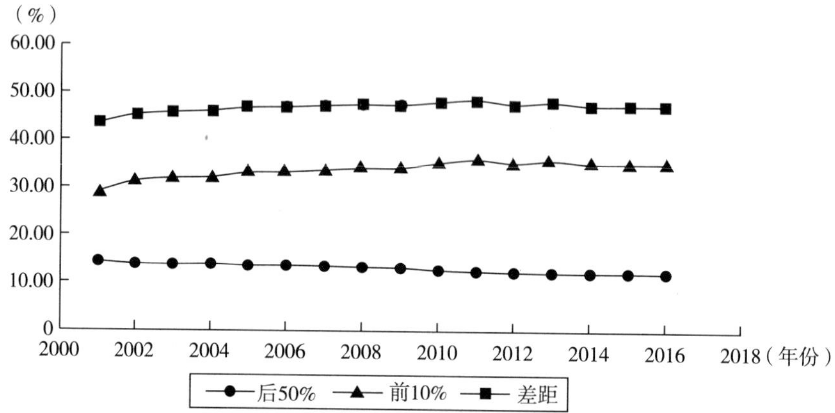

图 1-16 亚洲（不包括中东）2001~2016 年税前收入前 10%人口与后 50%人口收入对比

资料来源：World Inequality Database，https：//wid. world/wid-world/，2019-11-13.

贫困人口比率并不能体现贫困人口的贫困程度，贫困差距指数（Poverty Gap Index）是对贫困人口比率的一种改进，它通过计算穷人距贫困线的平均距离来衡量贫困程度。[①] 贫困差距指数是 0~100 的比率，理论值为 0 表示全部人口中没有人低于贫困线，理论值为 100%表示人口中每个人的收入均为零，较高的贫富差距指数意味着贫困更加严重，同时不同国家的贫困差距指数也可以解释为贫困家庭达到贫困线所需的资金量。

1990~2018 年亚洲国家贫困差距指数普遍降低，其中缅甸、尼泊尔、中国降幅最大，显示出三国减贫效果显著（见图 1-17）。根据贫困差距指数，可以计算出消除贫困所需的转移支付水平，即使个人摆脱极端贫困（每天 1. 90 美元）和中等贫困（每天 3. 20 美元）所需的资金。对亚太地区而言，每年需要 430 亿美元才能使亚太地区所有的贫困者都能达到最低贫困标准（1. 9 美元）线之上。这相当于该地区 GDP 总量的 0. 10%，使每个人达到中等贫困标准（3. 20 美元）需要 4190 亿美元，占该地区 GDP 总量的 0. 94%。在印度，每年需要 270 亿美元和 6800 亿美元才能使每个人分别达到极端和中等贫穷水平；不同国家在贫困发展程度与消除贫困方面存在差距。[②]

① United Nations. Indicators for Monitoring the Millennium Development Goals ［Z］. United Nations，2003.

② United Nations. Social Outlook for Asia and the Pacific ［Z］. ESCAP，2018.

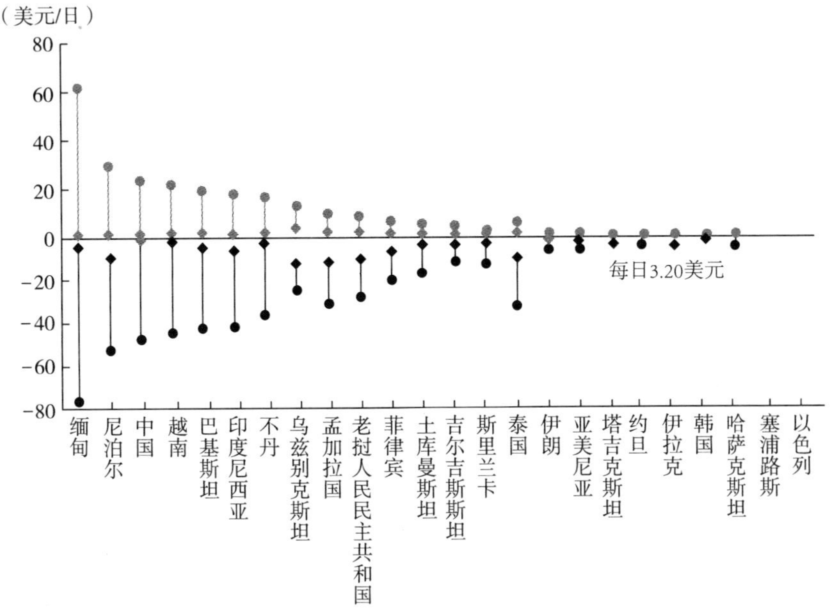

图 1-17　1990~2018 年亚太地区部分国家贫困差距指数变化

资料来源：World Bank，http：//iresearch. worldbank. org/PovcalNet/povOnDemand. aspx.

第四节　亚洲国家教育发展基本情况

教育是促进可持续发展的有力手段。从根本上来说，联合国《2030 可持续发展议程》目标 4 不仅强调教育是一项基本人权，而且认为所有人都应该获得优质的教育、相关的培训以及终身学习的机会。要实现可持续发展目标 4，就需要提高整个社会范围内的教育质量，尤其是初级教育水平，以确保所有人都能获得经济机会和更好的收入前景。

亚洲各次区域学前教育与初等教育发展良好，中等教育仍存在很大发展潜力，在各个教育层面，男女之间的性别差距仍然存在，各次区域之间的教育发展也存在很大的差距，这是未来亚洲地区教育方面需要着力解决的问题。

一、识字率水平稳步上升，文盲人口同步下降

除南亚和西亚区域外，亚洲各次区域15岁以上识字率水平普遍高于世界平均水平，2002~2018年各次区域识字率水平均保持稳步上升的态势。识字率水平最高的为中亚地区，在2018年达到99.80%，高于同期世界平均识字率水平13.50%；识字率水平最低的为南亚和西亚地区，这两个地区从2002年的60.05%上升到72.94%，增长幅度在亚洲次区域中最高，同时远高于同期世界涨幅，（见图1-18）。

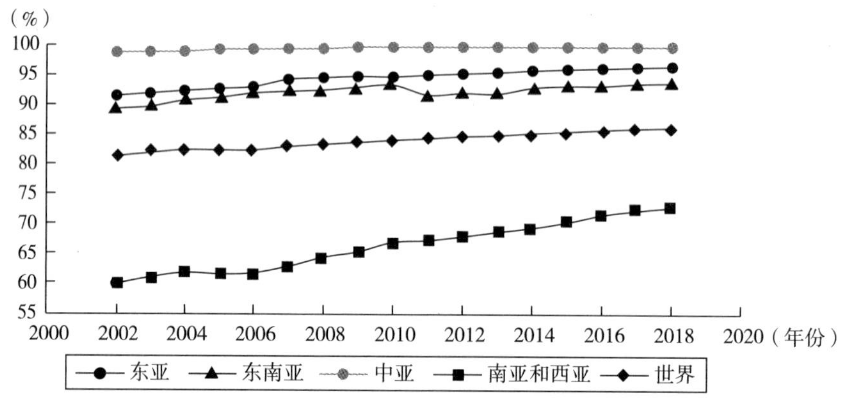

图1-18　2002~2018年世界与亚洲各次区域15岁以上人口识字率水平变化

资料来源：UNESCO Institute of Statistics，http：//uis.unesco.org/en/topic/sustainable-development-goal-4，2019-11-12.

与识字率水平逐步上升相对应的现象是，亚洲各国15岁文盲人口数量在2002~2018年缓步下降，文盲人口数量最多的区域为南亚和西亚，截至2018年，该区域文盲人口数量仍高达3.68亿，占同期世界15岁以上文盲人口总数的47.63%；文盲人口数最少地区为中亚地区，然后是东南亚与东亚地区（见图1-19）。

在亚洲各次区域中，除南亚与西亚地区外，其他次区域教育发展程度差距不大。但中亚与西亚地区教育发展程度最低，其初等教育与中等教育失学率水平均高于亚洲其他几个次区域，识字率水平也显著低于其他几个次区域。

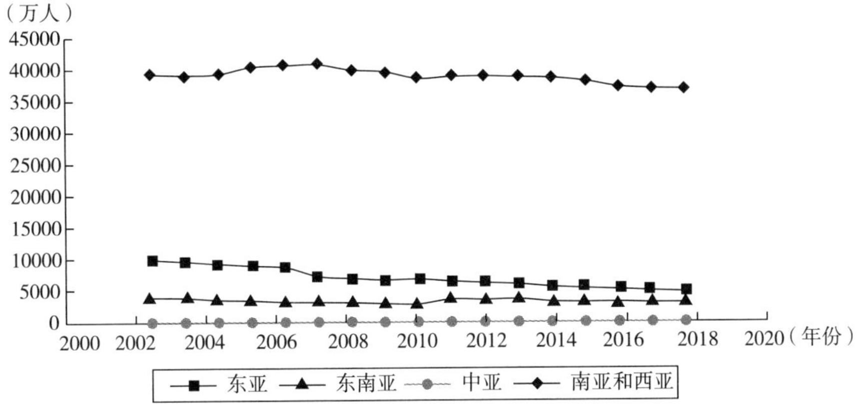

图 1-19　2002~2018 年亚洲各次区域 15 岁以上人口文盲数量变化

资料来源：UNESCO Institute of Statistics，http：//uis. unesco. org/en/topic/sustainable-development-goal-4，2019-11-12.

二、学前教育参与率两极分化，存在一定性别差距

为了实现联合国 2030 年可持续发展目标，让所有人能够平等地获得受教育机会，所有国家都需要完善学前教育，扩大儿童受教育的机会，同时改善教育质量。幼儿教育对于为未来的发展和终身学习奠定坚实的基础至关重要。

在亚洲地区 2017 年有可用数据的 19 个经济体中，有 10 个经济体 90%以上的儿童在小学正式入学前一年参加了有组织的学习。其中，中国香港与越南男孩的学前教育参与率均达到 100%，印度尼西亚女孩的学前教育参与率达到了 100%。

在 19 个经济体中，有 5 个国家男孩和女孩的学前教育参与率均低于 50%。分别为孟加拉国（男孩为 35. 3%，女孩为 35. 4%）、柬埔寨（42. 5%和 43. 6%）、塔吉克斯坦（13. 4%和 11. 6%）、东帝汶（32. 8%和 33. 5%）和乌兹别克斯坦（37. 4%和 36. 4%）。有 13 个经济体女孩的学前教育参与率落后于男孩。差距最大的国家是尼泊尔，该国男孩学前教育参与率高于女孩 5. 5%。

亚洲不同国家和地区间学前教育参与率存在较大差距，其中东亚国家学前教育参与率整体水平更高，中亚地区部分国家教育参与率水平较低，国家经济发展水平对学前教育参与率有正面影响。

三、初等教育发展良好，中等教育发展空间较大

初等教育也被称作小学教育或基础教育，是指 6~12 岁儿童接受的学校义务教育，这一阶段的教育是儿童一生发展的重要基础，并且对国家长远发展以及国民素质提高都具有深远的意义。

相比 2013~2018 年世界小学年龄儿童失学率水平，亚洲各次区域均表现良好，普遍低于世界平均水平。其中失学率最高的地区为南亚与西亚地区，2013~2018 年平均儿童失学率水平为 7.23%；失学率水平最低的为中亚地区与东亚地区，平均儿童失学率水平分别仅为 2.12%与 2.96%（见图 1-20）。亚洲各次区域 2013~2018 年小学年龄儿童男性平均失学率水平普遍低于女性失学率，其中差距最小的次区域为东亚，仅为 0.02%；最大的次区域为东南亚，为 1.11%。

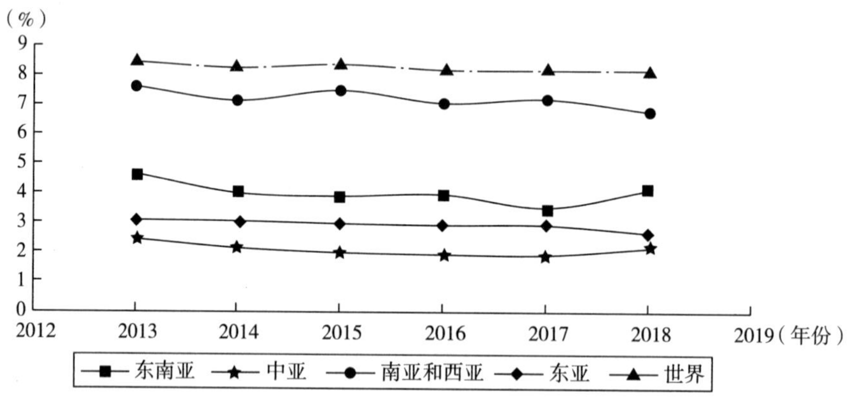

图 1-20　2013~2018 年亚洲各地区小学年龄儿童失学率对比

资料来源：UNESCO Institute of Statistics，http：//uis. unesco. org/en/topic/sustainable-development-goal-4，2019-11-12.

同时，教师受教育水平在确保儿童教育质量方面发挥着关键作用，尽管各国的最低培训要求差异很大，但不可否认的是，所有初等教育教师都应接受相应水平的教学所需的适当的、相关的教学培训，这些培训包括入职前培训与在职培训。将 2000 年与 2009 年进行比较，在可获得数据的 23 个区域经济体中，有 15 个提升了接受最低限度组织培训的初等教育教师的比例。在此阶段，首先，增幅最大的国家是尼泊尔（从 15.4%增至 97.3%），其次是吉尔吉斯斯坦（从 52.0%

增至95.4%）和缅甸（从62.7%增至97.8%）。在23个拥有2000年和2017年可用数据的经济体中，2017年有19个经济体中接受最低组织培训的小学教育教师比例超过90%；与之相对比，2000年时23个经济体中只有10个达到了90%的门槛，初等教育教师培训得到了良好的发展。①

与初等教育相比，亚洲地区中等教育水平仍有较大的发展空间，具体的失学率数据结果显示：亚洲各次区域中学年龄青少年、青年失学率偏高。2013~2018年南亚与西亚地区青少年失学率达到平均34.66%的水平，高于同期世界平均值的26.14%，失学率水平最低的地区仍然是中亚与东亚，分别为10.36%与12.50%（见图1-21）。需要指出的是，亚洲各次区域2013~2018年平均中学年龄青少年、青年失学率数据中，东亚地区与东南亚地区男性失学率高于女性，尤以东亚最高，该区域男性中学失学率高于女性4.77%，东南亚男性失学率同样高于女性；在中亚以及南亚和西亚两大区域，女性失学率保持在男性失学率以上。

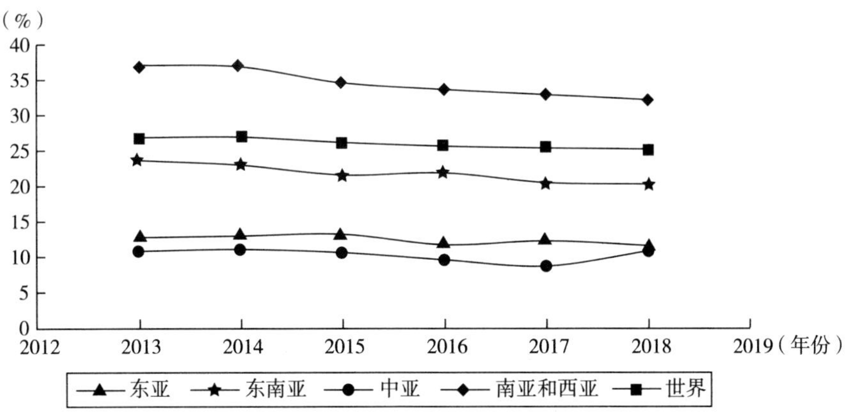

图1-21　2013~2018年亚洲各地区中学年龄青少年、青年失学率对比

资料来源：UNESCO Institute of Statistics，http：//uis.unesco.org/en/topic/sustainable-development-goal-4，2019-11-12.

四、高等教育发展良好，但区域差别较大

21世纪，亚洲高等教育入学率呈“爆炸性”上升，高等教育系统通过建设

① 亚洲开发银行，https：//kidb.adb.org/kidb/sdg，2019-10-02.

新大学、允许和鼓励建立私立大学等手段缓解教育资源压力，促进了整个教育系统的扩大。①

截至 2018 年，东亚地区高等教育毛入学率达到 51.38%，高于同期世界水平的 13.34%，与 2001 年相比，提高了 35.73%，增长率达到 228.46%。除东亚地区外，其他各次区域高等教育毛入学率均低于同期世界平均水平。南亚与西亚地区高等教育水平最低，中亚地区高等教育毛入学率水平次之，但波动明显，在个别年份甚至出现降低的现象（见图 1-22）。

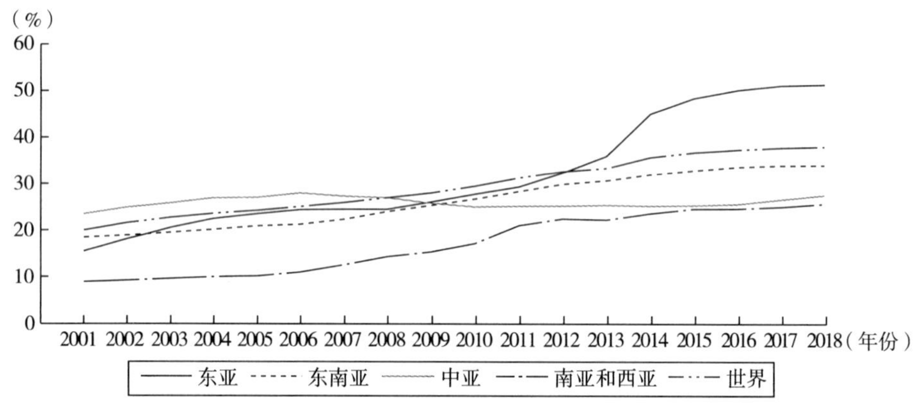

图 1-22　2001~2018 年亚洲各区域及世界高等教育入学率变化趋势

资料来源：UNESCO Institute of Statistics，http：//uis. unesco. org/en/topic/sustainable-development-goal-4，2019-11-12.

五、职业技术教育与培训存在不足

职业教育采用正规和非正式学习多种手段，其目的是提供工作领域所需的知识和技能，职业技术教育与培训被认为是社会公平、包容和可持续发展的重要工具。鉴于亚洲地区的多样性，职业技术教育与培训系统因国家而异，并反映了特定的国家社会经济状况。②

随着全球化和技术进步，在过去的几十年中新兴国家一直经历着显著的经济

① United Nations Educational, Scientific and Cultural Organization（UNESCO）. Higher Education in Asia：Expanding Out, Expanding up ［Z］. 2014.

② UNESDOC. Unleashing the Potential：Transforming Technical and Vocational Education and Training ［Z］. 2015.

增长。快速工业转型导致劳动力市场对熟练劳动力的巨大需求，给各国的教育和培训系统带来了巨大压力。亚洲地区整体青年失业率高于成年人，全球移动通信系统协会（GSMA）的研究将本地区青年失业率高归因于技能年轻人和经验，而不是缺乏工作。[①] 技能不匹配是该地区一个普遍且日益严重的问题：2014 年亚太地区 48%接受采访的雇主称，很难找到足够的技术工人来填补工作职位空缺，2009 年这一数据为 32%，凸显了职业技术教育与培训的不足。[②]

对新进入劳动力市场的年轻人而言，许多亚洲国家无法满足其培训需求。例如，印度每年进入劳动力市场的人数大约有 1300 万，但印度的培训系统只能培训其中的 25%。[③] 职业技术与教育的发展不足，导致技能不匹配现象的存在，进一步加剧了就业压力。

第五节　亚洲国家社会保护发展基本情况

良好的社会保护政策是当今全球可持续社会发展的重要目标之一，联合国《2030 可持续发展议程》1. 3 明确提出“执行适合本国国情的全民社会保障制度和措施，包括最低标准，到 2030 年在较大程度上覆盖穷人和弱势群体”。[④] 社会保护体系的建设也是国家的经济和社会需要，精心设计的社会保护体系有助于减少贫困和不平等，增强社会凝聚力和政治稳定，在促进内需和生产力、支持结构性转型方面也发挥了关键作用，对包容性经济增长具有重要作用。

亚洲地区社会保护体系在近几十年得到了快速发展，但在不同的区域及国家之间还存在差距，且不同的社保项目之间存在发展差别。提高社会保护发展水平、改善各社保项目、各区域发展不均衡问题，是亚洲地区面临的重要挑战。

---

① GSMA. Mobile Services for Youth Employment ［EB/OL］. http：//www. www. pulsosocial. comwww. gsma. com/mobilefordevelopment/wp-content/uploads/2013/07/Mobile-Services-for-Youth-Employment. pdf.

② United Nations Educational. Scientific and Cultural Organization，Enhancing Relevance in TVET ［Z］. 2016.

③ ADB. Challenges and Opportunities for Skills Development in Asia：Changing Supply，Demand，and Mismatches ［Z］. 2015.

④ United Nations. 变革我们的世界：2030 年可持续发展议程 ［EB/OL］. https：//www. un. org/zh/documents/treaty/files/.

一、社会保护发展不均衡

根据国际劳工组织数据，亚洲各国社会保护覆盖率表现出明显的差异。在拥有数据的经济体中（2015 年），东亚地区社会保护的有效覆盖范围明显较高，该地区拥有数据的四个经济体——中国、日本、朝鲜、蒙古均远高于同期世界平均水平；社会保护发展水平最低的区域为南亚，孟加拉国、印度、斯里兰卡三个经济体的表现均低于同期世界平均水平。① 亚洲地区社会保护水平最高的国家为中亚的哈萨克斯坦，其水平为 100%，水平最低的国家为南亚的印度，两国水平相差 81%，社会保护发展水平相差悬殊（见表 1-2）。② 从已有数据的经济体中可以看出，亚洲国家整体社会保护发展水平仍然不高，大多数国家均有补足社会保护覆盖面缺口、扩大覆盖面的压力。

表 1-2 亚洲与世界分人群社会保护有效覆盖率发展状况

国家和地区	至少在一个领域有社会保护的有效覆盖率(%)	儿童（%）	产妇/幼儿（%）	失能（%）	失业（%）	老年（%）	社会救助（%）
世界	45. 20	34. 90	41. 08	27. 79	21. 80	67. 90	
东亚						77. 30	
中国	63. 00	2. 21	15. 12		18. 75	100. 00	27. 10
中国香港						72. 90	
日本	75. 44			55. 67	20. 00	100. 00	
朝鲜	65. 67			5. 80	40. 00	77. 60	
中国澳门					26. 92		
蒙古	72. 38	100. 00	100. 00	100. 00	31. 00	100. 00	35. 12
东南亚						74. 10	
文莱						81. 70	
柬埔寨				0. 68		3. 18	
印度尼西亚						14. 00	

① 社会保障的有效覆盖范围指的是积极参加社会保险计划或领取福利（缴费或不缴费）的人数占总人口的百分比，不包括医疗保障。

② International Labour Organization（ILO），https：//www. social-protection. org/gimi/gess/AggregateIndicator. action#coverage，2019-11-18.

续表

国家和地区	至少在一个领域有社会保护的有效覆盖率(%)	儿童(%)	产妇/幼儿(%)	失能(%)	失业(%)	老年(%)	社会救助(%)
老挝						5.60	
马来西亚						19.80	
缅甸			0.68	0.37			
菲律宾	47.09	13.65	9.02	3.10		39.80	7.77
泰国		18.90		35.72	43.20	79.70	
东帝汶		30.71		21.29		89.70	
越南	37.90		44.52	9.75	45.01	39.90	9.97
南亚						23.60	
阿富汗						10.70	
孟加拉国	28.38	29.44	20.93	18.55		33.39	4.28
不丹						3.20	
印度	19.00		41.00	5.44		24.10	14.00
伊朗						26.40	
马尔代夫						99.70	
尼泊尔						62.50	
巴基斯坦						2.30	
斯里兰卡	30.41			20.81		25.18	4.45
中亚和西亚				53.61	12.01	82.00	
亚美尼亚	47.28	21.35	61.00	100.00		68.45	16.19
阿塞拜疆	40.30		14.00	100.00	1.62	81.14	12.58
塞浦路斯	61.24	60.25	100.00	26.47	23.70	100.00	24.09
格鲁吉亚	28.57		24.00	100.00		91.86	12.00
以色列	54.86			90.36	29.40	99.10	
哈萨克斯坦	100.00	100.00	44.61	100.00	5.82	82.63	100.00
吉尔吉斯斯坦		17.79	23.75	75.94	1.74	100.00	
塔吉克斯坦		6.39	59.46		17.30	92.75	
土耳其				5.05	1.40	20.00	
乌兹别克斯坦						98.10	

资料来源：International Labour Organization（ILO），https：//www.social-protection.org/gimi/gess/AggregateIndicator.action#coverage，2019-11-18.

同时，亚洲区域社会保护不同项目之间发展存在差异，社会保护按照人群划分，主要可以分为儿童与家庭福利、产妇与婴幼儿福利、失业保障、失能保障、老年人保障及弱势群体保障等类型。① 这几类保障在亚洲国家之间的发展存在较大的差异，首先是老年保障在各个国家和地区中发展最佳，失业保障发展水平最低，其次是弱势群体的保障（见表 1-2）。

二、社会保护分项目发展

（一）儿童与家庭福利

亚洲地区儿童的社会保障覆盖率相对较低。然而，一些国家，如蒙古、哈萨克斯坦，在提供儿童社会保障方面表现突出。虽然泰国、菲律宾和东帝汶等国家也建立了针对有子女家庭的有条件现金转移计划，但覆盖率相对较低：在菲律宾，覆盖率仅为 13. 65%。泰国将儿童津贴作为社会保险的一部分，与推出的儿童保护补助金（Child Support Grant）结合起来。儿童保护补助金是一种对子女年龄不超过 3 岁的家庭进行经济状况调查的非缴费型货币转移支付。在老挝和柬埔寨等国家，对有子女家庭的现金补助主要限于一些小型试点，该区域的许多国家没有立法规定任何家庭或儿童福利。②

（二）产妇福利

在亚洲地区对产妇的社会保护仍然是一项挑战。平均而言，在亚太地区的国家，只有 1/3 的妇女享受现金生育津贴。该区域一些国家生育率较高，这种趋势直到 2030 年才能缓解。例如，孟加拉国和菲律宾的妇女一生中生育 2～3 次，但两个国家分别只有 20. 93%和 9. 02%的妇女获得生育津贴。蒙古与塞浦路斯是亚洲区域仅有的两个实行普遍孕妇保护的国家，缅甸和菲律宾是生育津贴覆盖水平低于 10%的两个国家，其中缅甸的覆盖率仅有 0. 68%，远落后世界平均水平 41. 08%（见表 1-2）。

在大多数国家，产妇保护仅限于正规经济中的工人，并且覆盖率很低。也有一些国家尝试将其扩展到非正式部门，如印度和缅甸的妇幼现金转移计划。在一些国家生育保护是雇主的责任，雇主负责与怀孕有关的产假和保健费用。③

---

① 根据《2030 可持续发展议程》1. 3. 1 划分与国际劳工组织数据，该部分未包含医疗保障。

②③ International Labour Organization（ILO）. World Social Protection Report 2017－2019［R］. DTP－CORR－WEI－MUS，Geneva，2017.

（三）失业保护

与其他保障项目相比，失业人员从失业保护中受益的比例仍然相对较低。这种情况可以部分地解释为，该区域的许多国家仍然没有把发放失业金作为优先事项，许多国家仍然将雇主的责任设置为在雇员失业时发放遣散费，例如，文莱、印度尼西亚、巴基斯坦、新加坡和斯里兰卡都是如此。

失业保护主要限于正规经济中有工资的工人，而在非正式就业占主导地位的区域，失业保护发展程度较低。一些国家已选择建立最低就业保障计划，特别是南亚一些国家，如孟加拉国、印度和尼泊尔农村地区，它们规定了最低就业日数的权利。虽然失业救济在这些区域发展不成熟，但引入失业保险计划的趋势正在增强，如印度尼西亚、马来西亚、尼泊尔和菲律宾，它们正在参与关于设计失业保险计划的国际对话。

（四）失能保障

整个区域对失能的有效覆盖率相差很大，在亚洲各次区域中，中亚与西亚在该领域的有效覆盖率水平最高。在该地区有数据的 8 个国家中，有 4 个国家实现了100%的有效覆盖。亚洲其他几个次区域发展水平参差不齐，如东亚的蒙古同样达到了 100%，但在柬埔寨、印度、缅甸、菲律宾和越南，只有不到 1/10 的失能者能够获得保障（见表 1-2）。

（五）老年保障

老年保障是亚洲区域覆盖率最高的保障制度，但老年保障在国家之间存在巨大差异。一方面，中国、日本、蒙古、塞浦路斯、吉尔吉斯斯坦均提供全民保障；文莱、中国香港、韩国和泰国等的覆盖率均超过 70%，并正在走向全民覆盖。另一方面，在不丹、老挝、巴基斯坦等国老年保障的有效覆盖率仍低于老年人口的 6%，各国之间老年保障水平差异巨大。

达到广泛覆盖水平的国家通常建立税收资助计划（或称社会养老金），以便迅速地将覆盖范围扩大到缴费能力较低的人口。亚洲区域社会养老保险制度的实施呈现逐步向好的趋势，即便是社会保障体系较差的国家，也在探索推出基于税收融资的全民养老金。例如，缅甸、尼泊尔、东帝汶和越南选择循序渐进的方式，从较高的年龄开始（缅甸的资格年龄为 90 岁，尼泊尔的资格年龄为 70 岁），计划逐步将覆盖面扩大到年龄较低的老年群体。①

（六）医疗

每个人都有享有健康生活的权利，但对亚洲部分国家来说，提供足够的医疗保健仍旧是一项重大挑战。在亚洲大部分区域，政府卫生支出占政府总支出的比重相比发达国家仍然较低，整体水平低于世界平均水平，且各国家之间相差悬殊。按照世界卫生组织数据库数据划分，亚洲地区医疗支出占比最高的国家为日本与伊朗，在 2016 年分别达到 23.4%与 22.6%，均高于同期欧盟平均水平。除日本、伊朗之外，只有新加坡、韩国、泰国的水平高于 14.04%。除此之外，亚洲其他国家占比均较低，同期中国为 9.05%，印度、巴基斯坦等国家仅略高于 3%，亚洲各国医疗支出水平存在巨大差异。

21 世纪初，亚洲大多数国家政府卫生支出占政府总支出比重保持稳步上升的态势，但也存有一些国家出现下降。②

（七）社会救助

由于许多亚洲国家的社会保险覆盖范围相对有限，社会救助在保障易受社会风险影响的人方面发挥重要作用。然而，亚洲整个区域对脆弱人口的社会救助覆盖上并不均衡。社会救助覆盖率水平最高的是哈萨克斯坦（100%），其次是蒙古（35.12%）。孟加拉国的覆盖率最低（4.28%）。除哈萨克斯坦与蒙古外，亚洲其他国家都有高达 2/3 以上的弱势人口得不到任何社会救助。目前扩大最低程度的社会保障是该区域的一项关键事项。

三、部分国家社会保护支出下降，但总体趋势向好

亚洲各国的社会保障支出水平差别很大，支出水平占 GDP 比重较高的国家包括日本（15.2%）、新加坡（10.3%），这与文莱（0.2%）、老挝（0.2%）和孟加拉国（0.9%）等国形成鲜明对比。

一些国家社会保护支出出现下降，例如，文莱、印度尼西亚、老挝和巴基斯坦，自 2000 年以来，这些国家社会保护占 GDP 比重一直在逐渐下降。但总体而言，亚洲区域社会支出发展状况不断进步。例如，泰国在 2000 年时社保支出占

① International Labour Organization（ILO）. World Social Protection Report 2017 - 2019［R］. DTP-CORR-WEI-MUS，Geneva，2017.

② World Bank，https：//data.worldbank.org.cn/indicator/SH.XPD.GHED.GE.ZS? view = map&year = 2011，2020-02-11.

GDP 的比重不到 1%，但到 2015 年，已上升到 3.7%，是 2000 年的 3 倍多。中国的社会保护支出占 GDP 的比重从 1995 年的 3.2%上升至 2015 年的 6.3%，几乎在 20 年内翻了一番。这两个国家都是社会保障覆盖面迅速扩大的典型。在过去 20 年中，韩国、尼泊尔、菲律宾、新加坡等国的社会保障公共支出也增加了 1 倍以上。①

第六节　本章小结

高水平的经济增长带来了显著的减贫效果，促进了就业、教育等社会领域的发展与进步，这是亚洲地区近几十年来发展取得的重要成果。尽管取得了这些进展，但是亚洲地区仍有 12 亿人生活在每天 3.20 美元（2011 年购买力平价）的中等贫困线以下，国家内部和国家之间的不平等正在扩大，仍有 4 亿人口生活在极端贫困之中。主导该地区数十年的经济发展模式以牺牲再分配政策为代价，优先发展经济，这减小了社会支出的财政空间，因此，很大一部分人口被剥夺了获得社会保护的权利。1997 年亚洲金融危机以及 2008~2009 年全球经济危机和随后的经济衰退，揭示了发展模式中存在的局限性。亚洲国家发现，不充分的社会保护制度最终会不利于社会长久发展，各国正在着力加强社会保护领域的投资。

同时，亚洲地区就业正变得越来越不稳定，非标准形式的就业——临时工、兼职、派遣工或合同工正在增加，并且非正式就业与脆弱就业情况仍较为突出，这是亚洲地区当前面临的突出问题之一，更长期的挑战在于保持快速经济增长的同时减少就业的不稳定性、提高生产力以及解决迅速人口老龄化的后果。

参考文献

[1] Holliday. Productivist Welfare Capitalism: Social Policy in East Asia [J]. Political Studies, 2000 (148): 706-723.

[2] International Labour Organization (ILO). World Employment and Social

① International Labour Organization (ILO). World Social Protection Report 2017-2019 [R]. DTP-CORR-WEI-MUS, Geneva, 2017.

Outlook: Trends 2018 [R] . Geneva, Switzerland: ILO, DTP-WEI-CORR-REPRO, 2018.

[3] S. C. Jhansi, Santosh Kumar Mishra. Ageing Population and Gender Issues in Asia-Pacific Region [J] . Caribbean Educational Research Journal, 2014, 2 (2): 61-73.

[4] UNESCO Institute of Statistics [EB/OL] http: //uis. unesco. org/en/topic/sustainable-development-goal-4, 2019-11-12.

[5] United Nations. Ageing in Asia and the Pacific Introduction [Z] . ESCAP, 2017.

[6] United Nations. Social Outlook for Asia and the Pacific [Z] . ESCAP, 2018.

[7] United Nations. Sustainable Social Development in Asia and the Pacific [Z] . ESCAP, 2017.

[8] 国家统计局, http: //data. stats. gov. cn/easyquery. htm? cn=C01, 2020-06-02.

[9] 李向阳. 亚洲区域经济一体化的“缺位”与“一带一路”的发展导向 [J] . 中国社会科学, 2018 (8): 33.

[10] 联合国人口司, https: //population. un. org/wpp/Download/Standard/Population/, 2019-08-28.

[11] 玛依拉·米吉提. 经济增长、收入不平等对贫困变动的影响研究——基于新疆农村的数据分析 [J] . 新疆农垦经济, 2017 (3): 87.

[12] 舒帅, 司成勇. 全球普及初等教育: 任重道远 [J] . 世界文化, 2015 (6): 4.

[13] 亚洲开发银行, https: //kidb. adb. org/kidb/sdg, 2019-10-02.

[14] 张盈华. 工作贫困: 现状、成因及政府劳动力市场政策的作用——来自欧盟的经验 [J] . 国际经济评论, 2016 (6): 121.

第二章　日本的民生保障与社会发展

第一节　日本社会民生保障体系的人口老龄化发展背景

一、人口结构变化

（一）少子老龄化问题严峻

自第二次世界大战至今，日本的人口结构发生了巨大变化。从老龄化变化趋势看，战后初期老龄人口比例较低，1947 年 65 岁以上老龄人口占比仅为 4.8%，[①] 在此之后老龄化水平逐渐上升。到 1970 年 65 岁以上老龄人口比重超过 7%，[②]标志着日本进入老龄化社会。而我国直至 2000 年，这一数字才首次达到 7%，[③] 进入老龄化社会的时间比日本晚 31 年。到 1994 年，日本的老龄人口占比超过 14%，[④]正式迈入老龄社会的行列，日本从老龄化社会迈入深度老龄化比重这一过程，共耗时 24 年。与国际上其他国家比较可以发现，日本和中国在老龄化社会进入老龄型社会的时间都较为短暂，法国这一阶段总共经历了 115 年，瑞典经历了 85 年，美国经历了 72 年，英国经历了 46 年，德国经历了 40 年。而同样作为亚洲国家的韩国这一过程更短，仅仅经历了 18 年。

日本社会老龄人口数量不断增加，至 2019 年人数达到 3592 万，占日本总人

①②④　日本總務省統計局．人口推計．第 3 表（5 歳階級及び3 区分），男女別人口（各年 10 月 1 日現在）－総人口（大正 9 年～平成 12 年）［EB/OL］．［2008－01－11］．https：//www. e－stat. go. jp/stat－search/file－download？ statInfId＝000000090263&fileKind＝0，2019－10－20.

③　国家统计局．中国统计年鉴 2019［M］．北京：中国统计出版社，2019：33.

口的 28.5%，[①] 成为世界上老龄化比重最高的国家。在国际上通常采用 65 岁以上人口占全部人口比重作为计算老龄化率的方法，随着人口老龄化的不断加剧，近年来日本进一步将老龄人口根据年龄，细分为前期老龄人口（65~74 岁的老龄人口）与后期老龄人口（75 岁以上的老龄人口），以便统计不同照顾需求的老龄人口规模。根据日本 2018 年《人口推计》，65~74 岁的前期人口为 1760 万，占总人口的 13.9%，75 岁以上后期老龄人口为 1798 万，占总人口的 14.2%，75 岁以上后期老龄人口首次超过了 65~74 岁前期老龄人口。[②] 2018 年，日本男性的平均寿命为 81.25 岁，女性的平均寿命为 87.32 岁。[③] 从世界范围来看，日本人平均预期寿命为 83.8 岁，[④] 仅次于中国香港的 84.3 岁。[⑤]

第二次世界大战结束后，日本逐步走出战争的阴霾，社会秩序也逐渐恢复。随着人民生活回归稳定，日本国内的新生儿数量相比战前有了大幅增加（见图 2-1），新生儿人数在 1947~1949 年期间均每年超过 250 万人。这段时间是战后日本的第一个生育高峰期，因此也被称为“第一次婴儿潮”。因此，日本在战后初期青少年儿童数量占比较高，以 1947 年为例，此时 0~14 岁的青少年儿童占比为 35.3%。[⑥] 20 余年后，日本在 1971~1974 年又迎来了第二个生育高峰期，平均每年出生人口在 200 万左右，这一阶段被称为“第二次婴儿潮”。从第二次生育高峰期后，日本的总和生育率不断下降，特别是在 1989 年，总和生育率跌至 1.57，甚至低于有生育偏见的 1966 年。[⑦] 这一现象最终引发了日本社会对于低生育率的广泛关注。在此之后，日本的总和生育率持续下降，在 2005 年达到最低点，当年总和生育率仅为 1.26。从 2006 年开始，日本的总和生育率有缓慢上升趋势，在 2018 年逐渐恢复到 1.42，然而 2019 年总和生育率水平较上年有所降低，下降至 1.36。

---

① 日本總務省統計局．人口推計-2020 年（令和 2 年）5 月報［EB/OL］．［2020-05-20］．https：//www.stat.go.jp/data/jinsui/pdf/202005.pdf，2020-05-25.

② 日本總務省統計局．人口推計（2018 年（平成 30 年）10 月 1 日現在）結果の要約［EB/OL］．［2019-04-12］．https：//www.stat.go.jp/data/jinsui/2018np/index.html，2019-10-20.

③ 日本厚生勞動省．平成 30 年簡易生命表の概况［EB/OL］．［2019-07-30］．https：//www.mhlw.go.jp/toukei/saikin/hw/life/life18/index.html，2019-10-20.

④⑤ 2015 年世界银行，https：//databank.worldbank.org/indicator/SP.DYN.LE00.IN/1ff4a498/Popular-Indicators，2019-10-20.

⑥ 日本總務省統計局．人口推計．第 3 表（5 歳階級及び3 区分），男女別人口（各年 10 月 1 日現在）-総人口（大正 9 年~平成 12 年）［EB/OL］．［2008-01-11］．https：//www.e-stat.go.jp/stat-search/file-download? statInfId=000000090263&fileKind=0，2019-10-20.

⑦ 1966 年是干支纪年中的丙午年，天干的丙与地支的午相传都属火性，因此有一种说法是指在该年份出生的女子克夫。

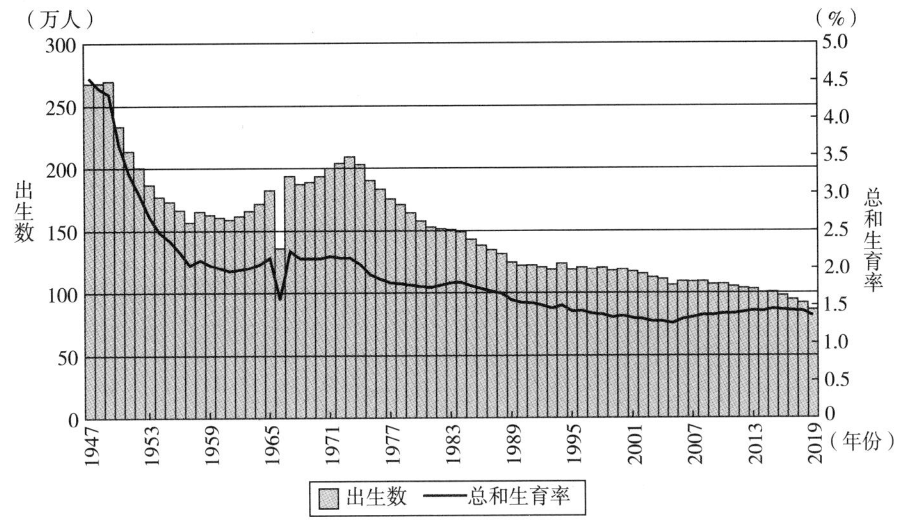

图 2-1　日本人口趋势变化

注：其中 2019 年总和生育率为概数。

资料来源：日本厚生勞動省．人口動態調查［EB/OL］．［2019-09-17］．https：//www.mhlw.go.jp/-toukei/list/81-1a.html，2020-05-26.

（二）晚婚化现象明显

在第二次世界大战结束后的 1947 年与 1948 年，日本结婚登记出现了一个高峰期，这次高峰期也被称为“第一次结婚潮”，其中，1948 年的结婚登记对数达到了 953999 对（见图 2-2），从 1949 年开始日本的结婚对数迅速下降，自 1952 年又呈现缓慢增加态势，直至 1970 年迎来了“第二次结婚潮”，在 1972 年日本结婚对数达到了战后顶峰，为 1099984 对，这与战后第一次婴儿潮时期出生的人群步入适婚年龄密切相关。结婚率与结婚对数的变化趋势大体相同，处于第一次结婚潮时期的 1947 年、1948 年结婚率分别为 12.0‰、11.9‰。而在 1970 年开始的第二次结婚潮时期，结婚率在 1971 年达到顶峰为 10.5‰，1970~1972 年结婚率都超过了 10‰。而第二次结婚潮之后，日本的结婚数量开始呈现下降趋势，这一趋势至 1988 年开始发生改变，1988 年后结婚对数为 707716 对，呈缓慢上升趋势，从 1997 年开始结婚率每年呈小幅波动趋势，整体变动不大，至 2001 年达到这一时期结婚对数的高峰，为 799999 对，同年的结婚率为 6.4‰。自 2001 年后，结婚对数与结婚率均呈现波动下降趋势，2019 年日本的结婚对数为 598965 对，同年的结婚率为 4.8‰。

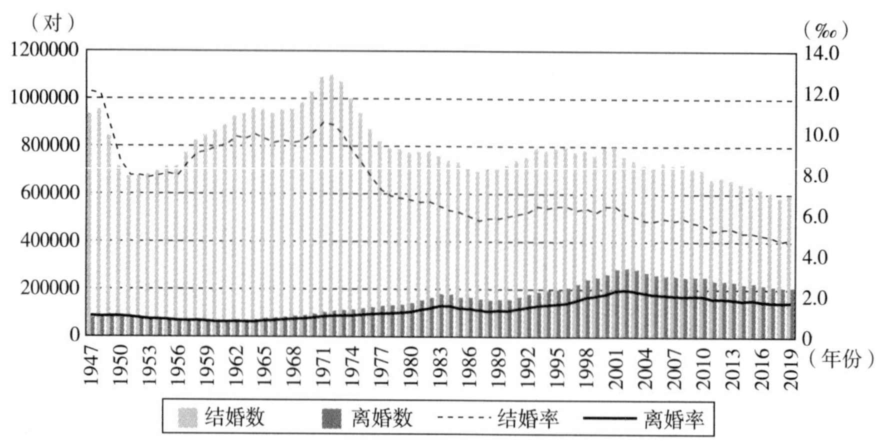

图 2-2　日本战后婚姻变动状况

注：其中 2019 年数据为概数。

资料来源：日本厚生労動省．人口動態調査［EB/OL］．https：//www. mhlw. go. jp-/toukei/saikin/hw/jinkou/geppo/nengai19/index. html，2020-06-09.

日本的离婚数量在第二次世界大战结束后一直呈现较为稳定的状态，年均离婚对数保持在 7 万对左右，而从 20 世纪 60 年代后半期开始离婚对数逐年增加，在第二次结婚潮时期的 1971 年，离婚对数已超过 10 万对，达到 103595 对。此后，日本离婚对数在 1983 年达到 179150 对，此后在经历下降与小幅波动后，日本的离婚对数又开始呈现上升趋势，并于 2002 年达到最高点，为 289836 对，同年离婚率达到顶峰，为 2. 30‰。此后，离婚对数与离婚率都呈波动下降趋势，2019 年的离婚对数为 208489 对，离婚率为 1. 69‰。

日本人初婚年龄在战争发生后经历了断崖式的下降。日本自 1898 年明治政府时期制定《户籍法》以来，便从次年开始进行人口动态统计，收集人口变动等相关信息，该调查制度在 1944～1946 年有所中断。所以，通过分析战前日本的调查数据可以发现（见图 2-3），从 1899～1944 年，男性平均结婚登记年龄从 27. 6 岁上升至 31 岁，男性初婚年龄从 26. 8 岁逐渐推后至 29. 5 岁，而女性平均结婚登记年龄也从 23 岁上升至了 26. 1 岁，初婚年龄从 22. 9 岁推后至 25 岁。平均初婚年龄在战后，除了第二次结婚潮时期有所下降外，一直保持稳步上升的趋势。2019 年日本男性的平均初婚年龄为 31. 2 岁，女性的平均初婚年龄为 29. 6 岁。

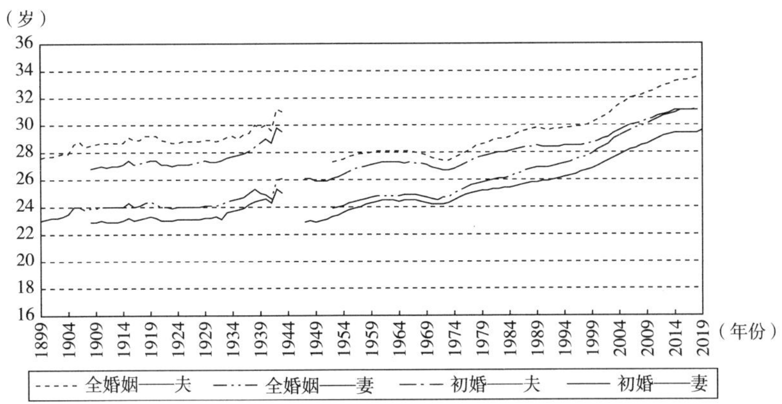

图 2-3　日本婚姻年龄变化

注：其中 2019 年数据为概数。

资料来源：日本厚生労動省．人口動態調査［EB/OL］．https：//www. e-stat. go. jp/stat-search/files?page=1&toukei=00450011&tstat=000001028897，2020-06-09.

而女性生育年龄则在战后经历了先降低后缓慢升高的变化趋势。受第一次与第二次结婚潮影响（见图 2-4），1950~1975 年，女性的平均生育年龄有所降低，从 1950 年的 28. 7 岁下降至 1975 年的 27. 4 岁。其后，女性平均生育年龄开始逐渐延后，2018 年女性平均生育年龄为 32 岁，2019 年女性生育第一个孩子的平均年龄为 30. 7 岁。

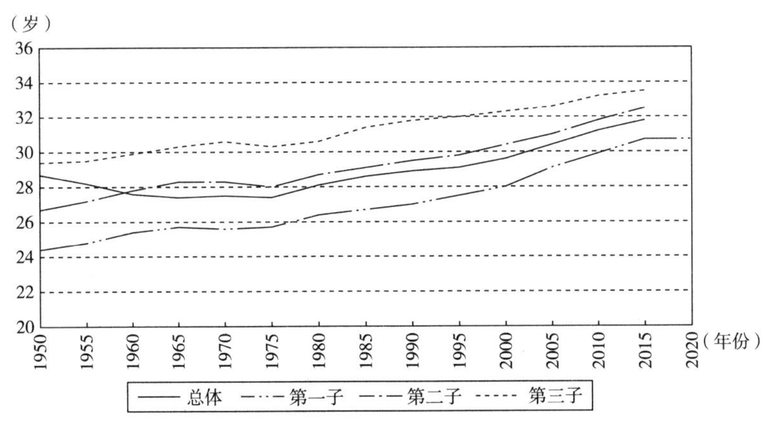

图 2-4　日本女性生育年龄变化

注：其中 2019 年数据为概数。

资料来源：日本厚生劳动省．人口动态调查［EB/OL］．https：//www. mhlw. go. jp/tou-kei/list/81-1a. html，2020-06-08.

二、产业就业结构变化背景

（一）产业结构变化

战后至今，日本的产业结构同样发生了剧烈变化，其中各产业的从业人数比例也各有增减。在 1950 年，从事农林渔业等第一业产相关就业人数占总就业人数的比重为 48.5%。[①] 此后，第一产业劳动者比例在“经济高度成长期”迅速下降，在 1973 年降至 13.41%，[②] 到了 2001 年下降至 4.88%，[③]2019 年第一产业就业人数占比仅为 3.30%。与之相对应，第二产业从业人数占比经历了先升后降的过程，先是从 1953 年的 24.33% 上升至 1973 年的 36.57%，[④]此后又下降至 2019 年的 23.26%。[⑤]战后第三产业从业人数比例则不断上升，从 1953 年的 35.83%[⑥]上升至 1974 年的 50.53%，[⑦] 进而在 2010 年上升至 70.09%，[⑧]随后第三产业就业人数的比例稳定在 70% 左右，2019 年日本的第三产业就业人数比例为 71.19%。[⑨]在“国民皆保险”“国民皆年金”的社会保障体系起始的 1961 年，日本还是第一产业就业人数占比较高的国家；如今日本的第三产业就业人数比例已远超其他产业。这样剧烈的产业结构变化对于日本雇佣体系和社会保障体系都产生了深刻的影响。

随着产业结构的变迁，日本的法定节假日也在逐渐增加，借以拉动休闲娱乐等第三产业的消费规模。1948 年，日本的法定节假日仅为 9 天，其中包括元旦、成人日、春分、天皇诞生日、儿童日、秋分、文化日、勤劳感谢日。此后，日本政府于 1966 年新增加 3 个节日，分别为建国纪念日（第一次出现建国纪念日为 1967 年）、敬老日和体育日。1989 年新增绿色之日，1996 年新增海之日，2007 年新增昭和日，2016 年新增山之日，一年中的节假日增至 16 天。

---

① 日本厚生勞動省．平成 25 年版労働経済の分析［EB/OL］．https：//www.mhlw.go.jp/wp/hakusyo/roudou/13/dl/13-1-4_02.pdf，2019-10-07.

②③④⑤⑥ 日本總務省统计局．労働力調査［EB/OL］．http：//www.stat.go.jp/data/roudou/longtime/03roudou.html#hyo_5，2020-05-26.

⑦⑧ 根据日本厚生劳動省．每月勤労統計調查　令和 2 年 4 月分結果速報、第 2 表　月間実労働時間及び出勤日数［EB/OL］．https：//www.mhlw.go.jp/toukei/itiran/roudou/monthly/r02/0204p/0204p.html，2020-06-15.

⑨ 根据日本厚生劳動省．每月勤労統計調查　令和 2 年 4 月分結果速報、第 2 表　月間実労働時間及び出勤日数［EB/OL］．［2020-06］．https：//www.mhlw.go.jp/toukei/itiran/roudou/monthly/r02/0204p/0204p.html，2020-06-15.

（二）劳动时间变化

2018 年日本的人均年劳动时间为 1680 小时，低于经济合作与发展组织（OECD）成员国的年人均工作时间的均值。墨西哥为 OECD 各国中人均年劳动时间最长的国家，达 2148 小时。由图 2-5 可知，除墨西哥和俄罗斯以外，世界主要工业化国家的年平均工作时间基本上都呈下降趋势。日本从 1970 年的人均年劳动时间 2243 小时下降至 1975 年的 2112 小时，1975～1989 年大致维持在 2000 小时以上，从 1989 年开始不断下降，到 2018 年已降至 1700 小时以下。目前的劳动时间换算如以周为单位，日本人的周劳动时间约为 32.2 小时。但如果分就业形态来观察日本人的年平均劳动时间，就会发现内部存在较大差异。根据厚生劳动省《每月勤劳统计》的调查，2020 年 4 月一般全日制劳动者的平均月工作时间为 165.7 小时，非全日制劳动者的月平均工作时间为 76.6 小时。① 根据厚生劳动省《每月勤劳统计》的调查，2012～2018 年，一般全日制劳动者与非全日制劳动者的工作时间均有小幅下降。②

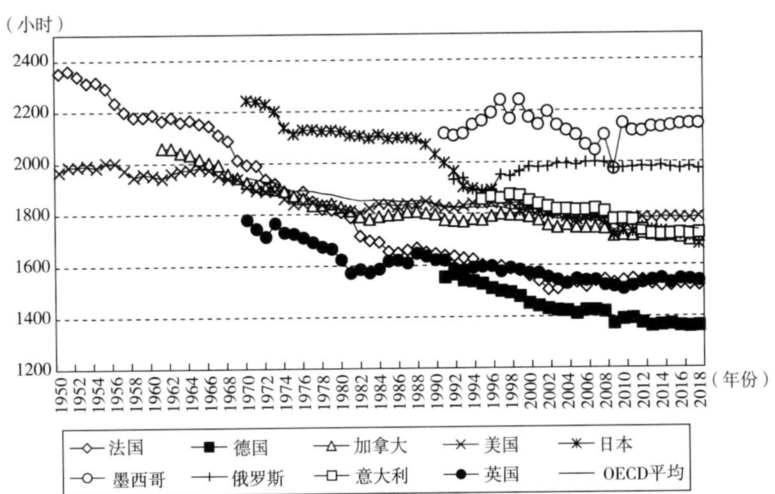

图 2-5　经济合作与发展组织（OECD）中主要国家的年人均工作时间变化

资料来源：经济合作与发展组织（OECD）数据库，https：//data.oecd.org/emp/hours-worked.htm，2019-10-25.

① 根据日本厚生勞動省．每月勤労統計調査　令和 2 年 4 月分結果速報、第 2 表　月間実労働時間及び出勤日数［EB/OL］．https：//www.mhlw.go.jp/toukei/itiran/roudou/monthly/r02/0204p/0204p.html，2020-06-15.

② 日本厚生勞動省．每月勤労統計調査　平成 30 年分結果確報［EB/OL］．https：//www.mhlw.go.jp/toukei/itiran/roudou/monthly/30/30r/30r.html，2019-10-25.

（三）男女就业率变化

根据日本总务省统计局的调查数据，2019 年日本 15 岁以上就业者共有 6724 万人，① 而日本 15 岁以上总人口共有 11092 万人，② 该年龄段就业率为 60.62%。③ 而男性就业率与女性就业率存在较大差别［见图 2-6（a）］，在 15 岁及以上年龄段中，男性就业率为 69.66%，而女性的就业率为 52.19%，男性就业率高于女性就业率。但是，这种统计口径将 65 岁及以上老年人的就业率也涵盖其中，因此，从数字上来看，就业率容易偏低。而我们如果将年龄段集中于 15~64 岁的劳动年龄人口，就会发现 2019 年日本总体劳动年龄人口的就业率为 77.66%，而这一数字与 1968 年的劳动年龄人口就业率（68.27%）相比有很大幅度的提高。但这种整体就业率的提升主要来自女性就业率水平在 1968 年以后的上升。男性劳动年龄人口就业率从 1968 年以来一直保持在 80%的较高水平，而女性劳动年龄人口就业率则从 1968 年的 53.45% 大幅度提高到 2019 年的 70.93%。

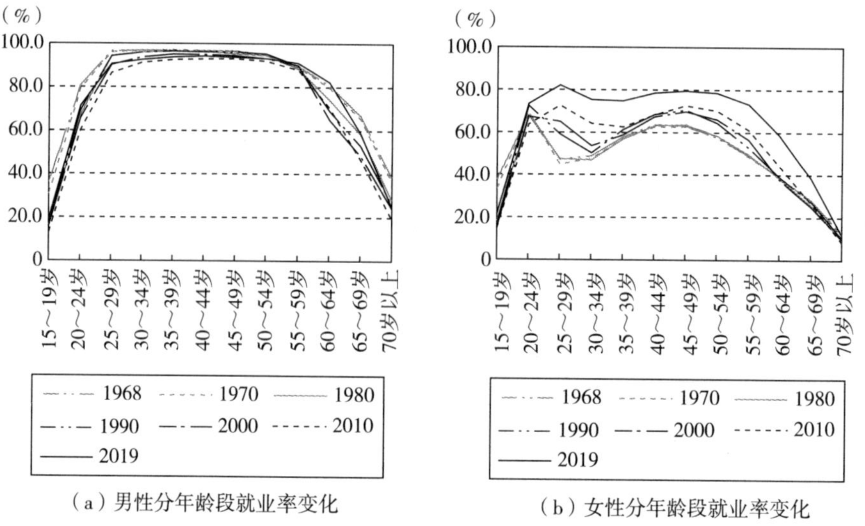

（a）男性分年龄段就业率变化　　（b）女性分年龄段就业率变化

图 2-6　2019 年日本分年龄段就业率变化

资料来源：日本总务省统计局．劳动力调查［EB/OL］．https：//www.stat.go.jp/data/roudou/，2020-06-11.

①② 日本總務省统计局．勞動力调查［EB/OL］．https：//www.stat.go.jp/data/roudou/，2020-06-11.

③ 本段落中日本分性别不同年龄段就业率均由笔者根据注释①中数据计算所得。

日本女性就业的一大特点在于因结婚育儿一度退出劳动力市场［见图 2-6（b）］，当分年龄段观察女性的就业率水平时就会看到就业率呈现 M 形，这一点与韩国女性的就业特征具有相似性，与日本男性的分年龄段就业率特征相差很大，日本男性的就业率在 25～59 岁基本保持在 90%以上，可以说社会上存在很强的男性就业规范，随着时间的推移并没有发生改变。与男性不同，近年来各年龄段女性就业率逐年提升，受到结婚年龄推迟等因素的影响，日本女性就业率呈现的 M 形的山谷部分随着时间的推移逐渐上移。

此外，虽然日本女性劳动年龄人口的就业率水平在 2019 年已达到 70. 93%这一较高水平，① 但日本女性就业者中 53. 4%都是非正规就业者（见图 2-7）。非正规就业者中包括打零工就业者、派遣员工、有期社员与嘱托社员等劳动合同为固定期限的就业者。这些非正规就业者的工资水平与正规就业者相比低很多，并且缺乏相应的社会保障。女性非正规就业者中大部分都是打零工就业者，这种工作方式以小时计价，工资收入水平受当地政府规定的最低工资标准水平影响较多。所以，虽然 1968～2019 年女性劳动年龄人口就业率水平有所提升，但女性的工资水平依然较低。而男性中的非正规就业者占比较低，据 2020 年 4 月数据统计，日本男性中非正规就业者占比仅为 21. 3%。

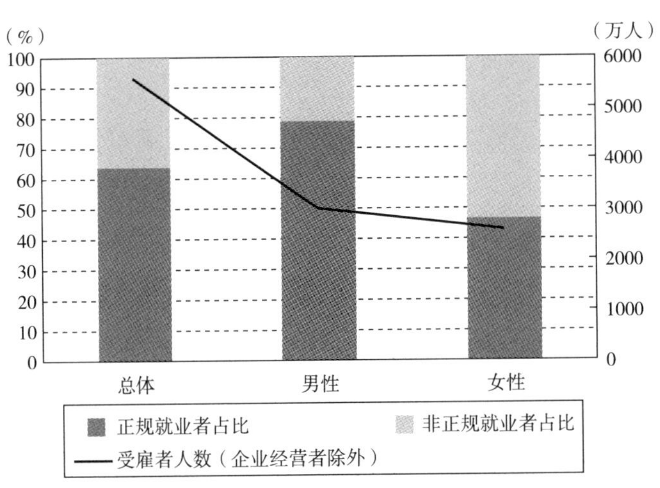

图 2-7　分性别非正规就业者占比及受雇者人数

注：图中所使用的数据为日本总务省统计局《劳动力调查》公布的 2020 年 4 月数据。

资料来源：日本总务省统计局．劳动力调查［EB/OL］．https：//www. stat. go. jp/data/roudou/，2020-06-11.

① 日本總務省统计局．勞動力調查［EB/OL］．https：//www. stat. go. jp/data/roudou/，2020-06-11.

当分教育水平比较就业率水平时可以发现，总体上学历较高的人群就业率也相对较高。图 2-8 反映的是 2019 年分性别不同教育水平的平均就业率的比较，在日本男性群体中大专及职业学校的就业率最高，达到 92.68%，而大学及以上人群的就业率也达到了 85%。而无论是男性还是女性，高中及以下教育水平的人群的就业率都处于最低水平，其中男性的就业率为 69.87%，女性的就业率为 45.06%。

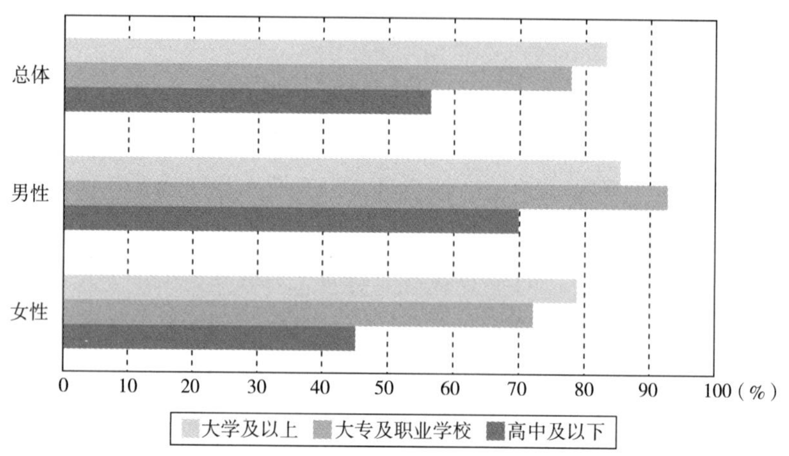

图 2-8　日本分性别不同教育水平就业率比较

资料来源：日本總務省統計局．勞動力調查［EB/OL］．https：//www.stat.go.jp/data/roudou/，2020-06-11.

第二节　日本社会民生保障制度服务体系的建立过程

一、战前日本民生保障体系的建立

日本社会保障体系的开端可以追溯到第二次世界大战发生之前，当日本政府在构建社会保障体系时，方时的设想则与战后的社会保障体系有所不同。1922 年，日本政府为缓和劳资双方的紧张关系制定了《健康保险法》。该法设立之初主要的保障对象仅限于雇员 10 人以上规模工厂的蓝领工作者，保险费用由劳动者与企业共同承担。

在此之后，日本经济在20世纪20年代末全球金融恐慌中遭到了重创，加之日本东北地区农村发生大规模歉收，东北地区乃至整个日本农村社会普遍陷入不安，许多农民因债务缠身而陷入贫困。在此背景下，当时掌管社会保险事务的内务省开始研究并制定以农民为保障对象的“国民健康保险”制度。1938年1月，日本政府新成立了厚生省，并于当年4月制定了《国民健康法》。这标志着日本的医疗保险制度不再仅限于劳动保险的领域，开始转型为覆盖每位国民的全民健康保险，也为战后“国民皆保险”的构建打下了基础。[①]

日本的公共年金制度最初起源于以军人和公务员为对象的恩给制度，该制度后来逐渐将覆盖范围扩大至教职员工和警察。战争爆发后，日本政府为了在战时体制下确保船员数量以保障海上运输的通畅，于1939年创立了《船员保险制度》。随着战争的愈演愈烈，日本政府于1941年出台了以男性劳动者为保障对象的《劳动者年金保险法》，并于1944年将这一制度的覆盖范围扩大至女性劳动者，并将该制度更名为厚生年金保险。值得注意的是，与战后社会保险强调个人的自立和社会连带不同，战前的医疗保险与年金制度主要是以缓和劳资矛盾或确保劳动力等具体问题为导向设立的。

二、战后日本民生保障体系的发展

战后的日本政府在建立民生保障体系时，一改战前那种以解决具体社会问题为导向的方针，转而将社会保障思想作为建设民生保障体系的基础。“社会保障”一词随着1946年11月日本新宪法的颁布，正式在日本得到了广泛使用。日本新宪法的第25条第2项规定：国家要在各个方面努力推进社会福利、社会保障和公众卫生建设。不过在战后复兴伊始，“社会保障”尚缺乏一个明确的定义。直到1950年，作为内阁总理大臣咨询机构的社会保障审议会发布《关于社会保障制度的劝告》，“社会保障”的具体定义方才得到明确解释。该文件指出：国家有责任对疾病、负伤、分娩、残疾、死亡、老龄、失业、多子以及其他原因引起的贫困，通过保险或公共扶助等途径加以应对，以保障国民享有最低限度的生活标准，并积极促进公共卫生与社会福利的进一步发展。

在此之后，日本的社会福利体系迅猛发展，不仅形成了以《生活保护法》

① 日本厚生勞動省．平成23年版　厚生労働白書［EB/OL］．https：//www.mhlw.go.jp/wp/hakusyo/kousei/11/，2019-10-08.

《儿童福祉法》和《身体障害者福祉法》为中心的“福祉三法”，在1960年以后还相继颁布了《精神薄弱者福祉法》《老人福祉法》《母子福祉法》，与之前的三部法律共同构成了“社会福祉六法”，这标志着日本社会民生保障体系的基础性法律得到初步建立。

战后日本民生保障体系的构建大体上可以分为三个阶段：第一个阶段为战后至20世纪70年代中期。当时日本不断扩充福利保障的覆盖范围，提高保障水平，这个阶段可以视为福利国家形成和扩充阶段。在此阶段，国民年金与国民健康保险制度于1959年设立，并于1961年正式开始实施，这标志着包括农民及个体工商户在内的所有国民，均有资格享受年金及医疗保险制度的保障。因此，这样的保障制度也被称为“国民皆年金、国民皆保险”制度。1973年，即经济高度成长期的最后一年，日本政府以繁荣的经济状况为支撑，对当时的医疗保险制度和年金制度进行了改革。同时，日本政府在《老人福祉法》的改正中又增设了老人医疗费支付制度，为70岁以上老人提供公费医疗的服务。这使日本的福利保障制度不断扩充，因此该年度也被命名为“福祉元年”。第二个阶段为20世纪70年代中后期至20世纪90年代。70年代中期爆发的石油危机波及日本，也向正在处于扩充期的日本社会保障制度亮起了红灯。日益膨胀的社会保障支出不断压迫日本政府的财政，导致国家财政入不敷出。在此背景下，日本政府在80年代的改革中提出“日本型福祉社会”的概念，在强调个人自立、自助精神的同时，也强调家庭责任和地域社会连带的基础性作用。这一阶段，日本政府在社会保障领域的改革中，在压缩国家财政对于年金以及医疗保障支出的同时，又颁布了《老年人保险法》，停止老年人医疗费支付制度，在老年人医疗中引入个人负担部分，缓和了高龄者医疗费征收所面临的财政困难。第三个阶段大体上可以概括为20世纪90年代至今。日本政府进一步对社会福利政策做出了全面的改革。在养老和育儿等领域，日本政府都制订了相应的战略计划，其中在养老领域明确了居家福利事业的重要地位，并于1989年推出“推进高龄者保健福利十年战略”（以下简称“黄金计划”）。在育儿领域，日本政府于1994年推出了被称为“天使计划”的“关于今后育儿支援政策的基本方向”。加上1993年在残疾人领域推出的“残疾人对策新长期计划”，这三项内容被并称为“社会福祉三计划”。

第三节　日本社会主要民生保障制度

一、医疗与卫生保障制度

日本现行的医疗保险制度（见表 2-1），主要由不同的保险业务主体根据各个相关法律来运营，不同类型的参保人同时也根据自身工作类型及居住地决定加入何种保险。医疗保险（日文称作“健康保险”）为强制保险，公民有义务缴纳保险费。日本的医疗保险大体上可细分为按职业划分的各类职工医疗保险和以居住地为加入标准的“国民健康保险”。其中，按职业划分的各类职工医疗保险包括以大企业雇员为保障对象的“组合掌管健康保险”（以下简称组合健保）和以中小企业雇员为保障对象的“协会掌管健康保险”（以下简称协会健保），还有以船员为保障对象的“船员保险”，以公务员和私立学校教师为保障对象的各种“共济保险”。“国民健康保险”的运营主体是市町村①一级地方政府，该保险以住在当地且未加入其他医疗保险的居民为保障对象，居民以家庭为单位参保。“国民健康保险”的参保者主要包括农林水产等行业从业者、个体工商户、退休人员及无业人员等。除上述医疗保险之外，日本还设有面向 75 岁以上老年人的“后期高龄者医疗制度”，其基本给付方式和内容与医疗保险相同。“后期高龄者医疗制度”产生的医疗费由当代人口共同负担。

表 2-1　日本医疗保险制度概要

制度名称		保险提供方	加入人数（万人）（2017 年 3 月末）
健康保险	协会健保	全国健康保险协会	3807. 1
	组合健保	健康保险组合	2946. 3
	健康保险法第 3 条第 2 项被保险人	全国健康保险协会	1. 9
船员保险		全国健康保险协会	12. 2

① 市町村为市县一级行政单位。

续表

制度名称		保险提供方	加入人数（万人）（2017 年 3 月末）
共济保险	国家公务员	共济组合	869.7
	地方公务员等	共济组合	
	私立学校教职员	事业团	
国民健康保险	农民、个体工商户	市町村	3294
		国保组合	3012.6
	曾参加雇员保险的退休人员	市町村	281.4
后期老年人医疗制度		后期老年人医疗广域联合	1677.8

注：根据日本厚生劳動省《平成 30 年版　厚生劳動白書》保健医疗篇制作。

面向职工的各类医疗保险的保费根据职工的收入与奖金的收入总额决定，由劳动者与用人单位共同承担，“国民健康保险”与“后期高龄者医疗制度”则由市町村政府参考家庭规模和收入状况计算和征收。“国民健康保险”原则上由个人承担医疗费用的 30%，尚未接受义务教育的学龄前儿童仅需承担 20%，70 岁以上的参保人会根据收入承担 10%～30%不等的保费。扣除应由个人自付费用后，医疗费用则由医疗机构向保险运营机构申请支付。

日本的医疗保险制度为分割型保险制度，即以上不同类型医疗保险分别由不同主体独立运营，且运营过程中的主要财源、保险费用的计算方式、保险的给付方式都有所不同。在各种主要医疗保险中，“国民健康保险”与“组合健保”和“协会健保”相比，参保人平均年龄较高。

在日本的医疗机构划分中，具备 20 张床位以上规模的医疗机构被划分为医院，而 20 张床位以下的医疗机构被称为诊疗所。与其他以公立医院为主的欧洲国家不同，日本各类民间医疗机构超过七成，医疗服务主要由民间机构提供。但医疗机构的设立并不是根据设立者意愿自由开设，除了设备与人员配置要受到医疗法管制外，还会受到各地方政府约束。各都道府县根据厚生劳动省方针设立本地区医疗计划，在医疗计划中会根据本地区医疗需求状况设定所需床位数量，因此医疗机构也需在医疗计划所示框架内设立。①

① 日本厚生劳动省．平成 24 年版　厚生労働白書［EB/OL］．https：//www.mhlw.go.jp/wp/hakusyo/kousei/12/dl/00.pdf，2020-06-12.

日本的卫生保健事业主要是以都道府县、[1] 地方主要城市一级的保健所，或市町村一级的保健中心为运行主体。保健所或市町村保健中心为当地居民提供相关卫生保健服务，按照服务对象不同大体上可以划分为对人服务与对物服务两大类。对人服务主要分为感染病防治、艾滋病等疑难病症筛查、精神疾病应对和其他针对母婴的健康检查等。主要服务内容包括癌症等生活习惯病的问诊、孕产妇及婴幼儿的健康检查、艾滋病筛查、结核等感染性疾病应对以及精神保健等保健指导和服务。对物服务大体上分为食品卫生、生活卫生、医疗监督等类别。保健所为确保生活环境的安全，会开展食物中毒原因调查及预防、美容理发、清扫等行业的卫生指导、动物保护、预防狂犬病、预防大气污染和水质检测等工作。

由于日本地震等自然灾害频发，日本医疗与卫生系统也分别建立了应急响应机制。在医疗系统方面，日本厚生劳动省在 1995 年阪神大地震发生后，曾经对在灾害发生后的医疗系统应对问题，组织医疗领域相关专家进行过各类调查研究，并成立了灾害医疗应对机制。灾害医疗应对机制的框架中主要包括建立灾害应对中心医院、广域灾害急救医疗信息系统（Emergency Medical Information System，EMIS）、灾害医疗派遣队（Disaster Medical Assistance Team，DMAT）等措施。灾害应对中心医院分为主干灾害中心医院与地区灾害中心医院，并需要满足医疗建筑物抗震标准、具备广域灾害急救医疗信息系统联络终端、能够在灾害发生时保障水资源与电力等资源的供给、原则上在医院机构内设立直升机起降场地等要求。灾害应对中心医院在日常活动中负责培养、训练灾害医疗派遣队，并承担 24 小时紧急医疗服务功能，负责支援属地内其他医疗机构，做好灾害预防等相关训练，在与其他属地内医疗机构事先协商后准备相关应急医疗器械，以便在灾害发生时对其他医疗机构进行支援。在各灾害应对中心医院中导入的广域灾害急救医疗系统，可以在灾害发生时将最新的医疗物资状况、紧急期诊疗信息、紧急期过后的患者接待状况等各医院信息，及时地提供给厚生劳动省、各都道府县、灾害医疗派遣队等相关方。灾害医疗派遣队则是在发生大地震或飞机、列车事故时迅速赶往受灾地，进行紧急治疗的专业医疗队伍，负责承接医院支援、患者运送、伤病员鉴别、保障后方通信、交通手段、医药品、生活必需物资供应的任务。灾害医疗派遣队由医生、护士、其他除医生与护士外的医疗相关从业者与非医疗行业从业人员构成，具备在灾难发生后 48 小时内活动的机动性。截至

[1] 都道府县如同我国省一级行政单位。

2018 年 4 月 1 日灾害医疗派遣队共有 12777 名成员，其中包括 3831 名医师、5285 名护士、3661 名业务协调员。[①] 灾害医疗派遣队在 2011 年东日本大地震、2017 年熊本地震发生后，均出动队伍帮助当地进行灾难发生后的应急医疗处置，并协调保障当地中长期医疗服务的供应。

在卫生系统方面，借鉴 20 世纪六七十年代公共污染问题的处理经验，日本厚生劳动省于 1997 年 1 月制定了健康危机管理基本指针，并设立了健康危机管理对策部门，对发生医药事故、食物中毒、传染病、水污染时的相关应急处理做出了规定。该指针是日本厚生劳动省处理突发公共卫生事件的基本框架，厚生劳动省并于 1997 年 3 月在该框架下分别制定了医药品、食物中毒、传染病、水污染领域的实施纲要。健康危机管理指引确定了公共卫生安全事件发生时的相关责任部门范围，并对公共卫生安全事件的信息收集与共享、对策制定程序、对策指挥部的成立、专家审议会的召集、卫生安全信息的提供等内容作出了规定。该应急响应系统曾经在日本应对 2011 年因东日本大地震引起的福岛核泄漏、2013 年 H7N9 禽流感、2014 年埃博拉病毒传染等重大事件中，均发挥了很大作用。

日本政府不仅在医疗与卫生方面实现在行政层面设立了应急处理计划，并且针对可能对国民生活造成重大影响的传染病等专门制定了法律，规定了事件发生后政府的应对措施以及相关部门的职责。例如，在 2009 年甲型流感病毒 H1N1 亚型暴发后，日本厚生劳动省在总结病毒扩散应对措施的基础上，提议制定相应法律进一步明确各项处理措施的法律依据。随后，日本于 2012 年 4 月成立了新型流感特别措施法，2020 年新型冠状病毒肺炎的应对，也是在修正了适用范围的基础上按照新型流感特别措施法，成立了政府新型流感对策本部，实施了宣布进入紧急状态等应对措施。

二、公共养老金制度

日本的公共年金制度采用现收现付方式，即使用参保劳动者的保险费为退休人员支付年金，体现了全社会代际间的抚养关系。日本的基础年金保险采用两层阶梯式的保险制度：第一层次为“国民年金”，第二层次为“厚生年金”或“共济年金”。此外，有部分企业还实行独自的企业年金政策，即“第三层次”的补

① 日本厚生勞動省．災害医療に係る現状について［EB/OL］．https：//www. mhlw. go. jp/content/10802000/000328606. pdf，2020-06-13.

充年金制度。因此“国民年金”也被称为基础年金，主要目的在于保障参保人退休后的基本收入，让参保人退休后的生活免予贫困；而“厚生年金”与“共济年金”主要保障被雇佣者在退休后仍能够保持一定的收入水平。此外，“国民年金”和“厚生年金”内部也设有不同的缴费和给付标准，例如，个体工商户作为第1号保险人可以根据个人意愿，在国民年金的“基础年金”之上加入“国民年金基金”；“厚生年金”的加入者也可以自行选择加入“厚生年金基金”作为补充。

“国民年金”是年金制度的第一层部分，所有在日本居住的20岁以上60岁以下的居民都必须参保。国民年金的财源1/2来自保险费用，1/2来自国库负担。国民年金的参保者必须要缴纳10年以上保费才有资格在满65周岁时申请领取“老龄基础年金”（至2017年7月为止的规定曾经是必须缴纳25年以上）。连续缴纳40年以上的参保人能够领取全额的“老龄基础年金”，即每月64941日元[①]（2017年度的标准，约合人民币4267元[②]）。如果保险缴纳不满40年会在全额年金基础上减少相应数额。“国民年金”的参保人分为第1号、第2号和第3号三类“被保险人”，其中“第1号被保险人”是指以个人名义参加国民年金，主要为农民、个体工商户、学生、无业者或短时间劳动者等不满足“厚生年金”参保条件的参保人；“第2号被保险人”是指企业职工或公务员等参保人；“第3号被保险人”是指作为“第2号被保险人”的配偶，未参加“厚生年金”或“共济年金”，且个人年收入低于130万日元的参保人。在2017年“国民年金”的参保人中，“第1号被保险人”有1505万人，“第2号被保险人”有4130万人，“第3号被保险人”有870万人。[③] 在缴费方式上，“第1号被保险人”直接将保险费支付给市町村政府，“第2号被保险人”的保险费已包含在所要缴纳的“厚生年金”的保险费用之中，而“第3号被保险人”的保费由其配偶在缴纳厚生年金保费时一并缴纳。但“第3号被保险人”在领取年金时，其财源则来自国民年金。

“第1号被保险人”的保费为定额保险费，2019年的标准为每月16410日

① 日本厚生劳動省．平成29年版　厚生労働白書［EB/OL］．https：//www. mhlw. go. jp/wp/hakusyo/kousei/17/dl/all. pdf，2020-06-15.

② 本文中所提到的用人民币折算的日元，均以2019年9月30日中国人民银行外汇交易中心授权公布的人民币汇率中间价“100日元对人民币6.5699元”计算，下同。

③ 日本厚生劳動省．平成29年度公的年金制度一覧［EB/OL］．https：//www. mhlw. go. jp/content/12500000/000506741. pdf，2019-10-11.

元[①]（约合人民币1078元）。如果参保人因收入过低等因素难以缴纳，国民年金制度还设置相应的减免制度。此外“国民年金”还为学生设计了延迟缴纳制度，在校生可以在毕业之后再补齐在学期间应缴纳的部分。不过想要享受以上优惠，除接受生活保护（最低生活保障）和障害基础年金（残疾人专项养老金）之外的参保人，都需要由本人向市町村政府申请。

第二层的“厚生年金”以企业、国家或地方政府雇员为保障对象，也被称为“被用者年金”。与国民年金的定额保费制度不同，厚生年金的参保人所需缴纳的保险费用与其收入成正比，收入越高的人所需要缴纳的保险费用也就越高。厚生年金缴纳到期后可以领取的年金数额与保险所缴纳的期限成正比，缴纳期限越长，年金数额就越高。2012年夫妇两人的标准年金数额为230940日元（约合人民币15173元）。[②] 厚生年金的保险费率为18.3%（2017年9月后），[③] 其费用由用人单位与个人共同负担，单位缴纳所需费用的一半，剩下的一半从参保人的工资与奖金中扣除。厚生年金的参保人自动参加国民年金，并且只用缴纳厚生年金的保险费用，不用单独缴纳国民年金的保险费用。

目前，日本的“国民年金”的给付水准不高，如未参加“厚生年金”，则较难保障退休后的生活水平。厚生保险规定每周工作时间未满30小时的劳动者可以不参加厚生保险，所以大多数的短时间劳动者并不在厚生年金的覆盖范围之内。根据2012年的法律修订，从2016年10月起，“厚生年金”的参保范围扩大到每周工作时间超过20小时的人群。这一改革随即遭到经营者团体等的强烈反对。因此，日本政府随后在“每周工作时间超过20小时”的基础上，又追加了“每月工资8.8万日元以上”“工作时间1年以上”“限定适用范围为企业规模500人以上”“学生不计入保险对象”等诸多限制条件。因此，此次改革之后“厚生年金”的新增参保人数比较有限，约为25万人。[④]

---

① 日本年金機構．国民年金保険料［EB/OL］．https：//www.nenkin.go.jp/service/kokunen/hokenryo/20150313-02.html，2019-10-26.

② 日本厚生労動省．平成24年版　厚生労働白書［EB/OL］．https：//www.mhlw.go.jp/wp/hakusyo/kousei/12/，2019-10-25.

③ 参见日本年金機構．平成29年9月分（10月纳付分）からの厚生年金保険料額表［EB/OL］．https：//www.nenkin.go.jp/service/kounen/hokenryo/ryogaku/ryogakuhyo/20170822.files/01.pdf，2019-10-25.

④ 日本厚生劳動省．短時間労働者に対する被用者保険の適用拡大［EB/OL］．https：//www.mhlw.go.jp/file/05 - Shingikai - 12601000 - Seisakutoukatsukan - Sanjikanshitsu _ Shakaihoshoutantou/0000099460.pdf，2019-10-25.

三、长期护理保险制度

随着人口老龄化日趋严重，日本需要长期照料的老人数量大幅增加。但面对家庭规模小型化、女性就业率增加等变化趋势，仅依靠家庭成员的照料模式越发难以为继。在这样的背景下，如何构建更为健全的养老保障体系日渐成为日本社会关注的焦点。日本的护理保险正是通过对养老服务的社会化来缓解因家庭规模小型化所带来的照料难题，帮助家庭中肩负养老照料重担的人们减轻负担。

日本自 1997 年开始制定针对养老服务的护理保险，并于 2000 年正式开始实施。在护理保险推出之前，日本针对老年人的照顾服务仅限于依据《老年福祉法》而提供的老人福利制度，以及依据《老年保健法》而提供的老年医疗制度。《护理保险法》的目的在于通过保健医疗和福利等服务，让那些需要照顾的老年人能够保持尊严，并根据自身身体能力自立地完成日常活动。这些为高龄者提供的护理服务，原先是依靠税收负担的行政行为，后来逐渐转变为在《护理保险法》框架下，基于护理服务利用者与民间护理服务提供者之间契约的服务购买行为。在长期护理保险出台之前，由于护理所需资金全部由税收提供，护理服务所需费用需要在评估服务利用者个人收入后由行政机关征收，因此中产阶级在利用护理服务时所承受的费用负担更重。在护理服务转变为基于《护理保险法》的契约行为之后，护理费用的确定标准也由过去的根据收入水平确定改为根据所需服务类型而设定，这使中产阶级也能够更加积极地利用护理服务。

护理保险的运营主体为市町村一级地方自治体，年满 40 周岁的居民需要加入护理保险。护理保险的参保人分为“第 1 号被保险人”与“第 2 号被保险人”两种类型。“第 1 号被保险人”是市町村所辖范围内有登记住所的 65 岁以上居民；“第 2 号被保险人”是市町村所辖范围内有登记住所的 40 岁以上 65 岁以下，且参保医疗保险的居民。第 1 号被保险人与第 2 号被保险人在保险的给付范围以及保费的负担方式上有所差异，其中第 1 号被保险人在被认定为“要护理”或“要支援”状态后，无论何种原因在利用护理服务时均可获得护理保险的给付；而第 2 号被保险人只有在被认定其处于“要护理”或“要支援”状态，并且被诊断为癌症晚期、早期认知症、风湿性关节炎等老年疾病时才能得到护理保险的给付。在缴纳保险费时，第 1 号被保险人的保险费一般分为普通征收与特殊征收两种，其中特殊征收是指当第 1 号被保险人年养老金总额高于 18 万日元时，保费由养老金发放部门在待发放的养老金中直接扣除后，直接缴纳给参保人所在的市町村政府；普通征收是指在特殊征收范围之外的参保人，其保费直接由市町村政府征收。第 2 号被保险人的保险费用在缴纳医疗保险费用时一并征收。①

当参保人需要养老照料服务时，需要向市町村政府的相关窗口提交护理认定申请，由专门人员对老年人的心理和身体能力进行评估，评估结果分为 7 个等级，分别为“要支援”1~2 级以及“要护理”1~5 级，“要护理”状态是指老人因身体或精神上的障碍，其入浴、排泄、进食等维持日常生活的基本动作需要持续且长期照顾的状态；“要支援”状态是指老人需要支援以防止身体状态进一步恶化，或是由于身体或精神上的障碍而导致日常生活受到影响的状态。该评估结果会通过参保人的医师，以及保健、医疗、福祉方面的专家共同进行二次认定。根据评估结果，参保人可以获得不同种类的养老照顾服务给付，其中“要支援”1~2 级可以接受以预防性养老服务为主的“预防给付”，而“要护理”1~5 级可以接受“护理给付”。在这两类认定中，“要护理”认定是基于全国统一标准，根据参保人的身心状态判断其在多大程度上需要护理服务。其中，参保人所在市町村的护理服务状况和水平以及参保人的家庭状况等因素，并不作为认定时考察的对象。依据《护理保险法》的规定，“要护理”的认定过程不承认市町村的自主裁量权，这确保了给付的客观性，并保障了给付的公平合理。

在认定完成后，照护管理人员会根据评价结果制订照护计划，为服务利用者根据照护等级规划和设计服务内容。可利用的服务大致可分为居家型照顾、机构服务、就近地域服务三种。具体来看，居家型照顾主要有访问护理、访问入浴、日间照料、日间康复训练、短期生活护理、护理器材的租赁、住宅的修筑等。机构服务主要有特别养护老人院、护理型老人保健机构、护理疗养机构等。紧贴地域型服务于 2006 年设立，以市町村为单位，由经过认证的机构提供定期巡回、日常对应型访问护理、小规模多功能型访问护理、认知症高龄者的集体生活护理等。

参保人在利用服务时需要先垫付照顾服务产生的费用，事后由市町村根据护理保险给付服务费用的九成，一定收入以上的参保人员给付服务费用的八成，在 2018 年的改革后对高收入群体改为给付服务费用的七成。如果参保人已利用的服务已超过给付额度时，自行承担超出的费用还可以继续利用更多服务。被认定为“要护理”等级的老人可以利用的给付额度，从“要护理”1 级到“要护理”

① 笠木映里，嵩さやか，中野妙子，渡邉絹子．社会保障法［Z］．有斐阁，2018.

5 级根据认定等级设定，其中认定等级越高，给付额度也就越高。

虽然护理保险属于社会保险，但护理保险给付产生的费用中只有 50%来自参保人缴纳的保险金，剩下的 50%仍依靠公费负担。通过实际的出资占比可以看到，公费部分中由中央政府承担 25%，各都道府县一级政府承担 12.5%，市町村一级政府承担 12.5%。[①] 把中央政府负担部分中的 5%为调整交付金，即参照第 1 号被保险人的年龄分布状况以及收入分布情况，调整后交付给市町村一级政府。

自实行护理保险以来，参保人数和护理服务利用人数都在不断增加。其中，护理保险中的第 1 号被保险人数量从 2000 年 4 月末的 2165 万人增加到 2018 年 4 月的 3528 万人，增长了约 60%。[②]2016 年第 2 号被保险人数达到 4200 万人。[③]以第 1 号被保险人参加护理保险的人数约占日本全国 65 岁以上人口的 99.0%可见，护理保险已基本上实现了对全体国民的覆盖。与此同时，接受照护服务的老人数量也在大幅增加，从 2000 年 4 月的 149 万人增加到 2019 年的 553.8 万人，[④] 约占整体第 1 号被保险人数量的 15.7%。服务利用人数的增加也进一步推高了给付费用总额。护理保险的给付费用从 2000 年的 3.6 兆日元[⑤]增加到 2018 年的 11.1 兆日元，[⑥] 预计 2025 年将增长到 21 兆日元。[⑦]保险覆盖范围的扩大也带来了相应的保险费用的上涨，如今第 1 号被保险人的保费从创设初期的全国平均 3000 日元[⑧]上涨至 2018 的 5900 日元，[⑨]并预计在 2025 年增长至 8200 日元；[⑩]而且第 2 号被保险人的保险费用据预测也会上涨。因此，怎样保持护理保险的可持续性也成为日本社会面临的不可忽视的课题。

四、关于育儿照顾方面的政府支援

日本的《儿童福祉法》于 1947 年颁布的初衷，在于解决因第二次世界大战所产生的失去亲人的战争孤儿和回国孤儿问题。1989 年生育率首次跌至 1.57，

---

①②③　日本厚生勞動省老健局．平成 30 年度　公的介護保険制度の現状と今後の役割［EB/OL］．https：//www.mhlw.go.jp/content/0000213177.pdf，2019-10-26.

④　日本厚生勞動省．介護保険事業報告（暫定）平成 31 年 4 月分［EB/OL］．https：//www.mhlw.go.jp/topics/kaigo/osirase/jigyo/m19/dl/1904a.pdf，2019-10-07.

⑤　日本厚生勞動省．介護保険事業報告（全国計）平成 12 年［EB/OL］．https：//www.mhlw.go.jp/toukei/saikin/hw/kaigo/jokyo00/hyo6.html，2019-10-26.

⑥⑦　日本厚生勞動省．成 30 年版　厚生労働白書［EB/OL］．https：//www.mhlw.go.jp/stf/wp/hakusyo/kousei/18/index.html，2019-10-26.

⑧⑨⑩　日本厚生勞動省．平成 30 年版　厚生労働白書［EB/OL］．https：//www.mhlw.go.jp/stf/wp/hakusyo/kousei/18/index.html，2019-10-26.

这一数字比1966年有生育忌讳的丙午之年的生育率还要低，这引起了日本社会对于少子化的强烈担忧，此后关于解决少子化以及育儿照顾方面的社会政策得以推动。1994年，经当时的文部省、厚生省、劳动省、建设省四位大臣共同商议后，日本政府制定了《关于今后育儿支援政策的基本方向》，这一计划被称为“天使计划”。此后，“天使计划”基本上每隔五年都会进行一次调整。1994年的“天使计划”从雇佣、保育服务、母子医疗保健体系、住宅等方面综合调整与改善育儿环境，首次提出“育儿社会化”概念，将育儿不仅看作是家庭的责任，更加强调企业、地区以及国家、地方自治体在育儿的支援政策中的责任。基于“天使计划”，当时的大藏省、厚生省、自治省的3位大臣在共同磋商后，推出了《紧急保育对策5年计划》，该计划具体提出了提高低年龄儿童保育覆盖率、提供多种保育服务、保育所多功能化、减轻保育费用、进一步构建母子保健医疗体系等内容，并制定了到1999年所应该达成的具体目标。

随后，日本政府于1999年推出了《少子化对策推进基本方针》，经当时的大藏省、文部省、厚生省、劳动省、自治省的6位大臣共同商议后，又推出了名为“新天使计划”的《关于应加强重点推进的少子化对策的具体实施方案》。在“新天使计划”中，日本政府不仅强调了进一步充实保育、育儿服务，加强对就业女性的育儿支援等内容，而且也将为容易因育儿而产生孤立的专职主妇提供喘息服务纳入服务范围，并且在该计划的执行方案中提出改善企业中的劳动环境，提倡男性在家庭中积极承担家务劳动等内容。在两次天使计划的实施期间，利用保育服务的低年龄儿童（0~2岁）人数从1994年的45万人增加至2004年的70.4万人。①

在此基础上，日本政府于2003年相继出台了《次世代育成支援对策推进法》《少子化社会对策基本法》等法律，并大力推动增设保育所等相关措施。2012年《儿童、育儿支援法》《认定儿童机构部分改正法》《儿童福祉法等相关法律整备法》三项法律出台，建立了“儿童、育儿三法”的保障体系。该体系中，《儿童、育儿支援法》居于中心地位，对儿童保育等相关服务的体系化构建提供了全面的规划，随后的“儿童、育儿支援新制度”即是基于该法建立的。儿童、育儿支援新制度中规定的具体实施内容，大体上可以分为面向儿童的给付和地域育儿支援事业两部分。其中，面向儿童的给付又可分为现金给付与实物补贴两种形式。现金给付包括面向一般儿童的津贴和面向单亲家庭的儿童抚养津贴，其目的

① 伊藤篤．子育て支援［M］．ミネルヴァ書房，2018.

在于帮助家庭维持生活安定，保障儿童健康成长。儿童津贴的给付对象是未满15周岁的儿童，以现金的形式付给符合条件儿童的抚养人。该制度成立之初偏重于预防多子女家庭的贫困问题，且受财政状况的制约，津贴仅付给第三胎之后的子女。随后，该制度在“育儿支援”的初衷下不断扩大儿童津贴的给付范围，于1991年法律修订后将给付范围扩大到了所有子女。儿童津贴的给付额度取决于儿童的年龄、出生顺位及家庭年收入。以夫妻与两名子女共同生活的家庭为例，如果家庭年收入超过960万日元则没有资格领取儿童津贴。但对于这样高收入的家庭，目前儿童津贴还是从平等对待儿童的原则出发，为其支付每月5000日元的特例给付（见表2-2）。除儿童津贴之外，日本还有以单亲家庭为对象，由地方政府发放的儿童抚养津贴。以抚养1名儿童的家庭为例，儿童的抚养人每月可以得到41020日元（约合人民币2695元）的津贴。儿童抚养津贴的数额会根据抚养人的收入决定，超过一定标准的抚养人将无法得到全额津贴。①

表2-2　儿童津贴月给付额度

儿童的年龄	儿童津贴额度
3岁以下（不含3岁）	15000日元
3岁至小学毕业前	第一子、第二子10000日元
	第三子及以后15000日元
中学生	10000日元
超过规定收入	5000日元（特例给付）

注：日本内阁府．児童手当制度のご案内［EB/OL］．https：//www8.cao.go.jp/shoushi/jidouteate/annai.html，2020-06-20.

实物补贴主要为教育及保育给付，包括向使用“认定儿童保育机构”（認定子ども園）、幼儿园、保育所提供的保育服务的家庭代缴部分服务费用，以及向使用以家庭保育方式提供的地域型保育服务的家庭代缴部分服务费用。地域型保育主要包括小规模保育事业、家庭型保育事业、事业所内保育事业和居家访问型保育事业（见表2-3）。

① 日本厚生勞動省．児童扶養手当法の改正Q&A［EB/OL］．https：//www.mhlw.go.jp/bunya/kodomo/osirase/dl/141030-1b.pdf，2019-10-27.

表 2-3 地域型保育事业内容

小规模保育事业	以市町村或民间事业者等为主体，在保育者的住宅、其他场所、机构等地提供保育服务。认可定员为 6~19 人。该事业考虑到认可前事业主体的多样性，在分类中根据规模还设有 A 型、B 型和 C 型三种
家庭型保育事业	以市町村或民间事业者等为主体，在保育者的住宅、其他场所或机构等地提供保育服务。认可定员为 1~5 人
事业所内保育事业	以企业主等为事业主体，在公司的某间房间等由企业主设置的区域内提供保育服务
居家访问型保育事业	以市町村或民间事业者等为主体，在需要提供保育服务的儿童的住宅内提供保育服务

注：根据伊藤篤《子育て支援》制作。

基于儿童福祉法的传统保育服务主要是公立保育所以及经儿童福祉法认定的民间保育所（认可保育所）提供的。为了解决东京、大阪、名古屋三大都市圈中入托难的“待机儿童”问题，以及人口稀疏地区面临认可保育所数量难以为继的问题，日本政府也在不断完善对民间小规模保育单位的公共财源支持。随着《儿童福祉法》的修订，家庭型保育事业于 2008 年正式作为保育所的代替方案获得法律承认。随后，地域型保育中的其他三项事业也随着 2012 年的法律修订获得了正式的法律地位。

当儿童的监护人想要申请教育给付或保育给付时，监护人需要先向居住地所在的市町村政府提交申请并得到相关部门的认定。在认定中，市町村政府将根据相关法规，并根据儿童年龄及保育难度，将儿童区分为三类：第一类为年龄满 3 岁且尚未进入小学的儿童；第二类为年龄满 3 岁且尚未进入小学且家庭难以提供必要的保育的儿童；第三类为尚未满 3 岁且家庭难以提供必要的保育的儿童。第一类儿童需要进入认定儿童机构或幼儿园接受教育，第二类儿童可以进入认定儿童机构或保育所接受保育，而第三类儿童既可以接受认定儿童机构或保育所的保育服务，也可以利用地域型保育事业，并享受现物给付。在 20 世纪的儿童福祉法框架下，“儿童缺乏必要的保育环境”，例如，面临监护人白天需从事全职工作、母亲处于孕中及产后初期、监护人患病或负伤、监护人有护理同居亲属的需要、灾害后的重建等困难，导致儿童无法得到保育的情况，曾被规定为利用保育所服务的必要条件。但在《儿童、育儿支援法》实施之后，日本政府扩大了可以接受保育所保育服务的儿童范围，监护人正在进行求职活动、就学，或家庭中

存在儿童虐待，或在配偶中一方有家庭暴力倾向等情况下，都可以申请利用保育所服务。

市町村政府确认了提交申请的儿童家庭确实难以提供必要的保育之后，会根据该儿童情况确定其所需要的保育时间。当监护人所从事的工作为全职工作时，一般设想的标准保育时间上限为 1 日 11 小时，而如果监护人所从事的工作为非全日制的工作时，一般设想的标准保育时间上限为 1 日 8 小时。3 岁以下的儿童还可以享受地域型保育事业的给付。在 2012 年法律修订之后，家庭型保育等地域型保育事业在法律中确立了合法地位，成为实物补贴给付的对象，日本政府也强化了公共财政对该类型服务的支持与保障。考虑到 3 岁以上的儿童还需要通过集体生活培养社会交往能力，现行制度原则上不将 3 岁以上儿童纳入地域型保育事业的给付对象。日本政府计划今后在仍然以机构中的集团保育为主的基础上，通过扩充家庭型保育以及小规模保育等方式缓解待机儿童问题，为利用者提供多样化的选择。关于儿童监护人所承担的费用，需要根据监护人的收入来决定。

日本政府在 2017 年 12 月的内阁会议中决定，于 2019 年 10 月起全面实施幼儿教育无偿化，即免除 3~5 岁儿童的所有教育费用。在现行制度下，机构型保育给付费用与地域型保育给付费用全部由公费承担，但会根据保育机构设置属性是否为公立来决定国家、都道府县和市町村之间的负担比例。其中，都道府县或市町村所设立的公立教育、保育机构，其机构型给付费用全部由该机构的设置者，即都道府县或市町村政府负担。而都道府县、市町村以外主体设置，即民间的教育、保育机构以及认可保育所的委托费等费用，则由市町村政府负责交付后，再由都道府县承担其中的 1/4，国家负责承担 1/2。另外，地域型保育服务所产生的费用，不分事业主体是公立还是私立，均由国家、都道府县、市町村分别按照 1/2、1/4、1/4 的比例进行承担。

在日本，除保育所等儿童机构之外，还设立乳儿院、儿童养护机构、儿童自立支援机构等提供入托服务。例如，针对失去监护人的儿童，或是遭受虐待的儿童可以在考虑监护人以及儿童本人意愿的基础上，由当地政府裁定入住儿童养护机构。

五、面向残疾人的福祉保障

日本政府为让残疾人能够过上自立的生活也提供了相应的保障制度。自 2006 年 10 月起全面实施的《残疾人自立支援法》将根据残疾的种类而分别制定的各种服务纳入一个统一的体系之中，使规模较小的市町村级政府也能够方便地提供服务。服务内容包括根据不同残疾人伤残的程度提供各类残疾福祉服务，各市町村或都道府县政府根据自身的条件和特色，结合当地情况实施的地域生活支援事业。

当残疾人想要利用残疾福祉服务时，需要向市町村提出利用申请。由市町村判断对该申请者的福祉服务是否妥当，如果认定符合福祉利用标准再由申请者直接与服务提供者签订契约，利用残疾福祉服务。实施《残疾人自立支援法》之后，残疾人在利用残疾福祉服务时需要向服务提供者支付所利用服务费用的10%。制度设计中也考虑到低收入者的需求，根据收入水平设定每月负担上限以及各类减免措施。从2010年开始，低收入者在利用残疾福祉服务以及用具时无须承担任何费用。残疾福祉服务中除利用者负担部分之外的经费均由公费负担，原则上由国家和自治体各承担一半。[①]

其他面向残疾人的福利津贴制度还包括特别儿童抚养津贴、残疾儿童福祉津贴、特别残疾人津贴等。其中，特别儿童抚养津贴的给付对象为在家庭监护下的未满20周岁的患有精神或身体残疾的儿童。给付额度在残障等级被判定为重度（1级）时为每月52200日元[②]（约合人民币3429元），被判定为中度（2级）时为每月34770日元[③]（约合人民币2284元），且给付时会考虑家庭收入加以一定限制。残疾儿童福祉津贴的补贴对象为在家庭监护下的患有精神或身体上的重大残疾，并且日常生活中需要照料的未满20周岁的残障人士，该制度的给付额度为每月14790日元（约合人民币971元），[④] 且给付时设有收入限制。特别残疾人津贴主要针对有精神或身体上重大残疾，且在家需要接受日常特别护理的20周岁以上的人士，其每月给付额度为27200日元（约合人民币1787元），[⑤] 接受给付时有收入限制。

近年来残障人士参与就业的意愿十分高涨，日本政府为使残疾人能够通过就

① 日本厚生勞動省．平成24年版　厚生労働白書［EB/OL］．https：//www.mhlw.go.jp/wp/hakusyo/kousei/12/，2019-10-25.

②③ 日本厚生勞動省．特別児童扶養手当について［EB/OL］．https：//www.mhlw.go.jp/bunya/shougaihoken/jidou/huyou.html，2019-10-26.

④ 日本厚生勞動省．障害児福祉手当について［EB/OL］．https：//www.mhlw.go.jp/bunya/shougaihoken/jidou/hukushi.html，2019-10-26.

⑤ 日本厚生勞動省．特別障害者手当について［EB/OL］．https：//www.mhlw.go.jp/bunya/shougaihoken/jidou/tokubetsu.html，2019-10-26.

业实现个人有尊严的独立生活，出台了很多促进残疾人就业的政策。例如，当前《残疾人雇佣促进法》中规定民间企业必须保证雇员中有不低于 2. 2%的残障人士，政府机构和都道府县教育委员会规定的雇佣比例为 2. 4% ~ 2. 5%,[①] 如果企业未能雇佣满 2. 2%的残障人士则需要缴纳相应费用，作为提供给比规定比例多雇佣残障人士企业的调整金，或帮助其他企业购买雇佣残障人士所需要的设备等。此外，日本政府还为残障人士本人提供职业训练、职业介绍等服务，并根据残障人士自身特性作出相应支援。《残疾人雇佣促进法》中对于单位雇佣残障人士比例的规定也在逐渐上升，在 2018 年 4 月 1 日的改订中对于民间企业的要求从 2. 0%上升至 2. 2%。2018 年在民间企业中受雇的残障人士已达到 534769. 5 人,[②] 比 2017 年增长 7. 9%（38974 人）,[③]已保持了连续 15 年持续增长。民间企业中的实际雇佣率达到 2. 05%，且达到法律规定雇佣比例的企业比例已达 45. 9%。[④]

六、面向就业群体的福祉保障

日本面向就业群体的福祉保障制度主要有保护劳动群体因失业导致生活出现困难的“雇佣保险”制度，面向为那些无法申请雇佣保险群体提供的“求职者支援制度”，以及面向在劳动过程中出现人身意外伤害的“劳灾保险”制度。

日本的“雇佣保险”是政府掌管的强制保险制度，其旨在保证劳动者生活和工作的稳定，促进再就业。当劳动者失业、或持续雇佣发生困难的情况、或为了接受与自身职业相关的教育训练时，参保者可以使用该保险的服务。除农林水产业中部分小规模个体经营者外，雇佣 1 人以上劳动者的企业主必须要加入该保险。雇佣保险的财源来自保险费和国库，保险费用由企业主与劳动者本人分别负担一半。雇佣保险还提供诸如支援企业主扩大雇佣机会、开发劳动者能力与提高劳动者福利等服务，这些服务也被称为“雇佣保险二事业”。这部分的财源只由企业主一方承担。

当劳动者退休或因公司倒闭、合同到期等情况需要离职时，会得到由雇佣保险发放的基本给付，以减轻其因失业带来的不安，帮助其早日就业。一般来讲，基本给付的发放时间根据离职之日的年龄、雇佣保险的加入时间以及离职理由等

① 日本厚生勞動省. 障害者雇用促進法の概要［EB/OL］. https://www.mhlw.go.jp/content/000363388.pdf，2019-10-07.

②③④ 日本厚生勞動省. 障害者雇用状況の集計結果［EB/OL］. https://www.mhlw.go.jp/content/11704000/000533049.pdf，2019-10-07.

情况来决定，范围在90~360日。因破产或解雇发生突然、劳动者没有时间准备找工作而不得不离职情况时会比一般的离职者得到的给付时间更长。此外，出于残疾等原因导致就业困难的人群也会得到较长的给付时间。雇佣保险的每日给付金额原则上是离职之日往前推算6个月的日平均工资额的50%~80%，60~64岁的参保人则为45%~80%。如果参保人符合雇佣保险的给付条件，却在规定给付日期以内找到工作，规定的给付额度依然会按照一定比例向雇佣保险的申请人发放，以促进参保人早日就业。如果参保人满足雇佣保险中关于加入时间等条件，接受并完成指定的教育训练后，可以享受教育训练费用的20%的补助，补助上限为10万日元（约合人民币6570元）。2012年，接受教育训练的人数达到了130218人。①

雇佣保险的基本给付的目的在于帮助求职者在求职过程中保持生活稳定，因此在失业状态下保持求职状态是申请雇佣保险基本给付的必要条件。基本给付的申领手续在全国550余家公共职业安定所内进行。公共职业安定所会收集全国招聘信息，面向求职者进行职业介绍，提供就职咨询以及再就业支援等服务。除基本给付之外，雇佣保险还会为存在高龄者雇佣、因护理而产生的停职、育儿停职等状况的参保人发放继续雇佣给付。

日本的求职者支援制度是基于2011年5月新颁布的《关于实施职业训练中特定求职者就职支援法》建立的，是向那些无法申领雇佣保险的群体提供支援和保障服务的新制度。该制度动员民间教育训练机构，在为求职者提供提高知识与技能的职业训练的同时，在训练期间也会为求职者提供给付金以减轻其生活负担。上文中提到的公共职业安定所也会为求职者提供就职咨询服务，并且为求职者制订相应的求职支援计划，并从训练期间到训练期结束为其提供完整的支援服务。

“劳灾保险”制度根据劳动者灾害补偿保险法成立，是指劳动者应当在工作中出于工作内容的原因遭受灾害或在通勤路上遭遇灾害的情况下，向受灾的劳动者及其家属发放保险给付的制度。另外，“劳灾保险”制度也为受灾劳动者提供帮助，促进其回归社会，并向受灾劳动者的家属提供相关援助。

根据劳动基准法，劳动者在因公负伤或生病期间，需要企业主提供疗养补偿以及停职补偿。劳灾保险制度正是为担保企业能够确实履行灾害赔偿责任而设立的制度，因此保险费用也由企业来全额负担。无论是正式聘用雇员还是打零工

---

① 日本厚生労働省．雇用保険制度の概要［EB/OL］．https：//www. mhlw. go. jp/stf/shingi/2r98520000032rgy-att/2r98520000032rif_ 1. pdf，2019-10-07.

者，劳动者不分雇佣形态与类别均可以在因公或通勤受灾时申请得到劳灾保险的给付。劳灾保险制度的相关咨询服务以及加入手续等都要在厚生劳动省、各都道府县劳动局以及劳动基准检察署中进行。

七、最低生活保障制度

根据日本宪法第 25 条规定，所有国民都拥有保持健康且具文化性的最低限度生活的权利，即生存权。根据该宪法的理念，日本政府设立了名为“生活保护”的最低生活保障制度。该制度旨在保护国民生存权，因此被称为“社会保障最后的安全网”。当国民生活遇到困境时，只要满足生活保护所规定的条件，就可以无条件接受保护。生活保护制度以家庭为单位，只有家庭在可以利用的家庭资产、家庭成员的劳动能力、年金或退休金等来自其他制度的给付，以及来自亲属、子女等抚养和援助都加以考虑后仍然无法生活的情况下才能申领生活保护制度。

尽管生活保护制度是由国家设立的制度，但相关运营则由地方政府的福祉事务所承担。福祉事务所根据申请者的家庭结构、年龄、居住地等条件对照国家所规定的保护基准，计算出该家庭所需的最低生活费。在此基础上，福祉事务所在计算该家庭就业收入、养老金等社会保障给付和各种儿童抚养津贴之后，在确认其收入仍然不能达到最低生活费时，其差额将由生活保护制度给付。生活保护制度设有针对生活上各种需要所产生的费用进行的扶助，具体包括日常生活必要支出扶助、住宅扶助、教育扶助、医疗辅助、护理扶助、出产扶助、维持劳动必备技能的扶助、丧葬扶助等。生活保护额度根据不同家庭构成及年龄提供有差别的生活扶助基准额（见表 2-4）决定。

表 2-4　生活扶助基准额示例（2018 年 10 月 1 日数字）

	东京都区（日元）	地方郡部（日元）
3 人家庭（33 岁、29 岁、4 岁）	158210	135830
老年单身家庭（68 岁）	78230	65270
老年夫妻家庭（68 岁、65 岁）	120240	102430
母子家庭（30 岁、4 岁、2 岁）	189580	164670

注：包含儿童抚养费用加算。

资料来源：日本厚生劳动省 .《生活保護制度》に関するQ&A［EB/OL］. https：//www. mhlw. go. jp/content/000578652. pdf，2020-06-15.

希望得到生活保护制度的家庭，需要到所在居住地的福祉事务所的负责部门提交申请。生活保护的申请者要接受关于生活状况的家庭访问调查，关于存款、房产等的资产调查，关于经济上可依靠的亲属，关于劳动可能性以及关于养老金等社会保障申领方面的调查。

第四节　日本社会民生保障体系建设对我国的启示

本章系统梳理了日本历史上以及现行社会保障体系的内容和特征，分别对医疗与卫生、养老、育儿、残障人士保护、劳动保护和最低生活保障等具体制度进行了详细的整理和归纳。虽然我国目前的发展阶段和制度特征与日本不尽相同，但我们仍能从日本的社会保障体系，特别是养老、育儿等具体保障政策中得到很多启示。特别是日本在长期照护保险、托幼服务、学前教育免费化等方面的经验，也十分值得我国借鉴。因此，本章的最后将整理日本的社会保障体系的特征和优点，并在此基础上提出几点对我国社会保障制度建设工作的建议。

一、“国民皆保险，国民皆年金”制度助力经济腾飞

日本在20世纪70年代已建立了“国民皆保险，国民皆年金”的社会保障体系。这样的制度设计起到了社会保障全覆盖基础性的保障作用，特别是有效保障了那些未能加入以大企业职工为主体的医疗保险与年金保险，过去游离在保障体系之外的农业就业人员及城市中大量存在的个体工商户，这样，不仅起到了兜底线的作用，还起到了保障社会稳定、支撑经济发展的作用。20世纪70年代之后，日本在资本主义世界经济一片低迷中异军突起，经济和社会保持了较快的发展速度，进而在80年代中期人均GDP一度超过美国，创造了“日本第一”的经济奇迹。这些成就的实现，除了日本的产业政策和科技战略的效果之外，“国民皆保险，国民皆年金”的社会保障体系的功劳也不容小觑。诚然，在保障力度上国民年金与其他年金制度还存在较大差距，但国民年金也为不同需求的人群设计有分段式的加入方式，满足了一般国民的多种需求。在国民健康保险制度下，普通参保人只要用保险证就可以任选医院接受诊疗服务并适用国民健康保险，这为国民接受健康服务带来了极大的便利。

二、“长期护理保险”制度绸缪老龄化社会，解放女性生产力

在2000年成立的护理保险，通过养老护理服务的“社会化”有效地缓解了从前依靠家庭养老护理模式带来的护理负担。这样的制度设计将国家和市场引入了养老护理工作中，一方面，极大开放、开发了养老护理服务市场，刺激了养老护理服务的需求和技术需求，间接促进了经济发展及就业和相关技术、产品开发；另一方面，过去因繁重的养老护理负担缠身，被迫在家中从事“影子劳动”的家庭成员，特别是女性家庭成员终于得以解放。战后日本的教育普及程度很高，大多数女性都接受过高中甚至高等教育的培养，因为照顾老人而将她们束缚在家庭中，这是对于人力资本的极大浪费。因此，“长期照护保险”制度的受益者不仅限于老人及其家庭，更让众多日本女性受益。在日本当前劳动力短缺的“老龄社会”背景下，这样的制度设计在一定程度上缓解了劳动力不足的困境，可谓一举多得。

另外，日本的“长期照护保险”制度以基于市场主体的服务契约化取代以往由行政主导的护理决定体系，提高了不同阶层人群对护理保险的利用比例。根据老年人身体状况决定给付内容及其限额，有效保持护理服务供给与需求的匹配，在服务内容决定过程中排除因家庭状况可能带来的影响，保证了不同家庭在护理保险中获得保障给付的公平性以及护理保险的可持续运营。

近年来，护理保险中地域包含型护理体系的构建成为一个关键词也纳入日本福祉保障体系中。其中地域包含型护理体系的目的在于整合现有社区中的医疗、看护、照料等各方面资源，使老年人在家庭中也可以接受一体化的养老照料服务。一方面可以统合现有资源，另一方面满足了老年人希望得到居家照料的需求。当前，我国也在建设以家庭和社区为中心的“居家养老”护理模式，日本的很多经验值得我们参考和借鉴。

三、育儿相关保障应对低生育率危机

日本的育儿保障政策在应对少子化方面起到了一定功效。日本的总和生育率已从2005年最低的1.26回升到2018年的1.42，虽然这一数字在2019年有所回落，但与东亚地区的韩国、新加坡，以及我国的香港、台湾地区相比算是较高的数值。需要看到的是日本生育率回升的背后，儿童和育儿保障制度可谓功不可没。例如，日本倡导在企业中改善劳动环境，使男性也能更多地参加到育儿过程中来，并且积极保障育儿机构数量，为婴幼儿家长提供有效支援。从为孕期母亲提供的母子手册，到学龄儿童在课后参加的俱乐部活动、由地方自治体所策划的育儿交流活动等丰富多彩的育儿支援服务可以缓解儿童家长在育儿过程中所遇到的压力，这些内容都可以成为我国今后建设儿童相关民生保障体系的参考。

日本政府从 2019 年开始推行 3~5 岁幼儿学前教育免费化的政策，旨在减轻中低收入家庭的育儿负担，一方面缓解备受关注的儿童贫困问题，另一方面也预期能够挽救低迷的生育率。这样的尝试其结果如何目前在学术界和政界尚存争议，不过作为东亚地区率先实施的国家，其带来的政策效果非常值得我们关注。

参考文献

［1］日本厚生勞動省．平成 28 年版　厚生労働白書［EB/OL］．https：//www. mhlw. go. jp/wp/hakusyo/kousei/16/，2019-10-20.

［2］日本厚生勞動省．平成 23 年版　厚生労働白書［EB/OL］．https：//www. mhlw. go. jp/wp/hakusyo/kousei/11/，2019-10-08.

［3］日本厚生勞動省．平成 24 年版　厚生労働白書［EB/OL］．https：//www. mhlw. go. jp/wp/hakusyo/kousei/12/dl/00. pdf，2020-06-12.

［4］笠木映里，嵩さやか，中野妙子，渡邉絹子．社会保障法［Z］．有斐阁，2018.

［5］伊藤篤．子育て支援［M］．ミネルヴァ書房，2018.

第三章　韩国的民生保障与社会发展

一、当代韩国

韩国作为我国一衣带水的邻邦，与中国同属于儒家文化圈，有着悠久的历史。在独立建国之后，韩国历经六届共和国和十二任总统（见表 3-1）。在第三、第四共和国时期，朴正熙政府推出的“新村运动”和“重化工业立国”等发展目标和导向，也开启了韩国经济快速发展的时代。正是在这 20 年里，韩国经济取得了长足发展，创造了举世瞩目的“汉江奇迹”，并跻身“亚洲四小龙”行列。尽管朴正熙政府执政期间存在诸多问题，但其在推动工业化和经济发展、城镇化和城乡均衡发展方面做出了巨大贡献，也打下了韩国成长为发达国家的基础。在其后，“新村运动”和重化工业、出口导向型经济发展策略基本被沿袭下来，经济社会也取得了进一步的发展。20 世纪末，韩国成功渡过了 1997~1998 年亚洲金融危机带来的危机，经济得以复苏。进入 21 世纪，韩国经济总量超过 10000 亿美元，人均 GDP 则突破 30000 美元，成为新兴发达国家（见表 3-1）。

表 3-1　现当代韩国各段历史分期

姓名	任期
李承晚	1948~1960 年
尹潽善（张勉）	1960~1961 年
朴正熙	1961~1979 年
崔圭夏	1979~1980 年
全斗焕	1980~1988 年
卢泰愚	1988~1993 年
金泳三	1993~1998 年
金大中	1998~2003 年

续表

姓名	任期
卢武铉	2003~2008年
李明博	2008~2013年
朴槿惠	2013~2017年
文在寅	2017~2022年

二、韩国的基本国情

韩国是一个地狭人稠的国家，其总面积近10万平方千米，总人口为5164万人（2018年），人口密度超过了500人/平方千米。除了人多地少外，韩国的可耕地面积、可利用自然资源都相当匮乏，在相当长的时期都是制约经济发展的重要因素。这也与不少东亚国家和地区非常相似，如日本等国。

不仅如此，除了自然禀赋的先天不足外，韩国还面临着非常复杂且严峻的人口形势。韩国人口结构在半个世纪也经历了快速的人口转型，出现了几个突出的问题：人口老龄化、少子化和性别结构失衡。

随着“二战”后“婴儿潮”的到来，韩国人口总量急速膨胀。为了控制人口规模，韩国率先于20世纪60年代推出“家庭计划”控制生育，韩国的生育水平也快速下降。随着20世纪六七十年代西方、日本等国的产业转移，重化工业的推动，既带来了快速的经济发展，也带来了生活压力的增大和生育观念的转变。1983年韩国的总和生育率已下降到更替水平2.1，而后更是出现了“断崖式”下降。到2018年，韩国的总和生育率已经低于1，仅为0.997，为全球最低。① 伴随着生育率走低和早期的生育控制，另一个伴生的问题就是性别选择和出生性别比偏高，并长期维持在110~115，直到2006年才低于107，回落到正常区间。

韩国的人口老龄化则是由多方面的原因共同造成的。一方面，随着经济生活水平的不断提高和医疗卫生条件的不断改善，韩国的人均预期寿命不断延长，老年人口规模和比例都不断上升；另一方面，“婴儿潮”一代逐渐退出劳动力市场并步入老年，也加剧了人口老龄化的程度。此外，不断萎缩的新生人口规模，也

---

① 韩国统计厅网站，http：//kosis. kr/index/index. do；http：//epaper. bjnews. com. cn/html/2015-11/08/content_ 606940. htm? div=0，29-10-02.

使潜在劳动力规模不断萎缩，反过来又促使老年人口比重不断上升。

三、中韩比较

作为一个后发国家，韩国从20世纪60年代初的“一穷二白”，到70年代创造了“汉江奇迹”，成为“亚洲四小龙”一员，到90年代成为中等发达国家，再到21世纪跨入发达国家的门槛，其经济发展模式得到了国际的广泛认可和学习。尤其对于中国来讲，中韩两国同属于“儒家文化圈”，社会文化结构和经济发展起点都比较低：工业基础差，农业和农村人口比重高，城乡发展不均衡。

因此，在经济发展方面，中韩两国也都经历了相似的过程：从以出口导向型和重化工业为主的经济模式到轻重结合区域协调的发展模式，再到推动新型农村建设，以工业反哺农业，促进城乡协调发展。在这个过程中，中国与韩国的经济也产生了紧密的互动，一方面是借鉴韩国的部分发展经验，另一方面也是在中国改革开放早期承接韩国转移的制造业产业。如韩国为解决区域发展不均衡带来的经济调控难题，对西部地区（忠清南道等）进行了电子、汽车、钢铁和石油化工的产业布局，对东南地区（蔚山等）和西南地区（全罗南道、光州等）进行了钢铁、汽车、石油化工和造船业的经济布局。此外，韩国的“新村运动”也给中国“新农村”建设提供了有益的借鉴。

另外，由于两者相似的社会文化结构和经济发展过程，韩国的社会发展和结构变化也给中国发展提供了诸多的经验和教训。与急速发展的经济一道，韩国的人口转变过程也非常迅猛，快速地由“高出生率、高死亡率、高自然增长率”的传统型人口再生产类型转变为“低出生率、低死亡率、低自然增长率”的现代型人口再生产类型。快速的人口转变过程也带来了不断加剧的老龄化和少子化，以及作为副产品的性别结构失衡等问题。为应对如此严峻的人口形势，韩国也做出了相应的应对措施，如推出各项鼓励生育的政策措施、提高财政转移支付总量和比例、推出老年人长期照护保险等。相比于韩国，中国同样面临着老龄化、少子化和低生育率等问题，也先后推出了类似的人口政策与措施。不同点在于，韩国的老龄化、少子化进程稍早于中国，其经验教训也对中国具有一定的借鉴意义。

本章基于韩国和中国的若干相似性，梳理韩国社会经济和人口发展过程，分析韩国在制定相应的应对措施时采取的必要举措和经验教训，最终为中国的社会经济发展、人口发展提供有益的政策建议。

第一节　韩国经济与社会现状[①]

一、经济实力和收入水平

（一）经济总量

作为一个新兴发达国家，韩国的经济发展也经历了若干阶段，并呈现出“跨越式”发展的特点。

如前文所述，韩国在独立建国初期，经历了李承晚和尹潽善（张勉）政府的混乱时期，经济发展没有起色，仍然积贫积弱。1961 年朴正熙通过军事政变上台，在稳定住国内局势之后，在韩国推行“重化工业立国”等发展目标和导向，也开启了韩国经济快速发展的时代。在朴正熙时代的 20 年里，韩国的 GDP（现价美元）总量从 1960 年的 40 亿美元，增长至 1970 年的 90 亿美元，并进一步增长至 1975 年的 217 亿美元和 1980 年的 650 亿美元，排位也从世界第 32 位（1960 年/1970 年）上升至第 27 位（1980 年），年均增长速度超过 10%。韩国也建立了相对完善的造船、冶铁、汽车和石化等技术集约型产业门类。在这一时期，韩国取得的经济建设成就被称为“汉江奇迹”。[②]

在打下了良好的发展基础之后，韩国经济的进一步发展蓄力充足。1985 年，韩国经济总量达到了 1003 亿美元，到 1990 年已经达到了 2793 亿美元。韩国经济一片欣欣向荣，随后发展到第一个高点——1996 年韩国 GDP 已经接近 6000 亿美元。

韩国经济发展并非一帆风顺，1997～1998 年亚洲金融危机的到来，使韩国经济近乎腰斩，跌落到 1998 年的 3742 亿美元。为此，金大中政府不得不和 IMF 签订苛刻的援助条款，并积极主动地调整经济体制，如完成企业民营化和产业结构

---

① 本节中，关于韩国经济社会发展和人口方面的数据，如无特殊强调，均来源于世界银行数据库。另外，由于部分年份数据统计和归并问题，全书使用的数据时间跨度不一定完全等同。因此，时间跨度视论述主题而定。世界银行数据库的访问地址为：https：//data. worldbank. org. cn/。最新访问时间：2019 年 10 月 2 日。

② 通常认为“汉江奇迹”除了快速的工业化和经济发展之外，也包括国民教育和民生改善、人口素质提高、城市化和现代化等内涵。

转型，并进行了相应的行政体制改革等。经过近三年的调整，韩国经济逐渐复苏，2000 年基本恢复到金融危机之前的经济体量并进入了新的发展阶段。2006 年韩国的 GDP 总量突破万亿美元大关，正式进入了发达国家行列。尽管 2008~2009 年遭遇了源于美国并席卷全球的“次贷危机”，但韩国经济已具备较强的调节能力。在 2009 年探底至 9019 亿美元之后，快速增长至 2018 年的 16194 亿美元，位列世界第 11 名。

根据购买力平价方法（PPP 法）计算得到的数值相较于名义 GDP 稍大一些（见图 3-1），但趋势近似，本章不再赘述。

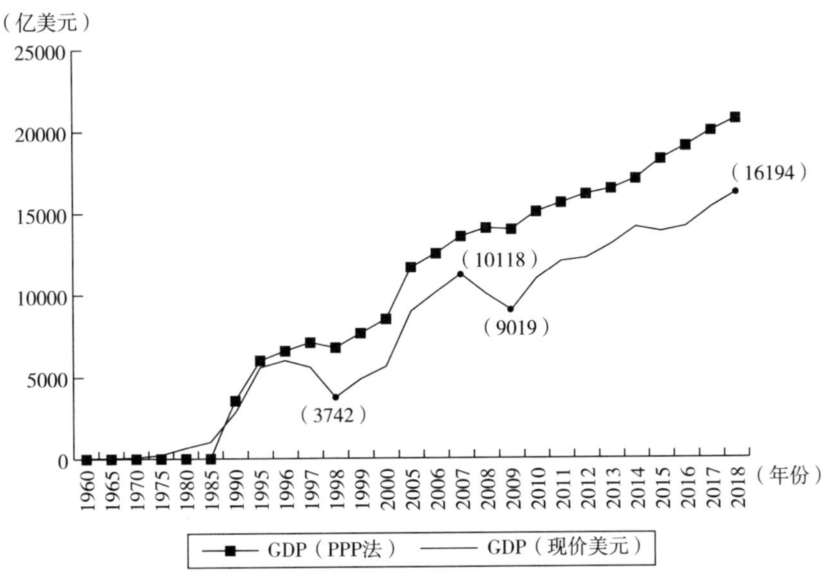

图 3-1 韩国 GDP 总量

资料来源：2019 年世界银行数据。

（二）人均 GDP

与韩国 GDP 总量发展趋势类似，韩国人均 GDP 的增长也经历了早期的低位徘徊、“汉江奇迹”带来的高速增长、经过数次金融危机后迅速调整并进一步增长的几个过程。

以现价美元为例，1960 年韩国人均 GDP 不足 160 美元，在世界仅列第 69 位。1965 年则进一步下降为 108 美元和第 109 位。但进入发展快车道之后，韩国的人均 GDP 达到了 1970 年的 279 美元，在世界排名也上升到第 87 位。1975 年达到 615 美元，1980 年进一步达到了 1704 美元，在世界排名上升至第 74 位，也进入了中等收入国家行列。1985 年人均 GDP 为 2457 美元，世界排名第 62 位；1990 年人均 GDP 为 6516 美元，世界排名第 50 位；1994 年超过 10000 美元大关，1995 年为人均 GDP 12333 美元，进入高收入国家行列。至 2018 年，韩国人均 GDP 超过了 30000 美元，在世界排名也进入了前 30 位。

两次调整期：第一次是从 1996 年的最高点调整到 1998 年的人均 8085 美元，第二次则是从 2007 年的人均 23060 美元调整到 2009 年的人均 18292 美元。

与上文相同，根据购买力平价方法（PPP 法）计算得到的数值相较于名义 GDP 稍大一些（见图 3-2），但趋势近似，本文不再赘述。

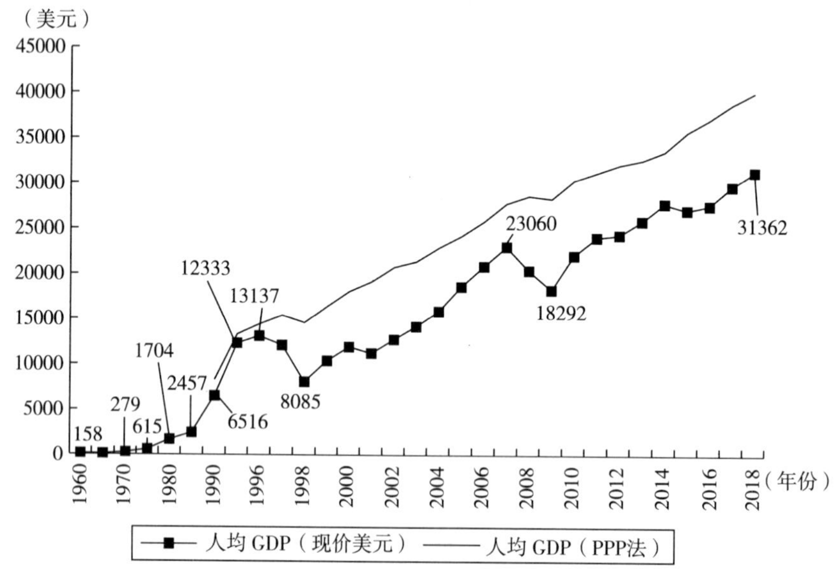

图 3-2　韩国人均 GDP

资料来源：2019 年世界银行数据。

二、韩国的人口结构

（一）人口总量和结构

1. 人口总量持续增长

与经济发展总量出现的波动不同，韩国人口总量一直稳步增长，在进入 21

世纪之后增速逐渐放缓。

1960 年，韩国总人口为 2501. 2 万人。1967 年突破 3000 万人大关，达到了 3013 万人。1975 年超过了 3500 万人，1984 年超过 4000 万人，1995 年超过 4500 万人，达到了 4552 万人。

在此之后，韩国人口增速逐渐放缓，增量减小。直至 2012 年才达到 5020 万人，到 2018 年韩国总人口为 5163. 5 万人（见图 3-3）。

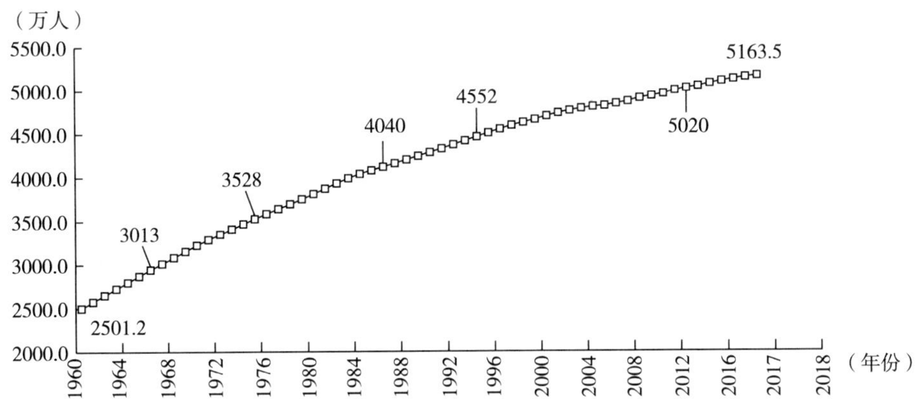

图 3-3 韩国人口总量

资料来源：2019 年世界银行数据。

2. 人口增长率不断降低

总体来看，1960~2018 年，韩国人口增长率总体呈现快速下降的趋势。这也与韩国经济不断增长、国民物质生活水平不断提高有关。根据人口转变理论，随着经济增长和社会发展，生育观念、养育子女的压力都会使家庭倾向于缩小规模，从重视子女数量向重视子女养育质量转变。具体来看，可以细分为三个阶段：①快速降低阶段，1960~1985 年，从 3%下降至 1%；②相对稳定增长阶段，1985~1997 年，在 1%上下徘徊；③波动中继续下降阶段，1998 年之后，在 0. 5%上下徘徊并有进一步探底的趋势。

第一阶段的人口增长率下降与经济增长直接相关，而第二阶段的稳定增长率则源于战后“婴儿潮”人群逐渐步入生育年龄，其生育高峰可以抵消一部分的生育观念转变带来的生育意愿降低和实际增长率的降低。第三阶段的波动降低则是复合了多重影响因素，如经济压力和部分生育小高峰（见图 3-4）。

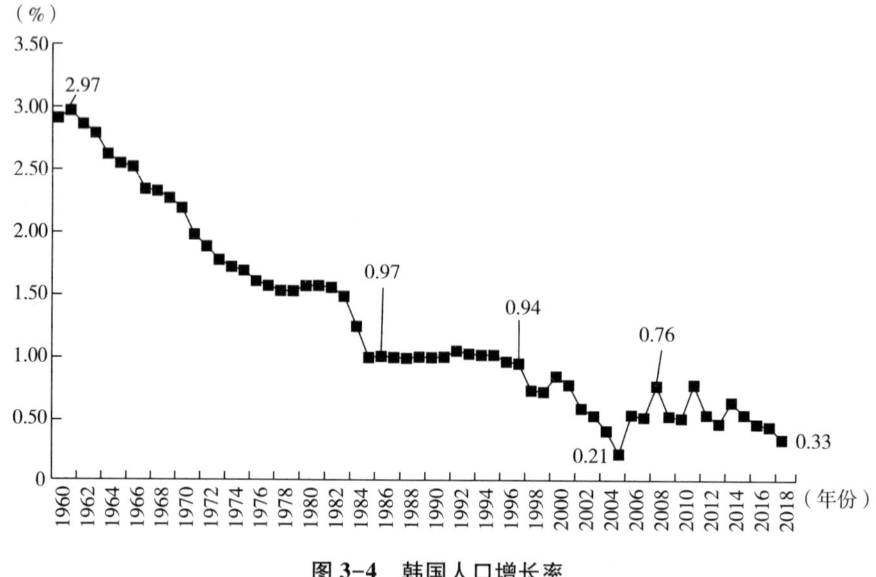

图 3-4　韩国人口增长率

资料来源：2019 年世界银行数据。

3. 性别结构趋于平衡

总体来看，韩国的性别结构相对均衡（见图 3-5），男女比例之差最大仅为 0.8%，不具备统计学的显著性。从分布形态来看，男性比例始终略高于女性，但有逐渐靠拢的趋势。

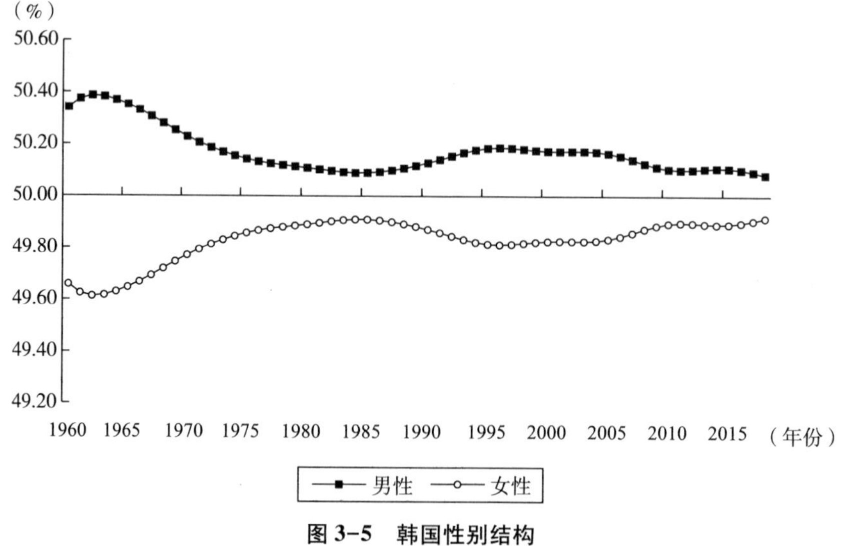

图 3-5　韩国性别结构

资料来源：2019 年世界银行数据。

4. 出生人口性别比逐渐合理

战后“婴儿潮”带来了人口增长的巨大压力。1960 年前后韩国总和生育率（TFR）达到了 6，意味着每位母亲一生要生养 6 个孩子。这对于当时经济发展水平较低的韩国而言，显然是一个巨大的负担。

为应对这一压力，韩国政府于 1962 年推出了柔性的计划生育政策，即“家庭计划”，提倡一对夫妇只生两个孩子。到了 1980 年初，“婴儿潮”一代的韩国人陆续达到生育年龄。为防止生育高峰的出现，韩国政府进一步加强了人口政策的约束，将堕胎和绝育合法化并鼓励一对夫妇只生一个孩子。[①] 在这些举措之下，韩国的 TFR 迅速下降到 2. 8。

计划生育政策的执行过程中出现了一个副产品，即性别比失衡。一般而言，出生性别比正常波动区间在 103~107。在东亚儒家文化圈中，“养儿防老”的观念深入人心，因此不少国家都存在重男轻女的现象。因而在限制生育并允许堕胎的政策之下，就出现了明显的性别选择倾向。1996 年，韩国政府放弃了控制人口增长的政策，转而实行“新人口政策”。[②] 韩国政府希望通过这些新政策，从鼓励少生转变为鼓励生育，以平衡出生人口性别比，并增加婴儿出生率，实现人口的自然更替。

因此，如图 3-6 所示，1990~1996 年，出生人口性别比都在 111 以上的高位波动。1997 年短暂下降到 108. 2，但随后又出现了一定幅度的反弹，直到 2007 年出生人口性别比才下降到 107 以下。总体来看，性别选择越来越少，性别比也逐渐趋于平衡。

5. 年龄和劳动力结构：老龄化和少子化并存，劳动力人口数量开始减少

总体来看，目前韩国正在经历严峻的人口老龄化和少子化过程。从三个年龄段的人口所占比重来看，呈现了此消彼长的趋势（见图 3-7）。

65 岁及以上老年人口所占比重在经过较长时间的缓慢增长之后，在 20 世纪 90 年代逐渐加速。1989~1999 年，韩国的 65 岁及以上老年人所占比重提高了 2 个百分点，并于 2000 年超过 7%，达到 7. 19%。根据联合国对老龄化社会的定义，60 岁及以上老人在总人口中占比超过 10%，或者 65 岁及以上老人在总人口中所占比重超过 7%，即为老龄化社会。因此，2000 年之后，韩国也进入了老龄化社会，随后即步入了快速老龄化的阶段。2009 年这一比例超过了 10%，2017

---

① http：//epaper. bjnews. com. cn/html/2015-11/08/content_ 606940. htm？ div=0，2019-10-02.

② 新的政策包括倡导家庭健康和福利、平衡出生性别比、鼓励妇女参与生产劳动、改善老年人生活、实现人口平衡分布等。

年老年人所占比重超过0~14岁儿童所占比重，2018年达到14.42%。

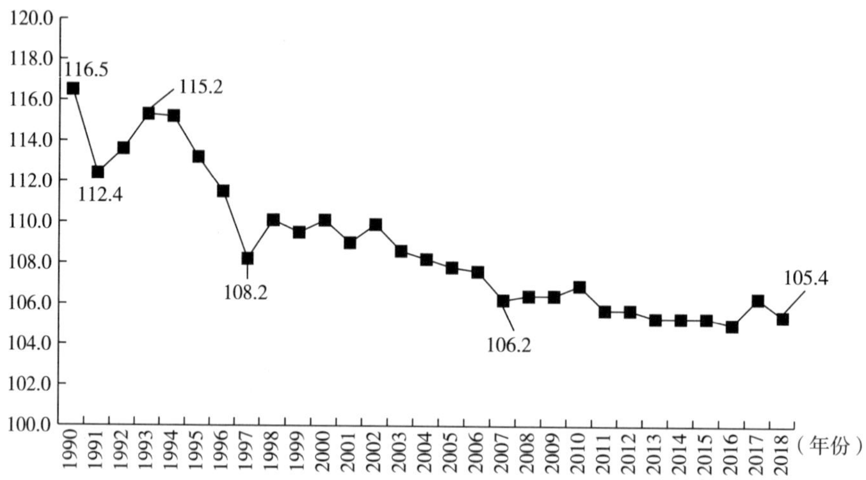

图3-6 韩国的出生人口性别比

资料来源：韩国统计厅2019年数据。

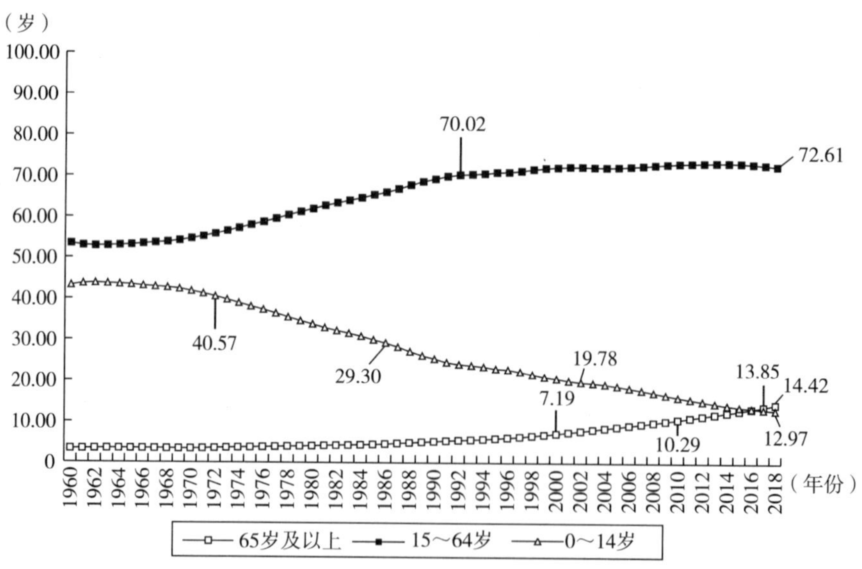

图3-7 老龄化和少子化并存

资料来源：2019年世界银行数据。

与老龄化过程对应的就是少子化过程，相较而言，0~14 岁人口所占比重下降更快。从统计数字来看，1972 年之前，0~14 岁所占比重都在 40%以上；1986 年下降到 30%以下，为 29.30%；2002 年下降到 20%以下，为 19.78%；2017 年其比重被 65 岁及以上老年人反超，并进一步萎缩到 2018 年的 12.97%。造成韩国少子化的原因有三个：①经济发展带来的生活压力和养育压力增大；②“家庭计划”对人口增长的抑制作用；③生育观念转变。

15~64 岁劳动年龄人口的形势也不容乐观。20 世纪 90 年代之前，由于韩国的快速人口转型，在老年人口比重基本保持不变的情况下，0~14 岁人口比重大幅下降，因而劳动年龄人口的总量和比重都在快速上升。这个人口的“剪刀差”也给韩国带来了近几十年的人口红利。但随着老龄化和少子化程度的加剧，进入 90 年代之后，劳动年龄人口的增长速度越来越慢，基本停滞在 71%~73%。在达到 2013 年和 2014 年的峰值之后，劳动年龄人口的比重开始出现下滑。生产人口的减少，势必带来全社会抚养负担的增大，尤其是养老负担。

（二）人均预期寿命

自 20 世纪六七十年代“汉江奇迹”开启以来，韩国的人均预期寿命几乎以每五年一个台阶的速度大幅度增长。韩国的经济发展带来的不仅是经济总量的简单提高，也包含了民生改善、社会生活水平的提高和人口素质的优化。

总体来看，人均预期寿命几乎平均每五年增长 2~3 岁（见图 3-8）。1960 年仅为 55.4 岁，1965 年增长至 58.0 岁，1970 年增长至 62.2 岁，1975 年为 64.2 岁，1980 年为 66.0 岁，1985 年为 68.8 岁，1990 年为 71.6 岁，1995 年为 73.7 岁，2000 年为 75.9 岁，2005 年为 78.2 岁，2010 年超过了 80 岁，2018 年达到了 82.6 岁。

另外，男性和女性的增长幅度都较为接近。但不同点在于，女性的人均预期寿命高出男性 6~8 岁，这也符合经验规律。

三、韩国的就业结构

（一）韩国的劳动参与率

1. 15~64 岁的劳动参与率

从劳动年龄人群整体来看，15~64 岁人群的劳动参与率在 1990~2018 年呈现波动上升的趋势（见图 3-9）。第一波上升趋势是 1990~1997 年，增幅大约为 3 个百分点，为 62.6%~65.5%。第二波上升趋势始于 1998~2007 年，波动范围

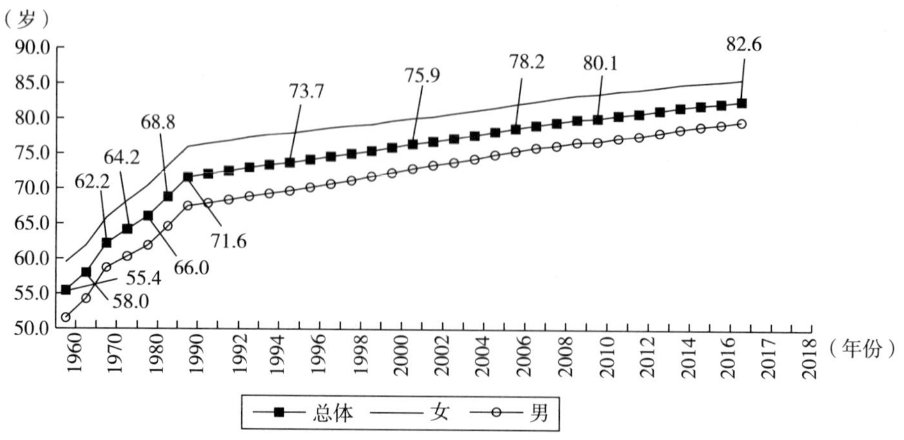

图 3-8　韩国的人均预期寿命

资料来源：2019 年世界银行数据。

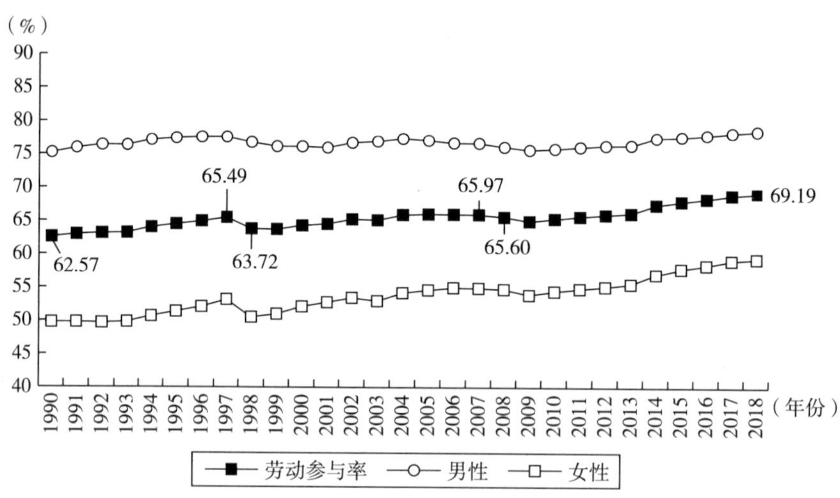

图 3-9　15~64 岁人群的劳动参与率

资料来源：2019 年世界银行数据。

为 63.7%~66.0%。这段时期也正是 1998 年亚洲金融危机和 2007 年美国次贷危机之间。第三次波动趋势是从 2008 年至今，波动范围为 65.6%~69.2%。由此可以发现，韩国的就业和劳动参与率和国际经济形势密切相关，受到国际经济环境，尤其是美国经济影响非常直接。这也是韩国作为一个经济“大国”与地缘政治“小国”之间的矛盾所在。

分人群来看，男性和女性的波动趋势与总体均类似，不做赘述。需要强调的

是，韩国作为一个传统的“男权”主导的社会，男性在经济生活中的主导地位体现在了劳动参与率中。男性的劳动参与率要高出女性20~25个百分点，但这个差距在随着时间推移而逐渐收窄。

2. 15~24岁的劳动参与率

与15~64岁劳动年龄人口的劳动参与率变动趋势不同，15~24岁人群的劳动参与率呈现阶梯性下降的趋势（见图3-10）。第一阶段是1990~1997年，劳动参与率变化较为平缓，在38%上下波动；第二阶段从1998年开始，到2004年到达拐点之前为止，在34%~36%波动；第三阶段从2004年的36.0%一路下探到2010年的26.0%；第四阶段为触底反弹，回升至2018年的31.6%。

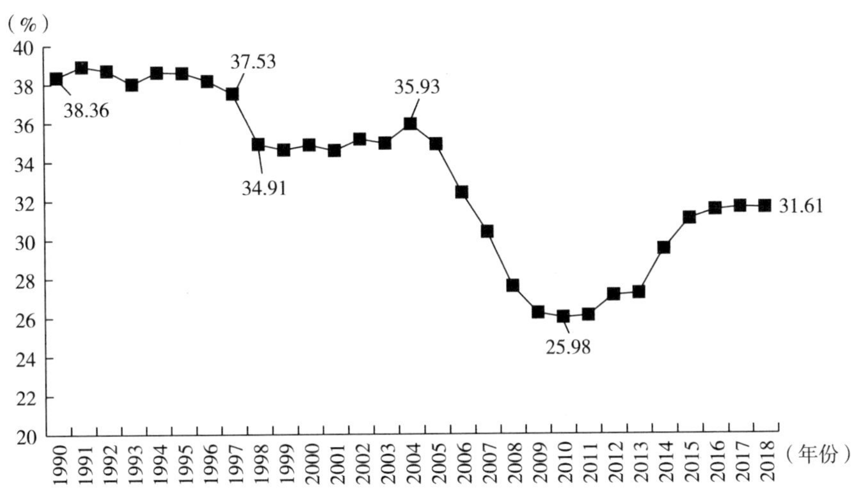

图3-10 15~24岁人群的劳动参与率

资料来源：2019年世界银行数据。

由此可以看出，较为年轻的人口队列的劳动参与，一方面受到国际经济形势的影响，这与劳动年龄人口总体是一致的；另一方面也与其自身的群体特性有关，如接受大学教育等因素会影响其参与工作的比例。

（二）失业率

从总体来看，2000~2018年韩国的失业率呈现“先下降后上升，总体降低”的波动趋势（见表3-2）。与此同时，韩国的失业率同样受到国际金融危机的影响，对2008年之后的若干年失业率上升产生了影响。

2000年韩国总体失业率达到4.4%，到2002年到了第一个低点，3.3%的失业率；2007~2008 年到了第二个低点，3.2%的失业率，但受金融危机的影响，该数字也出现了一定程度的上升；2013 年到了第三个低点，3.1%的失业率。尽管后来的失业率有所增长，但仍然在 4%之下。

表 3-2　韩国历年分年龄组失业率

年份	总体失业率	15~19 岁	20~29 岁	30~39 岁	40~49 岁	50~59 岁	60 岁及以上
2000	4.4	14.5	7.5	3.6	3.5	3.2	1.5
2001	4.0	14.4	7.3	3.2	3.0	2.8	1.2
2002	3.3	12.0	6.6	2.9	2.0	1.9	1.1
2003	3.6	13.0	7.7	3.0	2.2	2.2	1.0
2004	3.7	14.0	7.8	3.1	2.3	2.3	1.2
2005	3.7	12.3	7.7	3.3	2.5	2.5	1.3
2006	3.5	10.5	7.8	3.0	2.3	2.1	1.4
2007	3.2	9.3	7.1	3.2	2.0	2.1	1.4
2008	3.2	10.2	7.0	3.1	2.1	2.0	1.2
2009	3.6	12.3	7.8	3.6	2.4	2.5	1.6
2010	3.7	11.9	7.7	3.5	2.5	2.5	2.8
2011	3.4	10.8	7.4	3.4	2.1	2.1	2.6
2012	3.2	8.9	7.4	3.0	2.0	2.1	2.4
2013	3.1	10.3	7.8	3.0	2.0	1.9	1.8
2014	3.5	9.3	9.0	3.1	2.2	2.2	2.3
2015	3.6	10.6	9.0	3.1	2.3	2.4	2.5
2016	3.7	10.0	9.8	3.1	2.1	2.3	2.7
2017	3.7	8.7	9.9	3.3	2.1	2.2	2.9
2018	3.8	9.3	9.5	3.4	2.5	2.5	3.1

资料来源：韩国统计厅 2019 年数据。

从不同年龄段来看，一个明显的趋势就是年龄越低的组别，失业率就越高。换言之，失业率与年龄成反比。这一方面与年轻人的工作经验不足有关，另一方面也与较低年龄的年轻人尚未完全进入劳动力市场相关。

从统计数字来看（见图 3-11），15~19 岁组的失业率一直是各个组中最高的，2000~2001 年失业率超过了 14%。但此后本组的失业率一直处于波动下降趋势，直至 2008 年美国次贷危机引发的金融危机，带来了 2~3 个百分点的失业率上升。

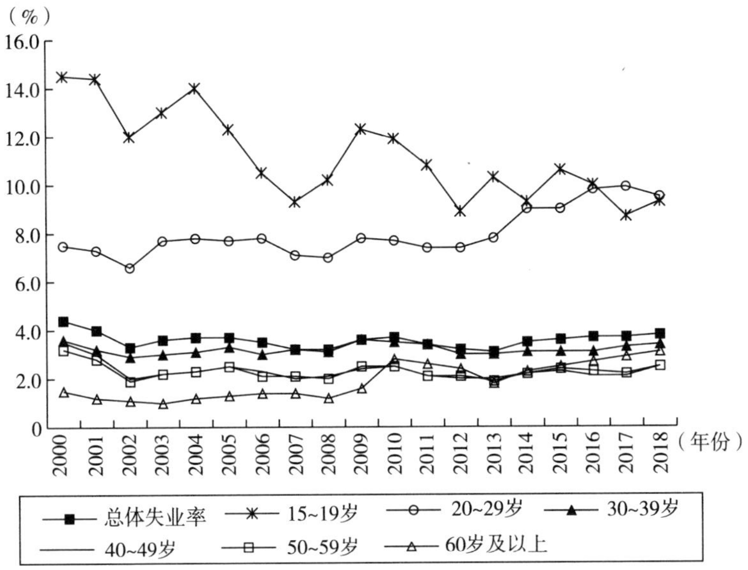

图 3-11　2000～2018 年各年龄组失业率变动趋势

资料来源：韩国统计厅 2019 年数据。

失业率次高的组就是 20～29 岁组。这个年龄组的失业率有两个特点：一是波动幅度比较小；二是在波动中逐渐小幅上升。在 2000 年时该年龄组失业率为 7.5%，2018 年失业率接近 10%。

其他各组由于都已经较为稳定地进入了劳动力市场，因此其失业率尽管有所波动，但均低于总体平均水平。其中 30～39 岁组和 40～49 岁组在 2000～2018 年的失业率平均相差 1 个百分点左右。50～59 岁组和 40～49 岁组之间则没有显著差异。

第二节　韩国主要社会发展政策和经验

一、“新村运动”

在朴正熙执政后，对经济领域进行了大刀阔斧的改革。为了发展经济，韩国也制定了“经济发展五年计划”和“重化工业立国”的发展措施。一方面自

1962~1971 年以来，韩国政府实施了两个经济发展五年计划，重点扶持产业发展和扩大出口，但在此期间工农业发展严重失调，工农业发展速度之差从 2.5 个百分点扩大到 8 个百分点。另一方面随着工业化和城市化的推动，城市也得到了更大的发展。1960~1970 年，城市人口所占比重从 27.71%增加至 40.70%，提高了约 13 个百分点（见图 3-12）。城市居民和农民的年均收入也拉大了差距，导致农村人口的大批流动，并带来了诸多城市社会难题。而部分农村地区的农业濒临崩溃的边缘。

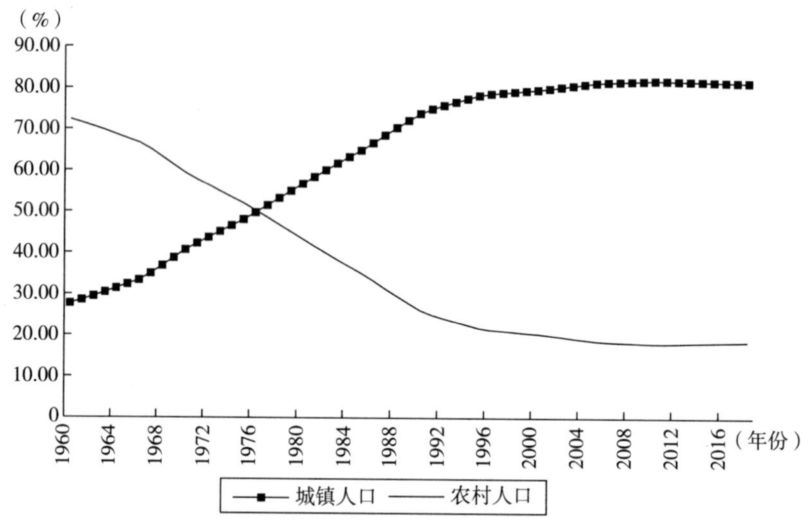

图 3-12　韩国的城镇化进程和城乡人口分布

资料来源：2019 年世界银行数据。

与此同时，韩国经济依靠出口导向型的发展模式，积累了一定的财力。因此政府有财力支援农业，以缩小城乡、工农、区域间的差距。在这种社会背景下，“新村运动”出台了。

在“新村运动”的初期，政府的主要关注点在于改善农村和农民的生活环境上。主要体现在以下五个方面：一是改造农村公路，通过架桥修路，基本上在 20 世纪 70 年代末实现村村通畅；二是改善住房条件，把农民居住的茅草屋改造成瓦片或铁皮房顶的房屋，改善居住环境和农村面貌；三是电气化建设，并推广、铺设自来水管道系统，到 20 世纪 70 年代末，绝大多数农村家庭都已装上电灯，90 年代基本实现电气化；四是推广高产农作物品种，引入经济作物，改进生产方式，增加政府财政补贴和支持，以增加农民收入，如推广优质水稻品种，推广“集团栽培”的生产方式等；五是创办农村组织，增强农村活力，70 年代创办的“农协”，负责吸纳农民储蓄和提供生产资金、组织生产等，而村民会馆可以负责商讨村务活动，组织农村生产实践等。

“新村运动”大致可以分为五个阶段：①基础建设阶段（1971～1973 年），农村居住条件得到初步改善；②扩散阶段（1974～1976 年），“新村运动”迅速向城镇扩大，成为全国性的现代化建设活动；③充实和提高阶段（1977～1980 年），此阶段主要是继续缩小城乡差距，推动农村文化建设，支援农村文化住宅和农工开发区；④转变为国民自发运动阶段（1981～1988 年），在这一阶段，政府大幅度调整了有关“新村运动”的政策与措施，建立和完善了全国性“新村运动”的民间组织，培训和信息宣传工作改由民间组织来承担；⑤自我发展阶段（1988 年之后）。

从历史上来看，“新村运动”确实取得了较大的成功。韩国政府通过对城乡、产业结构、区域发展等内容进行调整，也实现了城乡均衡发展、社会均衡发展，并积累了很多宝贵经验。这些经验得到联合国和世界众多发展中国家的认可和重视，并得到了广泛的学习和传播。

当然，“新村运动”也有其内在的问题和局限性。“新村运动”在发展过程中有两个突出问题：一是过多依赖于政府的组织和支持，过分强调了政府的统筹作用和行政力量，也强化了农村和农民的依赖思想。二是韩国的农村发展在城市化的背景之下，仍然面临劳动力短缺的挑战。众所周知，城市可以创造更多的工作岗位和相对优越的工资待遇、居住和生活环境。随着城市化推进，越来越多的年轻人涌入城市，使农村发展后继乏人。

从世界银行提供的数据来看，从朴正熙时代到全斗焕时代，韩国完成了快速城市化。在“新村运动”尚未实施的 1960～1970 年，城市人口所占比重从 27.71%增加至 40.70%，提高了约 13 个百分点。相应地，农村人口从 72.29%迅速下降到 59.30%。1971 年开始直到 1988 年，韩国的城市人口所占比重从 42.26%增长至 70.39%，增长了近 30 个百分点。相应地，农村人口所占比重从 57.74%下降到 29.61%。随后卢泰愚执政的五年期间（1988～1993 年），城市人口的增长逐渐减缓，从 1989 年的 72.15%增长至 1993 年的 76.65%，增长了 4.5 个百分点。相应地，农村人口比重从 27.85%下降到 23.35%。在后面的历届政府中，这一数字逐渐保持稳定缓慢下降趋势。

韩国的经验证明，城市化是解决农村发展问题的根本出路。韩国农业实现了现代化，使韩国农村居民的收入大幅提升，并接近城市居民。一方面，城市化进程使农民数量在短期内迅速减少；另一方面，余下的农民又有机会在城市经济部门得到兼业机会，这使政府在支援农民时的负担得以相对减轻。此外，由于现代国家实现了高度工业化，科学技术装备农业的能力大大增强，技术装备的成本相对降低，国家支援农业的能力也大大增强了。再加上各国政治家为赢得民心，对农产品市场进行保护，使政府支持农业有了强有力的意识形态支持。但这也减弱了农业领域的竞争性，阻碍了农业经济效率的进一步提高。

二、韩国社会保障制度

（一）韩国社会保障制度及演变

总的来讲，韩国的社会保障制度分为三个部分：社会保险、公共救济、社会福利服务（见表 3-3）。其中，以社会保险为中心，医疗保障和收入保障是社会保障的主要目的。从供给主体来看，韩国《社会保障法》将其责任限定为“社会保险是国家负责实施，公共救助和社会服务原则上是国家和地方政府负责，但考虑到国家和地方政府的财政，可协商和调整”（第 25 条第 5 款）。因此，韩国社会保障服务供给主体主要分为公共部门和民间部门，民间部门则分为营利部门和非营利部门，此外还有介于政府和民间部门之间的第三部门——社会组织，如各种志愿组织、社会团体等。[①]

表 3-3　韩国社会保障制度的形成与发展过程

时期	社会保险	公共救济	社会福利服务
（1945~1948 年） 美军政府时期		厚生国保 3 号（1946） 厚生国保 3A（1946） 厚生国保 3C（1946）	
（1948~1961 年） （有限福利时期 李承晚政府） 尹潽善政府	公务员年金法（1960）	军士援护法（1950） 警察援护法（1961）	

① 金永钟，高春兰．韩国社会保障体系和福利治理［J］．社会建设，2015（2）；王春华．韩国福利保障制度对中国的启示［J］．中国人力资源社会保障，2018（11）；王岩．福利制度发展的社会力量——以韩国第三部门为视角［J］．吉林大学社会科学学报，2010（6）．

续表

时期	社会保险	公共救济	社会福利服务
（1961~1979年） 社会转型时期 朴正熙政府	船员保险法（1962） 军人年金法（1963） 工伤保险法（1963） 医疗保险法（1963） 国民福利年金法（1973） 私立学校教职工年金法（1973） 医疗保险法（修正，1976）	更生保护法（1961） 军士援护补偿法（1961） 生活保护法（1962） 灾害救护法（1962） 国家有功人员及越南归顺者保护法（1962） 医疗保护法（1977）	孤儿领养特例法（1961） 儿童福利法（1961） 社会保障工作法（1970） 领养特例法（1976） 特殊教育振兴法（1977）
（1979~1988年） 全斗焕政府	医疗保护法（修正，1984） 国民年金法（1986） 最低工资法（1986）	生活保护法（修正，1982） 国家有功人员礼遇法（1984） 更生保护法（修正，1986）	社会保障工作基金法（1980） 儿童福利法（1981） 身心残疾人福利法（1981） 老人福利法（1981） 育儿教育振兴法（1982） 男女雇佣平等法（1987）
（1988~1993年） 卢泰愚政府	实施最低工资制度（1988） 实施国民年金法（1988） 扩大医疗保险（1989） 扩大工伤保险（1989）	继续使用生活保护法	母子福利法（1989） 有关促进残疾人等的法律（1990） 高龄人雇佣促进法（1991） 婴幼儿保育法（1991）
（1993~1998年） 金泳三政府	社会保险基本法（1995） 农渔村年金（1995） 国民医疗保险法（1997） 雇佣保险法（1998） 扩大工伤保险（1996）		社会保障工作法（修正，1997） 老人福利法（修正，1993） 精神保健法（1995） 有关残疾人、老人、孕妇等便易增进保障法（1997） 社会保障共同筹资法（1997）
（1998~2003年） 福利扩大时期 金大中政府	城市个体工商业者年金（1999） 国民健康保险法（1999） 扩大雇佣保险（1998） 扩大工伤保险（2000）	国民最低生活保障法（1999）及试行（2000）	家庭暴力防止法（1998） 父母福利法（2002） 残疾人福利法（修正，1999） 促进残疾人雇佣及职业独立法（2000） 儿童福利法（修正，2000） 社会保障共同筹资法（1998）

续表

时期	社会保险	公共救济	社会福利服务
（2003~2008 年） 卢武铉政府	基础老龄年金法（2007）	紧急福利援助法（2005） 医疗补助法（修正，2006）	社会保障工作法（修正，2003） 健康家庭援助法（2003） 婴幼儿保育法（修正，2004） 儿童福利法（修正，2005） 老人福利法（修正，2004） 低出生老龄社会基本法（2005） 志愿活动基本法（2005） 老人长期疗养保险法（2007）

资料来源：韩克庆，金炳彻，汪东方．东亚福利模式下的中韩社会政策比较［J］．经济社会体制比较，2011（3）．

根据历史阶段性，韩国社会保障政策的形成和发展共分成以下四个时期：①美军政府时期。主要福利措施侧重于社会救助。②有限福利时期。包括李承晚、尹潽善政府时期的公务员年金法等，初步考虑建立社会保险体系。朴正熙时期“先增长后分配”的反福利发展理念，尽管初步建立了较为完整的社会保障制度和社会救助、社会福利体系，但仍然采取了牺牲社会福利来保障经济发展的方式，整体社会保障水平相对较低。③社会转型时期。逐渐转变发展理念，扩大社会福利和民生支出。④福利扩大时期。金大中和金泳三政府分别采取相应的措施，扩大社会福利，卢武铉政府时期，韩国进入“福利国家”的门槛。①

1. 社会保险

从社会保险制度来看，自 2008 年设立长期照护保险制度之后，加上已有的国民年金保险制度、医疗和健康保险制度、产业灾害补偿保险制度、雇佣保险制度，当前形成了以四大社会保险制度为核心，并附加基础年金、老年长期护理保险、残疾人长期护理保险等综合的保障体系。②

年金保险分为四类：第一类是公务员年金，适用于国家公务员、地方公务员

① 韩克庆，金炳彻，汪东方．东亚福利模式下的中韩社会政策比较［J］．经济社会体制比较，2011（3）．

② 金永钟，高春兰．韩国社会保障体系和福利治理［J］．社会建设，2015（2）；王春华．韩国福利保障制度对中国的启示［J］．中国人力资源社会保障，2018（11）；王岩．福利制度发展的社会力量——以韩国第三部门为视角［J］．吉林大学社会科学学报，2010（6）．

以及遗属；第二类是军人年金和军人保险，适用于现役军人和遗属；第三类是私立学校教职员年金，在韩国国立学校的教职员为公务员，因此单独设立私立学校教职员年金；第四类是国民年金，适用于18~60岁的一般国民。医疗保险分为公务员及私立学校教职员医疗保险、单位医疗保险和地区医疗保险三类，地区医疗保险又可分为农村地区和城市地区。产业灾害补偿保险费用由雇主一方负担，对与业务有关的职业病及因产业灾害而发生的工伤、疾病、残废、死亡等进行医疗服务或给予生活补贴。雇佣保险于1995年开始实行，其目的是消除失业带来的不安，从制度上解决产业结构升级产生的对熟练工人的大量需求。[①]

2. 公共救济

公共救济是利用国库资金对低收入阶层进行生活保护或帮助其自救。从公共救济制度来看，主要包括生活保护、有功人员津贴和灾难救护三项制度。其中，生活保护的对象是在一定标准下无人抚养或扶养人丧失抚养能力的老少群体，包括65岁及以上老年人和18岁以下儿童。有功人员是指对国家有功的人士。灾害救助则是对某一地区因为自然灾害或事故时，对受灾者进行紧急救护的政策。总之，公共救济是国家利用资金对社会中相对最弱势群体的保护和救助，无须缴纳保险费。

3. 社会福利服务

韩国的社会福利服务主要针对社会中的相对弱势群体，如老年人、儿童、妇女、残疾人等（见图3-13）。韩国的社会福利服务可分为三个发展阶段：①20世纪60年代，救济阶段。在20世纪60年代朴正熙执政时期，韩国政府把发展经济和建立福利国家作为基本目标，并大量制定了有关社会福利的法律和法案。但由于当时的韩国经济实力较弱，为了促进发展，实行了“先增长后分配”的政策，[②] 因而福利发展相对较慢，仅有紧急救济和设施收容等福利措施得到实际执行。②20世纪70年代，社会福利服务时期。在此阶段，韩国仍然延续了“先增长后分配”的政策。尽管韩国经济取得了一定的发展，也于1970年颁布了社会福利事业法，1973年颁布了国民福利年金法，但国民福利年金法并没有得到执行，仍然没有建立完整的社会福利制度。③20世纪80年代至今，是社会保障政策大力发展时期。在此阶段，韩国政府致力于通过社会保障政策，对社会财富

① 周鹏飞．韩国社会保障制度的现状及其政策选择初探［J］．西北人口，2007（4）．

② 王振东．韩国社会保障制度改革及其对我国的启示［J］．东南亚纵横，2008（6）．

进行再分配，改变分配不公平问题。由于“先增长后分配”的政策和过分注重经济增长而忽视民生的现实，韩国出现了较为严重的贫富分化和分配扭曲。因此，为改变分配不公平的问题，韩国开始大力建设其社会保障制度，并于1987~1988年开始落实全民医保。国民年金和最低工资等几项制度。国民福利年金制度于1988年被改为国民年金法并开始实行，颁布社会福祉法，将社会福利事业转变为区域福利和家庭福利，加大对儿童、老年人、残疾人等弱势群体的关怀力度，并增加了社会福利部门的专职人员。①

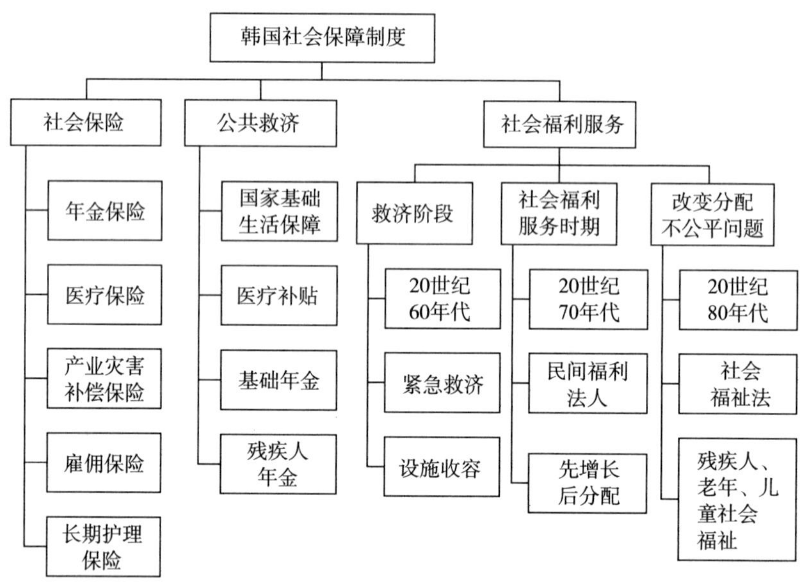

图 3-13　韩国社会保障制度框架

（二）健康保险和医疗援助覆盖人口（2017年）

根据韩国统计厅统计数字（见表3-4），2017年韩国健康保险和医疗援助人群基本覆盖了全部国民，体现出基本医疗服务的普惠性。由于不同保险项目和指标略有重合，因此，其覆盖范围略超过人口总量。在各个地区中，享受健康保险和医疗援助覆盖的人群总量仍然与人口的分布及总量密切相关。

① 洪炯骏．韩国社会保障制度的现状和课题［J］．社会保障研究，2005（2）．

表 3-4　2017 年韩国健康保险和医疗援助覆盖人群（全人口/65 岁及以上人口）

单位：人

地区	覆盖人口	65 岁及以上人口
首尔（Seoul）	9976682	1339604
釜山（Busan）	3479985	558532
大邱（Daegu）	2486686	344843
仁川（Incheon）	2986595	344354
光州（Gwangju）	1474468	179892
大田（Daejeon）	1516659	180139
蔚山（Ulsan）	1179459	116426
京畿道（Gyeonggi）	13141540	1468215
江原道（Gangwon）	1552773	277367
忠清北道（Chungbuk）	1620866	251752
忠清南道（Chungnam）	2160784	362321
全罗北道（Jeonbuk）	1867164	349534
全罗南道（Jeonnam）	1908569	406395
庆尚北道（Gyeongbuk）	2715522	510179
庆尚南道（Gyeongnam）	3422686	502482
济州道（Jeju）	666094	92578

从覆盖人口规模来看，首尔都市圈以及南部釜山等地人口较多。其中首尔特别市有近 1000 万人，京畿道有 1314 万人，仁川特别市接近 300 万人。三个地区的总和超过了韩国的一半人口。另外，釜山、庆尚南道、蔚山特别市也有超过 800 万人。

由于人口基数的不同，65 岁及以上老年人的覆盖范围也与总人口的分布大致相似。首尔市有 134 万人，仁川市有 34 万人，京畿道有 147 万人，整个首尔都市圈共有超过 215 万 65 岁及以上老年人被覆盖在健康保险和医疗援助之中。东南部地区的釜山市、蔚山市和庆尚南道分别有 56 万人、12 万人、50 万人，总规模 120 万人左右被纳入保险覆盖范围。

（三）医疗保障、健康保险、医疗救助覆盖人口（1980~2017 年）

从总体趋势来看，韩国的医疗保障和医疗保险基本延续了相似的演变路径，两者一直在增长，且医疗保障覆盖的人群略高于医疗保险；相比之下，医疗救助的变化趋势与前两者差异较大，先增后减并逐渐稳定在较低的水平。

在韩国经济发展之初，遵循了“先发展，后保障”的思路。因此，医疗保障和保险覆盖的人数都比较少（见图 3-14）。1980 年，韩国参加医疗保障和医疗保险的人口总量分别为 1137 万人和 923 万人，仅相当于总人口的 1/4 左右。但随着“汉江奇迹”的出现，国家经济长足发展，积累了大量财富。因而用于改善民生的经费变得更加充足。全斗焕执政期间，政府大力推动社会福利和社会保障。1985 年医疗保障和医疗保险的覆盖人口规模分别为 2125 万人和 1800 万人，总量分别翻了一番。至 1990 年卢泰愚执政期间，两者分别超过了 4400 万人和 4000 万人，基本覆盖了全部人口。在此之后，两者的覆盖规模随着人口总量的增加而平稳增长。

医疗救助的发展趋势与前两者相反。1980 年医疗救助覆盖人口有 214 万人，然后快速增长到 1985 年的 326 万人和 1990 年的 393 万人，之后迅速降低至 140 万～150 万人。

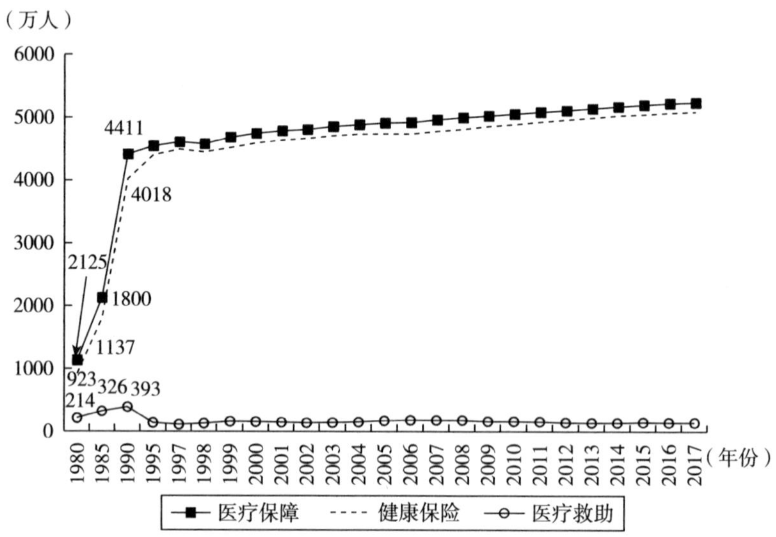

图 3-14　1980～2017 年韩国医疗保障、健康保险、医疗救助覆盖人口

资料来源：韩国统计厅 2019 年数据。

三、长期护理保险和长期护理机构的发展

（一）韩国长期护理保险制度的发展和问题

随着全球范围内老龄化速度的加快，老龄化社会中老年人的护理问题开始凸

显。由于发达国家更早进入了老龄化社会，为应对老年长期护理费用不足的风险，美国于20世纪70年代推行了商业长期护理保险，德国于1995年推行了长期护理保险制度。新兴的发达国家，日本和韩国分别于2000年和2008年模仿德国建立了长期护理保险制度。①

对韩国来讲，由于其20世纪六七十年代开启的快速工业化和现代化进程，带来了快速的人口转变，进而带来了较为快速的老龄化进程。2000年，韩国的65岁及以上老年人所占比重达7.19%，进入了老龄化社会。2009年，韩国65岁及以上老人这一比重超过了10%，2018年达到14.40%。老龄化伴随着逐渐增大的养老压力，2000年韩国的老年抚养比即达到10%，到2016年已接近20%，达到19.86%。

从制度模式上来看，韩国的长期照护保险制度遵从整体的社会保障制度，并选择了社会保险模式。在经办管理上，韩国是由国家健康财团来负责经办管理。从资金来源上，基金来源于公众缴费和财政补贴。韩国的参保人群覆盖了全部人群，居民需要同时缴纳长期护理保险费和医疗保险费。从费率水平来看，韩国的长期护理保险费率与医疗保险费率密切相关，目前是医保费率的6.55%。由于费率可以进行浮动调整，因此可以体现出更强的再分配功能。②

从受益人群来看，韩国只包括65岁及以上老年人及某些符合条件的40~64岁人群。通过第三方机构或专门委员会制定的统一标准，并综合专业医护人员的意见，对失能和失智人群进行等级评定，进而评估其需求等级体系。出于制度设计的原因，韩国主要提供居家、社区和机构的护理服务，极少提供津贴。这些护理服务通常包括生活护理、医疗保险范围之外的医疗照护以及部分辅助服务和设施。韩国的受益人可以自主选择护理机构，根据认定的等级和护理计划书与机构签订合同。

可以看出，在人口快速老龄化、老年人口大幅增加、社会抚养负担加重的背景下，韩国不断采取相应的措施，制定政策来完善其社会福利制度，并进一步改善老年人的处境，增强其福祉。韩国老年福利制度经过起步、发展、完善等各个阶段，

---

① 中国在2017年底有15831万65岁及以上老年人，约占总人口的11.45%。其中，失能和半失能老人约为4063万，占老年人口的18.3%。由于中国老龄化进程同样非常迅速，2012年青岛市率先推出试点，探索长期医疗护理保险制度。2016年7月，我国正式启动长期护理保险制度试点。除了15个正式试点城市之外，还有50多个城市进行资源试点。

② 马艺方．德日韩三国长期护理保险制度比较及启示［N］．中国劳动保障报，2019-08-27（2）．

从最初的社会救济阶段逐渐发展为社会保险阶段，在应对老年人福利需求问题上，已基本完成了法律和制度层面的建设，尤其是长期护理保险制度的引入和设立。[①]但由于韩国政府在长期护理保险制度实施前没有为机构发展提供准备期，故而在制度启动后，出现了严重的服务供给不足的局面。为了保障供应量，不得不放宽准入条件。这又导致了多数护理机构服务质量不高，失能人群的权益难以保障。

（二）长照机构数量

韩国长照机构的分布也与人口老龄化程度和人口基数直接相关。长照机构仍然较多地集中于首尔都市圈以及东南部地区釜山一带。根据韩国统计厅数据，2017 年，京畿道拥有最多的长照机构（4853 家）；首尔市居于次席，有 3040 家；仁川市也有 1225 家。因此，首尔都市圈拥有超过 9000 家长照机构，约占韩国总量的一半。而作为第二大人口聚集区的庆尚南道、釜山市、蔚山市，其长照机构总量仅为全国的 1/8 左右。此外，庆尚北道的长照机构总量也相对较多，达到 1431 家。但很明显，除了相当一部分机构集中于首尔都市圈以外，其他地区的长照机构总量和分布都比较均衡。

（三）长照机构额定人数

从额定人数来看，首尔都市圈仍然占有绝对的优势。根据韩国统计厅数据，2017 年，首尔市长照机构额定人数 2.4 万人，仁川市 1.5 万人，京畿道 6.8 万人，三地总量接近 11 万人，也占到了全部额定人数的 44%。其他地区的分布较为平均，相对较多的有庆尚北道（1.86 万人）、忠清南道（1.32 万人）、全罗南道（1.22 万人）和江原道（1.22 万人）。

四、扩大政府支出，提升民众福祉

（一）政府一般卫生支出及其占当前卫生支出比重

从资金投入的总量来看，韩国一般卫生支出每年都有 50 亿～100 亿美元（PPP 法）的增量（见图 3-15）。这一趋势在 2000 年之后更为明显。2000 年，政府一般卫生支出（PPP 法）为 355.44 亿美元；2016 年，已达到 1604.13 亿美元。但从一般卫生投入占当前卫生支出的比重来看，在 2000 年之前比重相对较低，其后则出现跳跃式发展。2000 年这一比重不足 50%，到 2001 年则达到了 57%，随后一直在 60%左右波动。

---

① 丁英顺．韩国老年福利制度的发展及特征［J］．东北亚学刊，2017（3）．

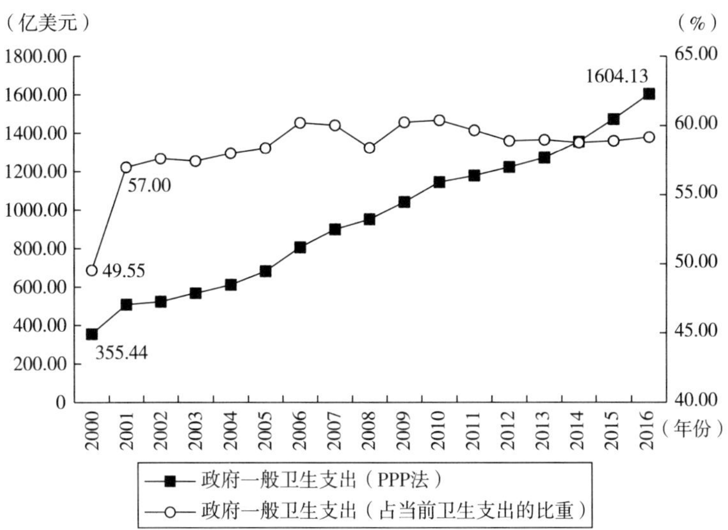

图 3-15　政府一般卫生支出（PPP 法）及其占当前卫生支出比重

资料来源：2019 年世界银行数据。

（二）政府一般卫生支出占政府总支出和 GDP 比重

从总体的比重来看，政府一般卫生支出占政府总支出和 GDP 的比重都在不断上升，其中，前者在升高中略有波动（见图 3-16）。

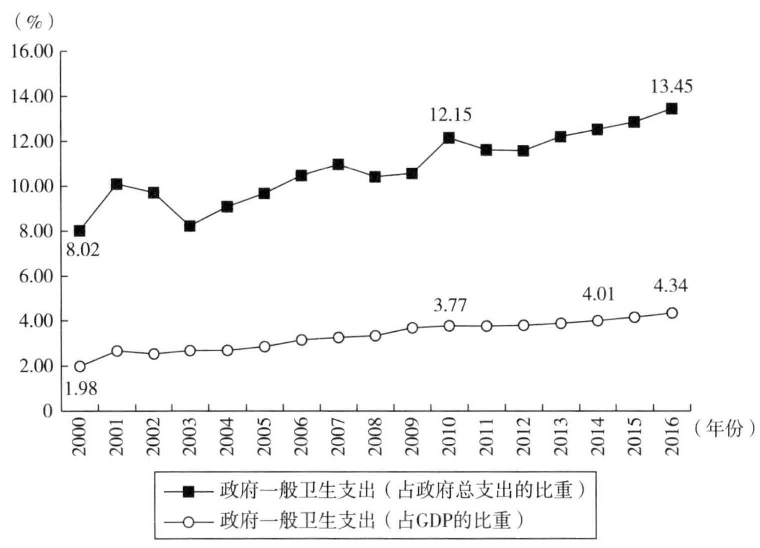

图 3-16　2000~2016 年政府一般卫生支出占政府总支出和 GDP 比重

统计来源：2019 年世界银行数据。

2000 年，政府一般卫生支出占政府总支出的比重仅为 8.02%，尽管有所波动，但仍然上升至 2010 年的 12.15%，并进一步上升至 2016 年的 13.45%。相比之下，政府一般卫生支出占 GDP 比重则比较稳定，稳中有升。2000 年该比例为 1.98%，2010 年上升至 3.77%，2014 年突破 4%，并于 2016 年达到 4.34%。

（三）政府、私人和当前卫生支出占 GDP 比重

如前所述，韩国卫生支出一直在不断扩张，覆盖的广度和深度都有大幅提高。因此，无论总量还是占 GDP 比重，都呈现增长的态势（见图 3-17）。2000 年当前卫生支出占 GDP 比重仅为 4%，2001 年出现一个小的跳跃幅度，而后不断增长至 2010 年的 6.24%和 2016 年的 7.34%。

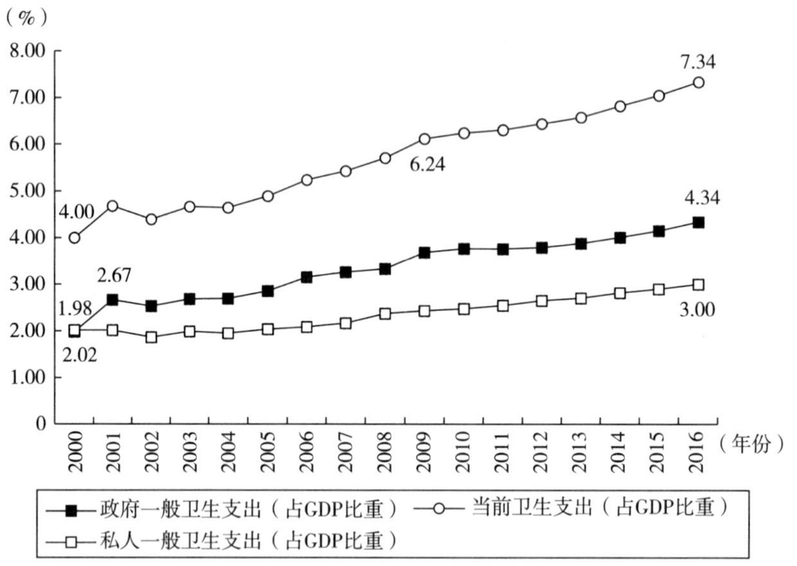

图 3-17　政府、私人和当前卫生支出占 GDP 百分比

资料来源：2019 年世界银行数据。

从总量来看，当前卫生支出=政府一般卫生支出+私人一般卫生支出。因此，当前卫生支出的增长体现了政府和私人一般卫生支出的增量叠加。

其中，私人一般卫生支出占 GDP 比重从 2000 年的 2.02%增长至 2016 年的 3%，增长了近 1 个百分点。政府一般卫生支出占 GDP 比重增长快于私人一般卫生支出，从 2000 年的 1.98%增长至 2016 年的 4.34%，增长了 2.36 个百分点。其中，2000~2001 年的增幅较为显著，仅一年时间就增长了 0.69 个百分点。

第三节 韩国社会发展中面临的主要挑战

一、老龄化和少子化带来的长期挑战

（一）老龄化和少子化并存，劳动力人口数量减少：社会扶养压力增大

如前所述，目前韩国正在经历严峻的人口老龄化和少子化过程，且韩国的养老负担更重。虽然中国与韩国的发展阶段相似，老龄化进程也基本一致，但韩国的老龄化速度略快于中国。

中、韩两国步入老龄化社会的时间基本上是一致的。韩国 65 岁及以上老年人所占比重于 2000 年超过 7%，达到 7.19%，进入了老龄化社会；相比之下，中国 2000 年 60 岁及以上老年人所占比重超过 10%，65 岁及以上老年人所占比重超过 7%，也几乎与韩国同时步入了老龄化社会。2009 年，韩国 65 岁及以上这一比重超过了 10%，2018 年达到 14.40%。老龄化伴随着逐渐增大的养老压力，2000 年韩国的老年抚养比即达到 10%，到 2016 年已接近 20%，达到 19.86%。

老龄化进程的加速并没有加重总抚养比的压力（见图 3-18）。相反，在很长时间内，韩国的总抚养比都是从较高的位置逐渐降低，并维持在相对低水平。20 世纪 60 年代至 70 年代初，韩国的总抚养比都超过了 80%。70~80 年代，总抚养比出现大幅下降，从超过 80%直接降至 40%左右。90 年代之后则趋于稳定，并缓慢下降到 2014 年的 36.21%的最低点，然后逐渐反弹升高。结合前文的分析可知，韩国的经济快速发展，较低的总抚养比，在很大程度上也是缘于以往年轻的人口结构带来的人口红利。

老龄化进程加速，但抚养比不升反降，这个现象也缘于更加快速的少子化进程。随着少子化进程的推进，新补充的劳动力会越来越少，因而人口红利并非是一直可持续的。由于 0~14 岁人口所占比重下降更快，在相当长一段时间内，所显示的结果都是总抚养比在下降。如前所述，1972 年之前，0~14 岁人群所占比重都在 40%以上，整个 20 世纪 60 年代少儿抚养比也维持在 80%以上的高位；1982 年少儿抚养比下降到 50%左右，1999 年下降到 30%以下，2017 年其比重被 65 岁及以上老年人反超，并进一步萎缩到 2018 年的 17.87%。

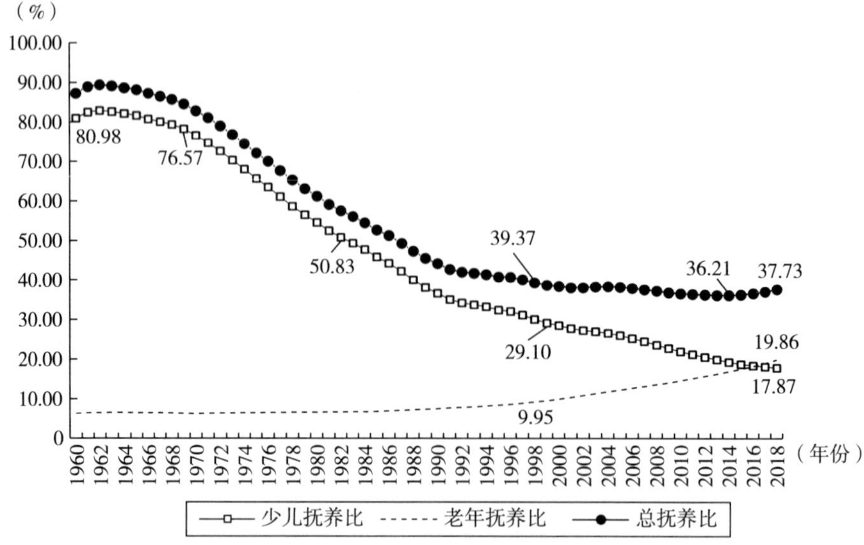

图 3-18　韩国的老年抚养比和少儿抚养比

资料来源：2019 年世界银行数据。

与老龄化和少子化进程并行的，是 15~64 岁劳动年龄人口的逐步萎缩。在达到 2013 年和 2014 年的峰值之后，劳动年龄人口的比重开始出现下滑。生产人口的减少，势必带来全社会抚养负担的增大，尤其是养老负担，人口红利也将逐渐消失。

（二）低生育率陷阱：年龄别生育率和总和生育率

“二战”后“婴儿潮”的到来，使韩国人口总量急速膨胀，也给这个新兴但仍然贫穷的国家带来了人口增长的巨大压力。1960 年前后韩国总和生育率（TFR）达到了 6，意味着每位母亲一生要生养 6 个孩子。为应对这一压力、控制人口规模，朴正熙政府于 1962 年推出了柔性的计划生育政策，即“家庭计划”，提倡一对夫妇只生两个孩子。与此同时，20 世纪六七十年代西方、日本等国的产业转移，重化工业的推动，快速的经济发展也带来了生活压力的增大和生育观念的转变。政策限制，伴随着同时期的经济发展和产业转型，使韩国的生育水平快速下降。1970 年，韩国 TFR 已经降至 4.5，1976 年下降到 3.0，下降非常明显。

到了 20 世纪 80 年代，“婴儿潮”一代的韩国人陆续达到生育年龄。但韩国政府仍然担心生育高峰的出现，进一步加强了人口政策的约束，将堕胎和绝育合

法化并鼓励一对夫妇只生一个孩子。1983 年韩国的总和生育率已经下降到更替水平 2.1，1990 年下降到 1.57。尽管 1991 年之后 TFR 出现了短暂的反弹，但 2000 年仍然下降到 1.47。而后更是长期保持在 1.1~1.3 之间。到 2018 年，韩国的总和生育率已经低于 1，仅为 0.997，为全球最低（见图 3-19）。

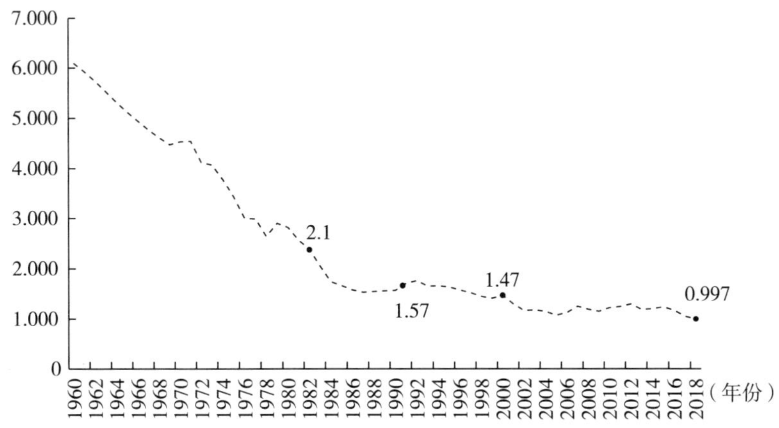

图 3-19　韩国的总和生育率变动趋势

资料来源：2019 年世界银行数据。

二、扩大政府支出与财政压力

随着“汉江奇迹”的到来，除了给韩国带来的快速的经济发展和耀眼的经济奇迹之外，还带来了社会发展的不均衡、贫富分化的加剧和民生的凋敝。从全斗焕政府到金泳三政府，韩国政府逐渐摒弃了朴正熙时代的重发展轻民生的整体基调，进而逐渐改变了“先增长后分配”的社会政策。由于有足够的财力支持，韩国也逐步扩大并保持社会保障、医疗卫生其他方面的开支。在这些努力下，韩国也逐渐步入准福利国家门槛。

如前所述，韩国的政府一般卫生支出占政府总支出和 GDP 的比重都在不断上升。并且，韩国卫生支出也一直在不断扩张，并逐渐扩大覆盖的广度和深度。因此，无论总量还是占 GDP 比重，都呈现增长的态势（见表 3-5）。例如，2000 年卫生支出占 GDP 比重仅为 4%，至 2010 年已经增长至 6.24%，2016 年到了 7.34%。社会保障总支出在 2016 年占 GDP 比重达到 8.1%，公共支出占 GDP 比重达到9%。根据“2060长期财政展望”数据，2020年韩国社会保障支出就会达到10.6%，2060年则会超过15%。

表3-5 基于“2060长期财政展望”的国家收入与总支出占GDP比重与其变化

单位：%

收入与支出		2016年	2020年	2040年	2060年	年平均增加
收入	总收入	25.6	27.8	27.9	25.7	3.8
	国税收入	14.6	14.9	15.2	15.6	4.0
	社会保险收入	6.2	8.6	8.3	5.8	3.7
	其他收入	4.8	4.3	4.3	4.3	3.6
支出	总支出	25.3	26.3	28.4	32.2	4.4
	义务支出	12.0	15.4	17.4	21.2	5.2
	裁量支出	13.3	10.9	10.9	10.9	3.4
	社会保障支出	8.1	10.6	12.4	15.5	5.4

注：韩国企划财政部2015年数据。

韩国从福利国家初级阶段向成熟阶段发展的环境与西方世界截然不同，其当前面临的经济社会条件极为不利。韩国已度过经济高速发展期，进入了所谓的“新常态”（New Normal）长期低速发展期，因此很难实现大规模稳定的社会保障资金筹集。[①] 税收也是一个重要因素，在经济增长放缓、经济未来预期悲观的前提下，2016~2060年韩国国税收入的增幅预计会非常微小。不仅如此，社会保险收入也将在达到高点之后逐渐下降。此外，再加上人口老龄化和少子化的影响，这意味着消费人口将超过积累人口。因此，韩国在未来将很难实现较大比例的积累，并需要逐渐适应人口停滞乃至衰退带来的经济停滞和增长停止。

三、地区发展不均衡

（一）地区人口分布不均衡（2018年）

韩国的地区发展不均衡，首先体现为人口分布的不均衡。人口总量最多的地区仍然是首尔都市圈，总人口规模将近2700万人，这意味着超过一半的韩国人口居住在首尔都市圈。其中，首尔市有967万人，京畿道有1310万人，仁川市

① 金渊明．经济社会结构的变化与韩国社会福利政策的回应［J］．社会保障研究，2007（2）．

有 294 万人。东南部地区则是人口的次中心。以釜山为代表，有 340 万人，庆尚南道有 335 万人，大邱有 224 万人，蔚山有 115 万人，总人口规模超过 1000 万人。

（二）总和生育率：经济越发达，TFR 越低

根据一般的人口学和经济规律，工业水平和经济水平越发达，人们的生育文化和观念越容易发生转变，进而 TFR 越容易降低。因此，发达地区的 TFR 会比欠发达地区更低。

对于韩国而言，亦是如此。首先，TFR 最低的地区为首尔市，仅为 0.761；其次为釜山市的 0.899。同为广域市的大邱市为 0.987，光州市为 0.972，大田市 0.952，仁川市为 1.006。其中蔚山市相对较高，为 1.131。

在各道中，首先，TFR 是最低的为京畿道，仅为 1.002，与仁川市基本持平；其次是全罗北道，为 1.044；最后是江原道为，1.067。

（三）经济发展不平衡

从区域经济发展的角度来看，韩国的经济发展并不平衡。

从统计数据来看，韩国的人口主要分布在首尔都市圈附近，即首尔特别市、仁川广域市和京畿道三地。相应的，地区 GDP 总量的分布，也与之高度相关。其中，京畿道地区 GDP 达到 4193 亿美元，首尔特别市 GDP 为 3647 亿美元，仁川市 GDP 为 837 亿美元，整个首尔都市圈 GDP 总量近 9000 亿美元，在当年韩国 GDP 中占比超过 3.5%。

为了协调区域间的经济发展，韩国也将若干重化工业放在首尔都市圈之外的其他地区，如西南部的全罗北道、全罗南道，东南部的蔚山、庆尚南道等就承接了石油冶炼、汽车、化工、造船、电子、信息等工业。尽管这些地区在经济发展层面各有优势，但总的经济实力仍然难以与首尔都市圈相比。

第四节　韩国经验对中国的借鉴意义

韩国和中国在历史、文化背景、经济发展、社会结构乃至人口转变的历程中都有着诸多的相似之处。这些特征在一定程度上构成了支持东亚福利模式的理论

依据。[①] 由于先发优势，韩国在经济发展、社会转型和人口转变等方面，都走在了中国的前面。[②] 因此，借鉴韩国在社会发展过程中的经验教训，对于我国社会发展各项事业，包括完善社会保障制度、制定和完善社会政策，都有着重大的意义。

一、人口结构的变化与社会保障制度

社会保障制度的完善，与社会保障的主体——人息息相关。无论是社会保险、社会救济，还是社会福利，其制度设置的目的都在于通过财政的转移支付来实现社会财富再分配，并将个人纳入保障之中，通过财政行为调节可能存在的收入和保障的不平等。

更重要的是，社会保障制度的设立和完善、变动也与人口结构的变化息息相关。人口结构的变化会受到来自经济、社会因素的影响；反之，也会对经济社会发展产生反作用。老龄化社会的到来，无疑给经济社会发展带来了更多的挑战和风险。首先，老龄人口比重的上升，客观上会导致老年人口的收入下降，进而导致政府税收下降；其次，政府税收下降，同时老年人口比重上升也会增加政府财政支出，这一进一出之间，不仅对政府收支和再分配调节能力产生影响，也会对宏观经济发展产生潜在影响。同时，老龄化也意味着劳动力的减少和老龄劳动力的增加，导致生产率下降并进一步压缩青年人就业空间。这些都会削弱消费需求和生产活动，减少积累，并使福利制度在应对人口结构变化和老龄化压力时显得力不从心。[③]

因此，老年问题并非单纯家庭问题，而是需要在社会和国家的层面上加以考虑。[④] 为解决老人护理问题，韩国政府做了一系列的准备。1999 年 10 月，在《老年人保健福利中短期发展计划促进报告》中，正式提出长期护理的相关政策议题，并组建了长期护理保护政策企划团，着手研究长期护理相关政策。2001 年 8 月，前总统金大中在光复节祝词中公布了《老年人长期护理保险制度的引入计划》，随后 2002 年又发布了《扩充老年护理机构十年计划》，并于 2005 年对该计划进行了修改和调整，形成了《老年护理机构综合投资计划》。2006 年 2 月公共老年人护理保障促进计划团将《老年人长期护理保险法案》提交国会。2007

---

① 韩克庆，金炳彻，汪东方．东亚福利模式下的中韩社会政策比较［J］．经济社会体制比较，2011（3）．

② 郑功成．韩国社会保障变革与发展的借鉴价值［J］．群言，2010（9）．

③ 金渊明．韩国社会福利国家的未来：自由主义+南欧福利体制？［J］．社会保障评论，2017（2）；李天国．人口老龄化风险下的社会保障制度改革：来自韩国的案例［J］．当代韩国，2019（2）．

④ 田香兰．韩国长期护理保险制度解析［J］．东北亚学刊，2019（3）．

年4月，该法案获得通过，于2008年7月1日起开始实施。[①] 根据社会连带职责，长期照护保险制度专门为高龄或身患老年疾病6个月及以上、生活无法自理的老年人提供长期护理给付，旨在帮助老年人恢复身体活动或支持家务劳动。

因此，韩国的人口转变过程和相应人口、就业、社会保障等政策的推行，也值得中国加以关注。

二、经济可持续增长、财政投入与社会保障制度

第一，经济增长优先。长期以来，由于“先增长后分配”发展方式的导向作用，韩国的社会保障制度一直是以“国家调整论”为基础的。因此，政府的首要目标是经济发展，通过市场机制来实现社会保障目标，而福利则从属于经济增长。在经济高速增长时期，社会支出和福利水平也随之扩大，财政尚可负担；但经济增长速度一旦放缓，巨额的福利支出可能会增加政府财政负担，并且容易形成财政危机。只有市场机制无法配置社会保障资源时，政府才会通过各种法律与其他行政渠道介入市场。[②]

第二，效率/质量优于数量，花少钱办大事。良好的社会保障制度不仅表现在投入的财政资金，更重要的是资金使用效率与科学管理上。为了避免像福利国家那样大量消耗社会资源，韩国在社会保障政策制定的过程中没有推行高收入国家的过度福利，而是把重心放在效率上，并控制住财政支出规模。从OECD成员国家中社会保障支出占GDP比重来看，韩国的社会保障支出属于最低的行列。2016年，韩国公共社会支出占GDP的比重只有9%，不仅远低于比利时（29.3%）和丹麦（29%）等欧洲国家，也低于土耳其（13.4%）和斯洛伐克（18.1%）等新兴国家。[③] 虽然投入的财政支出较少，但韩国用较少的财政支出获得了比较好的社会福利效应。不难看出，韩国的社会保障支出数额和占GDP比重都在大幅上升，韩国也会朝着“成熟型”福利国家过渡。[④]

第三，合理利用和分配资源。韩国对一切可利用的资源进行调配，即以国家经济增长的外溢效应来获得社会保障效果。首先，韩国依靠市场和经济增长为主

---

① 崔仕臣，林闽钢．日本和韩国长期护理保险发展的比较研究及中国的选择［J］．当代经济管理，2020（1）．

② 李天国．人口老龄化风险下的社会保障制度改革：来自韩国的案例［J］．当代韩国，2019（2）．

③ 田香兰．韩国长期护理保险制度解析［J］．东北亚学刊，2019（3）．

④ 金渊明．经济社会结构的变化与韩国社会福利政策的回应［J］．社会保障研究，2007（2）．

导的社会保障模式并非完全改变欧洲式的社会保障模式，而是对自由主义社会保障制度进行韩国式创新。增长优先主义、家庭中心主义以及民间协作主义等特征降低了国家的财政负担和责任。实践证明，韩国的社会保障制度为韩国经济发展提供了有利的社会环境，为实现中高速增长做出了重要贡献。其次，韩国把儒家文化传统与社会保障制度结合起来，从制度上鼓励尊老爱幼、孝顺父母等。韩国鼓励地方政府参与社会福利事业，同时欢迎企业参与社会保障建设。政府通过一系列政策帮助大型企业建立职工社会保障体系，以企业为基础是韩国社会保障制度的重要特征与创新。

第四，灵活统筹，完善制度设置。为了克服福利制度的市场失灵与缺陷，韩国不断完善福利供应的制度设计与供应体制。每次修订都会广泛听取社会各界的意见，并及时将现实需求反映到社会保障制度上。社会保障各部门努力避免重复设计，统一规划与管理，保持社会福利制度的高效性，提高大众对福利制度的满意度，同时又增强公共部门与民间部门之间的福利资源的相关联系，加强对特定申领者福利服务管理。社会保障制度只有从政策制定环节、执行环节到事后管理等各个阶段做到有效衔接，才能化解社会保障带来的矛盾，为经济健康稳定发展提供更好的社会环境。

第五，做好保障与促进自立。虽然韩国的社会保障政策重视保障低收入人群和老年人的生活，但并非一味采取资金补助措施。尤其，韩国对低收入人群的政策注重与就业政策的有机结合，使低收入人群能够通过政府政策的帮助提高生活自理能力。从韩国政府的角度来看，主要是为国民做好基本保障，在基本生活收入、基本医疗、基本教育和基本居住方面依法享受相应权利。

三、长期护理保险的布局

日、韩两国引入长期护理保险制度时，城市化率分别为 78.65%和 81.73%，老龄化率（65 岁及以上老年人所占总人口比重）则分别为 17.3%和 10.3%，人均 GDP 分别为 20738 美元（1989 年）和 20475 美元（2007 年）。相比之下，中国 2018 年城镇化率仅为 59.58%，人均 GDP 不足 10000 美元，2017 年老龄化率为 11.4%。① 部分学者也认为，中国全面引入长期护理保险制度尚未完全成熟。

① 崔仕臣，林闽钢．日本和韩国长期护理保险发展的比较研究及中国的选择［J］．当代经济管理，2020（1）．

但这并不意味着中国完全不需要长期护理保险和相应服务。

中国人口老龄化程度不断加重，速度不断加快。相应地，养老照料的需求也快速提升。城乡老人之间的服务获得也有较大的差距。相应地，能够提供长期护理保险的公司并不多，市场需求不足，覆盖人群也十分有限。为此，中国也于2016年正式推出部分试点城市，试水长期护理保险。虽然目前中国的医疗保险实现了全覆盖，但仍未完全统筹，异地就医仍然存在诸多不便。因此，如何为这部分老年人的有效需求提供服务，如何缓解城乡之间养老服务和社会保障之间的巨大差距，将面临长期挑战。

对于长期护理保险制度而言，解决长期护理问题不仅需要资金筹集，更为重要的是有充足的服务提供，以免落入有保险无服务的困境。[①] 国内试点的筹资模式主要是在地方医疗保险基金的结余中划拨。但从长远来看，实行独立筹资方式可以加强长期护理保险的独立性和可持续性，有利于长期的平衡测算。既可以对特殊群体实施差异化的费率设置，也可以加强制度的公平性和可调节性。另外，在待遇给付过程中，需要留出弹性空间以应对未来福利扩展，例如，建立足够数量的养老服务机构，培养足够数量的合格的护理人员。[②] 尽管韩国政府早在2002年就开始对养老服务机构进行谋篇布局，包括引入社会资本、培养相应护理人才、设置养老服务机构，但面临较快的老龄化进程时，这些设施仍显得捉襟见肘。快速扩张的老年服务机构也带来了服务水平的下降，长此以往，不利于提高老年人的福祉。

四、对中国的启示和借鉴意义

第一，社会保障政策的制定与社会经济发展、人口结构等因素密切相关。由于我国的人口老龄化和少子化进程都非常迅猛，长期来看，社会财富积累水平的进一步提高将面临巨大的挑战。此外，在信息社会中，出现的新型经济形态和就业形态，也带来了传统经济形式衰退、企业发展与就业分离、非正规就业等新的社会问题。因此，一方面，在制定相应的社会保障政策时，应做到未雨绸缪。如根据老龄化的进程，提前规划好未来养老服务基础设施建设，提前制定相应的预案和政策，设立相关的培训机构和专业，组织培养专业人才，应对即将来临的老

① 崔仕臣，林闽钢．日本和韩国长期护理保险发展的比较研究及中国的选择［J］．当代经济管理，2020（1）．

② 马艺方．德日韩三国长期护理保险制度比较及启示［N］．中国劳动保障报，2019-08-27（2）．

龄型社会。另一方面，在相应的社会保障政策的执行中，也应注重其执行效率。近些年，虽然中国在社会保障政策的改革方面取得了重大成绩，但仍然在很多环节上不够人性化，存在政策执行效率较低、政策过于呆板、缺乏灵活性等问题。中国需要提高基本社会保障管理水平，逐步扩大服务领域，注重实效，避免过于重视新政策而忽略政策的后续实施与管理。社会保障制度的运行与政府部门的行政管理体制分不开。要加强社会保障部门之间的协调和配合，理顺不同部门之间的关系，避免上下级部门和跨部门之间的管理制度冲突，形成与社会良好高效互动的制度网络。

第二，真正建立统筹城乡的社会保障制度。尽管我国城镇化水平不断攀升，城市化进程也在一直加快，但城乡之间的发展仍然不平衡。其中，城乡之间的社会保障制度仍然有较大差异是城乡收入差距加大的重要因素。中国要把完善农村基本养老、基本医疗和最低生活保障作为重点，提高农村社会保障水平，平衡城乡间社会保障差异。虽然地方政府在打破本地区城乡社会保障制度界限方面能够起到主导作用，但地区阻隔很难让地方政府在财政资源方面跨区使用。韩国的“新村运动”和快速工业化进程，推动了城市化的进程和城乡之间的均衡发展，这其中都有赖于政府的大力推动和扶持。对于中国而言，打破社会区域阻隔与不平衡需要中央政府统筹协调。城乡居民社会保障标准地区差异过大问题也需要中央政府进行适度干预，确保低收入人群与老年人的基本社会保障权益得到维护。

第三，充分调动民间力量，发挥多元主体的作用，扩大并健全筹资渠道，共同推动社会保障模式的创新。多年来，韩国实施社会保障政策的一项重要经验是把与民间机构的协同和合作当作社会保障制度的重要内容来看待。民间营利组织是以获取利润和分配为目的而设立的组织，民间非营利组织不把资金或利润分配给所有者，而是用于组织的设立目的。一般公司或企业及其他商业组织属于营利组织，运营医院、学校、社会福利机构的各种社会法人、企业及个人以社会奉献为目的而设立的各种财团属于非营利组织。韩国大力提倡企业承担更多社会责任，与中央政府、地方政府、社区以及家庭共同构建社会保障网络。在韩国，社会福利服务大部分是依靠非营利组织来提供的。中国需要在明确政府与民间的社会保障责任的基础上，充分调动民间机构参与社会保障建设，提供各种社会保障公共服务，有效地弥补政府行政机构的部分功能缺失，进一步堵住社会保障网络的漏洞，提高居民尤其是低收入人群和老年人的生活水平。

第四，鼓励社会保障制度的创新，建立完善的具有中国特色的社会保障制

度。韩国的社会保障模式是基于韩国的儒家文化传统以及现实经济增长需求发展而来的。而对于中国来讲，从改革开放40多年到新中国成立70多年，通过长期的摸索和实践，走出了一条中国特色社会主义道路。因此，中国也要根据自己的发展国情，制定出较为完善的具有中国特色的社会保障制度。长期以来，中国在社会保障领域一直是自上而下的政策推行模式，缺少对于多元参与主体的调动，同时基层组织也缺乏主动性与创新意识。这种模式的特点是社会保障治理强调政策控制，而对激励重视不足。然而，社会保障领域很多现实需求来自实践，也有诸多的不足之处。激发民间力量和公益力量的参与，通过其针对性的补充，有助于弥补市场失灵和政府失灵。因此需要提升基层与民间机构的主动性，而中央则应鼓励地方政府和民间机构的政策创新，激发、强化社会保障制度的创新动力，不断完善社会保障制度的中国模式。

参考文献

［1］崔仕臣，林闽钢．日本和韩国长期护理保险发展的比较研究及中国的选择［J］．当代经济管理，2020（1）．

［2］丁英顺．韩国老年福利制度的发展及特征［J］．东北亚学刊，2017（3）．

［3］韩克庆，金炳彻，汪东方．东亚福利模式下的中韩社会政策比较［J］．经济社会体制比较，2011（3）．

［4］洪炯骏．韩国社会保障制度的现状和课题［J］．社会保障研究，2005（2）．

［5］金永钟，高春兰．韩国社会保障体系和福利治理［J］．社会建设，2015（2）．

［6］金渊明．经济社会结构的变化与韩国社会福利政策的回应［J］．社会保障研究，2007（2）．

［7］金渊明．韩国社会福利国家的未来：自由主义+南欧福利体制？［J］．社会保障评论，2017（2）．

［8］李天国．人口老龄化风险下的社会保障制度改革：来自韩国的案例［J］．当代韩国，2019（2）．

［9］马艺方．德日韩三国长期护理保险制度比较及启示［N］．中国劳动保障报，2019-08-27（2）．

[10] 田香兰．韩国长期护理保险制度解析［J］．东北亚学刊，2019（3）．

[11] 王春华．韩国福利保障制度对中国的启示［J］．中国人力资源社会保障，2018（11）．

[12] 王岩．福利制度发展的社会力量——以韩国第三部门为视角［J］．吉林大学社会科学学报，2010（6）．

[13] 王振东．韩国社会保障制度改革及其对我国的启示［J］．东南亚纵横，2008（6）．

[14] 郑功成．韩国社会保障变革与发展的借鉴价值［J］．群言，2010（9）．

[15] 周鹏飞．韩国社会保障制度的现状及其政策选择初探［J］．西北人口，2007（4）．

第四章　印度的民生保障与社会发展

第一节　基本国情

印度位于南亚次大陆，东临孟加拉湾，西濒阿拉伯海，有着丰富的文化遗产，是世界上最古老的文明发源地之一。东北部同中国、尼泊尔、不丹接壤，东部与缅甸为邻，东南部与斯里兰卡隔海相望，西北部与巴基斯坦交界。面积约298万平方千米（不包括中印边境印占区和克什米尔印度实际控制区等），居世界第7位。全国共有100多个民族，其中印度斯坦族约占总人口的46.3%，其他较大的民族包括马拉提族、孟加拉族、比哈尔族、泰卢固族、泰米尔族等。人们主要信仰印度教和伊斯兰教，信徒分别占总人口的80.5%和13.4%。[①] 截至2019年，印度人口13.66亿人，仅少于中国，位列全球第二。[②] 1947年8月，根据“蒙巴顿方案”印巴分治后，印度实现了独立，定都新德里，结束了英国对其近200年的殖民统治，但印度至今仍为英联邦成员。

一、经济发展情况

从经济发展情况来看，独立后农业由严重缺粮到基本自给，工业形成较为完整的体系，自给能力较强。20世纪90年代以来，服务业发展迅速，占GDP比重逐年上升。印度已成为全球软件、金融等服务业重要出口国。1991年7月开始实行全面经济改革，放松对工业、外贸和金融部门的管制。1992~1996年实现经济

① 中国驻印度大使馆网站，https://www.fmprc.gov.cn/ce/cein/chn/gyyd/ydgk/t9381.htm，2020-06-14.

② 联合国网站，http://data.un.org/en/iso/in.html，2020-06-14.

年均增长6.2%。“九五”计划（1997~2002年）期间经济年均增长5.5%。“十五”计划（2002~2007年）期间，继续深化经济改革，加速国有企业私有化，实行包括农产品在内的部分生活必需品销售自由化，改善投资环境，精简政府机构，削减财政赤字，实现年均经济增长7.8%，是世界上发展最快的国家之一。2006年，推出“十一五”规划（2007~2012年），提出保持国民经济10%的高速增长，创造7000万个就业机会，将贫困人口减少10%，大力发展教育、卫生等公共事业，继续加快基础设施建设，加大环保力度。2011年8月，印度计划委员会通过“十二五”规划（2012~2017年）指导文件，提出国民经济增速9%的目标。①

2019年GDP增长率预计为6.7%，虽然比前几年有了明显降低，但仍属于世界发展较快的国家，失业率仅为3.5%。三次产业的就业比例为40.5∶24.1∶35.4。显然，农业就业人口仍然偏多，但服务业就业比例相对于发展阶段来说是超前的。随着信息技术的普及，印度接触互联网的人群不断扩大，每100人中使用互联网的人数由2005年的2.4人提高到2019年的24.4人。但在此期间，整个社会的研发投入占GDP比重为0.6%，不仅低于2010年的0.8%，而且相比发达国家和新兴市场国家，这一比重也是比较低的。② 总之，虽然近10年印度经济实现了高速发展，但经济结构和增长质量还处于起步阶段。

二、社会发展情况

从社会发展情况来看，人口增长率与总和生育率在进入21世纪后都出现了显著下降，即分别从2005年的1.7%和3.1下降到2010年的1.5%和2.8，2019年又进一步降低到了1.2%和2.4。也就是说，现在平均一个家庭只有2~3个子女。可见，虽然印度人口众多，并且将很快超过中国而跃居世界第一人口大国，但从发展趋势上仍然符合人口增长规律，即发展中国家在向现代化和工业化迈进的过程中，人口会出现先加快增长，然后增长度开始放缓，最后由增长转变为下降的趋势。2005年印度城市人口占总人口的比重为29.2%，2010年仅略微提高到30.9%，但2018年则达到了34.5%，增速开始提升。③ 由此可看出，虽然印度的城市化率不高，且进程缓慢，但城市化进程已启动。

---

① 中国驻印度大使馆网站，https：//www.fmprc.gov.cn/ce/cein/chn/gyyd/ydgk/t9381.htm，2020-06-14.

②③ 联合国网站，http：//data.un.org/en/iso/in.html，2020-06-14.

印度人出生时的预期寿命总体偏低，但增长趋势明显。1960 年男性和女性的预期寿命分别只有 42.3 岁和 40.5 岁，而到 2018 年则分别提高到 68.2 岁和 70.7 岁（见图 4-1）。较高的人口出生率和较低的预期寿命，导致印度的少儿抚养比较高，而老年抚养比非常低，例如，2005 年 0~14 岁人口占总人口的比重为 32.7%，而 60 岁及以上人口占总人口的比重为 7.2%，到 2019 年这两个比重分别为 26.6%和 9.9%，即前者下降后者上升，但总抚养比仍然保持下降趋势，因此近 10 年印度的人口红利对经济和社会发展的贡献开始显现。在经济保持较快增长的同时，医疗卫生支出额也同步提升，每千人医生数由 2005 年的 0.6 稳步提高到 2019 年的 0.8，但医疗卫生支出占 GDP 比重先降后升，即从 2005 年的 3.8%下降到 2010 年的 3.3%，然后又上升到 2019 年的 3.6%。[①]

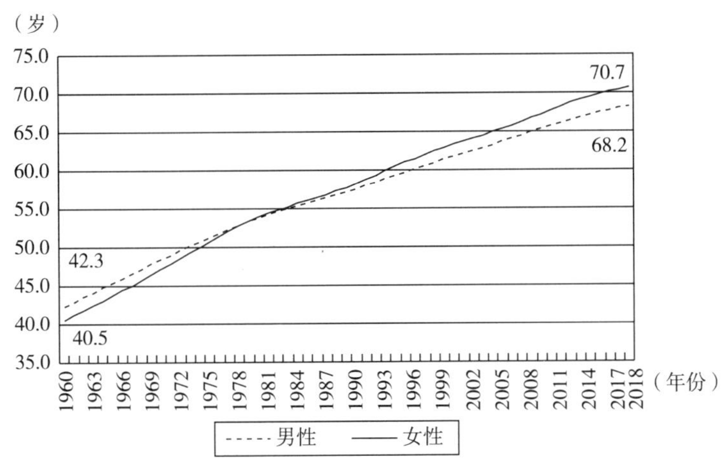

图 4-1　1960~2018 年印度人均寿命变化

资料来源：世界银行网站，https：//data.worldbank.org.cn/country/india？view=chart，2020-06-14.

三、教育发展情况

殖民时期，英国在印度推行了一系列带有殖民性质的教育措施，在客观上对印度教育的发展起到了一定的催化作用，并促使印度各阶层进步人士采取措施推

① 联合国网站，http：//data.un.org/en/iso/in.html，2020-06-14.

动教育改革，特别是对正规教育的改革，从而最终形成了印度近代教育体系。①但这些努力并没有改变印度人们极低识字率的落后状况。1951 年，印度独立后第一次人口普查显示，只有 9%的女性和 27%的男性受过教育。②

真正意义上的现代教育制度始于 1947 年印度独立后。1950 年印度宪法明确该国教育采取分权原则，由各邦来分别管理属地的教育系统，而联邦教育部主要承担相关指导工作。1968 年印度确定了 10+2+3 的教育模式，即 10 年普通教育，2 年高中教育，3 年大学本科教育，整个学校教育制度体系得以明确。在不断实践中，印度政府逐渐认识到中央政府对推动教育发展具有不可替代的作用。因此，1976 年宪法修正案开始强调中央政府的责任，要求在高等教育中凸显中央政府的统筹作用。除了正规教育以外，印度政府也认识到非正规教育的重要性，并从 1985 年开始培育各种形式的非正规教育中心，一大批新式学校和师范学校随即诞生。1986 年印度颁布的《国家教育政策》对各种教育类型及其内容都进行了相应的规定，加强了教育体系的灵活性与有效性。从 2015 年开始，印度启动了《国家教育政策》的制定工作，并于 2019 年发布《新国家教育政策（草案）》。③

比较而言，印度政府更加重视初等教育和高等教育的发展。在初等教育领域，印度政府实施了一系列重大项目，如初等教育普及计划、基层初等教育计划、免费午餐计划等。在高等教育领域，印度重视世界一流大学的创建，并采取了一系列改革措施，例如，2001 年启动“卓越潜力大学”计划，制定相应遴选标准。2013 年实施“创新大学计划”，鼓励高校成为卓越的创新和研究中心。2016 年提出建设 20 所世界一流大学的计划，提升印度大学在世界教育领域中的定位。经过这些重大改革后，印度初等教育毛入学率近些年一直超过 100%，而且从 2010 年起女童的毛入学率反超男童，截至 2019 年，女童的毛入学率更是高达 123. 9%，显著高于男童的 106. 1%；中等教育的毛入学率也由 2005 年的女性 48. 7%和男性 59. 2%分别提高到 2019 年的女性 75. 8%和男性 74. 6%；高等教育的毛入学率表现出了同样趋势，即女性和男性的毛入学率分别从 2005 年的 8. 8%

---

① 宗海曼．浅谈殖民时代印度近代教育体系的形成［J］．科教文汇（下旬刊），2007（7）．

② G. G. Kingdon. The Progress of School Education in India［J］. Oxford Review of Economic Policy，2007，23（2）：168-195.

③ 王建梁，武炎吉．后发未至型教育现代化研究——以印度、巴西、南非为中心的考察［J］．社会科学战线，2020（3）．

和 12.5%提高到 2019 年的 28.0%和 27.2%。[①]

第二节　印度社会保障制度发展历程

印度社会保障制度是由一系列计划和项目组成的，这些计划和项目遍布各种法律法规。具体来说，印度社会保障制度由历史上为正规部门颁布的五部主要法律和一系列为非正规部门制定的零散的碎片化小制度演变而来，这五部法律分别是 1923 年的《雇员补偿法》（*Employees' Compensation Act*）；1948 年的《雇员国家保险法》（*Employees' State Insurance Act*）；1952 年的《雇员公积金和杂项规定法》（*Employees' Provident Funds and Miscellaneous Provisions Act*）；1961 年的《产妇福利法》（*Maternity Benefit Act*）和 1972 年的《退职金支付法》（*Payment of Gratuity Act*）。

一、《雇员补偿法》

该法案为雇员因为执行职务期间所受的伤害或罹患的职业病提供经济支持保障，这是印度最早的一部社会保障法案。在 1923 年颁布该法案时，使用的名字是"Workmen's Compensation Act"，考虑到可能存在的性别歧视。因此，根据 2009 年印度第二届全国劳工委员会（National Labour Commission）的建议，该名称才变更为"Employees' Compensation Act"。

首先，从管理主体上来看，该法案的管理权限不在联邦政府一级，而是下放到各邦政府，由各邦依法裁决案件以及任命赔偿专员负责督办赔偿事务。其次，从覆盖范围上来看，最初仅包括工厂和运输部门工人，但此后有几个邦将覆盖范围扩大到了农业、园艺、灌溉等其他领域。再次，从适用的企业规模上来看，不同于其他一些社会保障法案，该法案并没有对雇主雇用的最低人数做出限制性规定，也就是说不管雇佣了多少人，哪怕是一个人，一旦雇员出现因职业原因受伤、致残和死亡，雇主都有义务履行经济补偿责任。但雇员在醉酒或不遵守安全规则的情况下受伤，除临时致残不足三天外，其他不予补偿。又次，对于因公死

① 联合国网站，http：//data.un.org/en/iso/in.html，2020-06-14.

亡或永久性伤残的受益人做出了明确界定。该法规定在雇员死亡时，雇主需要向雇员的被抚养人支付赔偿金，这些被抚养人不仅包括配偶、父母、未成年子女，而且还包括可以被证明存在被抚养关系的其他亲属。最后，从死亡或伤残的赔偿数额来看，该法案通过附表的形式，给出了详细的计算公式，公式中主要涉及以下四个因素：①计算补偿的工资基数，除了一般性货币性收入之外，还包括雇员所享有福利和权益，例如雇主提供的任何养老金和公积金的缴费；②伤残的后续影响，例如，暂时性还是永久性的；③伤残的程度（或死亡），例如，是部分的还是整体的；④雇员的年龄，一般来说，年龄越小，赔偿数额越高。

但是，1948 年《雇员国家保险法》颁布后，依据该法已投保的雇员将无权享受 1923 年《雇员补偿法》下的任何福利，因此，随着《雇员国家保险法》覆盖面的扩大，根据《雇员补偿法》得到补偿的事故数量呈现下降趋势。可以说，与《雇员国家保险法》所遵循多方责任分担的现代社会保险制度不同，《雇员补偿法》是英国殖民地时期颁布的一项特殊的法案，在特殊时期缓解劳资关系和化解社会矛盾上发挥过独特作用。但这部法案并没有因为印度的独立或《雇员国家保险法》的颁布而废止，说明其存在的必要性和积极性不容低估。

二、《雇员国家保险法》

《雇员国家保险法》是印度最全面的社会保障立法，由此建立了雇员国家保险计划，包括医疗、疾病、生育、工伤、残疾、遗属和失业等几项险种（该法案绝大多数项目并不适用于政府机构雇员）。该法案有一项授权条款，根据该条款，“相关政府”（Appropriate Government）有权将该法的规定扩大到其他类别的机构，即工业、商业、农业或其他行业。根据这些规定，大多数邦政府已将该法案的条文扩展至新成立的机构类别，即雇用 20 名或以上人员的商店、餐饮住宿、剧场影院、交通运输和媒体等机构。也就是说，该法案最初只适用于非季节性的工厂，后来扩大到其他类别的机构，特别是服务部门。目前，只要雇用不少于 20 多名员工的企业都应该向其员工提供相应保险项目，而有的邦已经将最低雇佣人数的标准降低到 10 人。为了实施《雇员国家保险法》，印度政府建立了一个公司，称为“雇员国家保险公司”（Employees’ State Insurance Corporation，ESIC），来管理雇员国家保险计划，凡是加入雇员国家保险计划的人自动成为该公司的被保险人。

该法案规定了工资标准上限（只有低于这个上限，雇主才有义务提供这些保

障项目），并随着通胀水平的提高而不定期上调。目前，雇员的最高工资为每月1.5万卢比，残疾雇员的最高工资已放宽至每月2.5万卢比。计划资金主要来自雇主和雇员的缴费，前者按照雇员工资的4.75%提供缴费，后者按照1.75%的比例来缴费。被保险人的医疗费用由雇员国家保险公司和州政府按7∶1的比例分摊，每个被保险家庭最高2000卢比（截至2014年4月1日），超过这一限额部分的医疗费用支出由各邦政府提供。结余基金进行市场化投资，目前来看，计划资金充足，结余资金被用来进行资本投资。雇员国家保险公司已经建立了包括超级专科医院在内的医院网络，并正在建立新的医院。此外，该公司也与私营医院进行合作。

该法案虽然适用于全国，但覆盖的情况并不理想，除了一些偏远地区没有覆盖进来之外，还有以下四种人员被排斥在该法案之外：一是中央和地方政府的雇员，这些雇员由所在政府机构提供其他福利保障项目；二是大量的雇佣人数少于最低标准的小企业；三是广泛存在的季节性雇员和非正规就业人员；四是工资超过最高标准的企业雇员。截至2015年3月，雇员国家保险计划只覆盖了1790万名雇员。① 包括以下八个项目：

（一）医疗待遇

医疗待遇包括在诊所为门诊患者和在医院为住院患者提供预防、治疗和康复等医疗服务。在住院服务方面，雇员国家保险公司已与一些知名机构达成合作协议，可以让被保险人获得先进的诊断服务。雇员国家保险公司也向退休人员和永久残疾人提供医疗服务，但要收取少量费用。

（二）疾病津贴

一般来说，如果被保险人参保缴费不少于78天，那么一旦生病而无法工作，便可以获得疾病津贴。疾病津贴的标准为日工资的70%，最长支付期限为91天。而患有结核病或精神疾病等疾病的人则可获得延长的疾病津贴，为期两年，以平均日工资的80%为上限，但前提是受雇期限不少于2年且缴费时间不少于156天。

（三）产妇津贴

产妇津贴待遇标准为日工资的100%。如果正常分娩，待遇支付期为12个星

① Anwarul Hoda, Durgesh K. Rai. Labour Regulations in India: Improving the Social Security Framework [R]. ICRIER Working Paper, 2017.

期；如果流产，支付期为6个星期。如果因为分娩或流产引起其他疾病，还可以追加一个月的支付期。一般来说，被保险人不需要支付医疗费用，但在没有提供这种医疗服务的地方，被保险人可以获得5000卢比的医疗救助金来支付分娩费用，但最多只能用于两次分娩。

（四）伤残津贴

对于暂时性伤残，在伤残发生三天之后，被保险人可以在支付期内获得平均日工资的90%作为现金津贴。对于永久性伤残，不论是部分的还是整体的，都需要根据为此目的而设立的一个医疗委员会所证明的丧失谋生能力的情况（鉴定伤残等级），被保险人将获得相应的终身定期支付的现金津贴。伤残津贴将视通胀情况进行不定期调整。

（五）家属津贴

如果雇员因工受伤而死亡，家属津贴将按雇员死亡时每日平均工资的90%来确定，并按法律规定的比例分给相关受益人，但每月支付给受益人的最低金额不得少于1200卢比。此外，与伤残津贴一样，待遇标准也会不时修订，以消除通货膨胀的影响。需要强调的是，如同1923年的《雇员补偿法》一样，该法案下家庭津贴所界定的受益人非常宽泛，不仅包括配偶和未成年子女，也包括其他被证明需要抚养或赡养的亲属。

（六）失业津贴

在该法案下，印度政府于2005年4月推出了失业保险计划。按照规定，被保险人因所在工厂或机构缩减开支或倒闭而造成非自愿失业，可以获得最长12个月的失业津贴，标准相当于日平均工资的50%。另外，对于非工作原因导致的伤残并达到一定的程度，被保险人也有权领取失业津贴，但前提条件是，被保险人应在伤残之前满足最少3年的参保缴费期。

（七）丧葬费

丧葬费是一笔一次性给付的补助金，最高可达10000卢比，用以支付被保险人丧葬期间的相应费用。这笔费用直接支付给家庭中尚存的最年长成员，或支付给实际承担葬礼费用的人员。

（八）康复金

被保险人及其家属在永久残废或退休后，可以按月领取10卢比的待遇，用于继续接受医疗康复或治疗。

三、《雇员公积金和杂项规定法》

《雇员公积金和杂项规定法》是一项中央立法，为在工厂和其他机构工作的雇员建立公积金、养老基金和储蓄保险基金计划提供了制度框架。一般来说，凡是用工数量不少于20人的雇主都要建立相应的养老保障计划，而对于其他未在规定之内的机构，只要雇主和绝大多数雇员协商同意也可以建立相应计划。目前，满足该法案的有三种养老保障计划，分别是"雇员公积金计划"（Employees' Provident Fund Scheme）、"雇员养老金计划"（Employees' Pension Scheme）及"雇员存款连结保险计划"（Deposit Linked Insurance Scheme），这些计划都由隶属于"劳动和就业部"（Ministry of Labor and Employment）的"雇员公积金组织"负责管理（Employees Provident Fund Organization，EPFO）。

（一）雇员公积金计划

雇员公积金计划强制适用于《雇员公积金和杂项规定法》所规定的187个类别且雇佣人数在20人或以上的机构，但只有那些工资低于15000卢比的员工有义务缴纳公积金，而高于这个收入标准的员工可以经与雇主协商同意后自愿加入该计划。同样，对于没有达到雇佣人数下限的机构，也可以通过雇主和雇员协商自愿加入。目前雇主和雇员的缴费率分别为雇员全口径工资的12%，但个别行业已经降低到10%。参保人在退出该计划时可以将账户内的全部款项连本带利地支取，但也可以提前支取部分款项，以履行教育或子女结婚等义务。

（二）雇员养老金计划

所有参加雇员公积金计划的雇员都有资格参加雇员养老金计划，该计划融资主要来自雇主的雇员公积金计划缴费，即将其在雇员公积金缴费中的8.33%转移过来，同时中央政府还按雇员工资的1.16%提供额外的补贴缴费。养老金待遇的领取条件是年满58岁且具备最少10年的参保缴费期。养老金待遇标准是根据雇员退休之前12个月期间的平均月薪和缴费年限来确定的。如果参保缴费期为33年，那么养老金替代率将达到50%。如领取养老金的人去世，则按规定比例继续向其家庭支付遗属津贴。

（三）雇员存款连结保险计划

所有缴纳公积金的雇员都自动享有雇员存款连结保险计划规定的福利。在这项计划中，雇主须按雇员基本工资和物价津贴（Dearness Allowance）的0.5%进行缴费，而雇员无须缴费。如果雇员身故，家属将获得雇员工资的20倍或公积金总额的较低者的保险赔付。从理论上来讲，由于加入本计划的雇员最高工资为每月 15000 卢比，因此保险赔付的最高金额为 30 万卢比。

四、《产妇福利法》

该法案适用于雇员数量不低于 10 人的工厂、矿山、种植园、商店等机构，但已被 1948 年《雇员国家保险法》覆盖的机构不在此列。同《雇员国家保险法》一样，该法案规定女性雇员分娩期间有 12 周的全薪离职期，其中 6 周须在分娩之前（包括分娩日期），其余在此期间之后。不同的是，该法案没有对雇员的工资标准作出限制性规定，但为了有资格享受这项福利，雇员必须工作至少 80 天。除此之外，该法案还规定了其他的福利，例如，除非雇员出现严重不当行为，否则雇主无权在雇员怀孕期间解除劳动关系；女性雇员分娩将获得 3500 卢比的医疗补贴；如果发生流产或因医疗原因终止妊娠，雇员有权享有 6 周的带薪产假；如因怀孕、分娩、早产、流产、医疗终止或输卵管切除手术引起并发症，员工还可享有额外一个月的带薪假期。除此之外，该法律还要求，公司不得强迫女员工从事繁重的劳动或任务，包括长时间站立或以任何方式可能会干扰她怀孕或胎儿的正常发育，或可能会导致她流产或影响健康。

《产妇福利（修订）法》（*Maternity Benefit*（*Amendment*）*Act*）于 2017 年 4 月 1 日生效，在 1961 年《产妇福利法》的基础上作了重大修订，增加了一些福利。经修订的法律规定，正规部门的女性雇员头两个孩子可享有 26 周的带薪产假，相比原来的 12 周大幅提高，而第三个孩子可享受 12 周的产假。印度的产假数量位居世界第三，仅次于加拿大（50 周）和挪威（44 周）。该修订法案还规定，对于收养 3 个月以下婴儿的母亲以及委托选择代孕的母亲（生母），可以获得 12 周的产假，在这些情况下，12 周的期限将从孩子交给养母或委托养母之日起计算。另外，从 2017 年 7 月 1 日开始，每一家雇员超过 50 人的公司都必须就近提供托儿场所和相应设施，保证母亲每天最多可以探访四次。该法律还规定，如果妇女在产假结束后与雇主达成谅解，她们可以选择在家办公。如果雇主违反了该法案的规定或规则，将可能面临最长一年的监禁，或 5000 卢比（70 美元）的罚款，或两者兼而有之。

除了《产妇福利法》之外，印度还有其他几部法律规定了产妇津贴。雇员国家保险计划是一项为工人提供的自筹资金的社会保障和健康保险计划，为低收入工作的妇女提供生育福利。它适用于月薪 15000 卢比（208 美元）或以下的员

工，雇主缴费比例为4.75%，员工为1.75%。符合条件的人可以根据雇员国家保险计划而不是通过《产妇福利法》取得各项福利。提供产妇福利的其他法律还有1955年的《新闻记者（服务条件）和杂项规定法》（*Working Journalists（Conditions of Service）and Miscellaneous Provisions Act*），其中规定给予12周产妇带薪假期，以及1948年的《工厂法》（*Factories Act*），其中也提供12周的带薪产假。

五、《退职金支付法》

另一项通过中央立法提供的老年福利是根据1972年《退职金支付法》提供的待遇。该法案适用于工厂、矿山、油田、种植园、港口、铁路、商店且雇员不少于10人的机构，但员工必须至少服务5年才能获得相应的待遇。在服务结束时，雇主向员工支付的退职金是每满一年15天的工资，最高限额为100万卢比，可享受免税待遇。对于有月工资的雇员，15天的工资是用最后一次领取的月工资（包括津贴）除以26，再乘以15计算出来的。这一福利由雇主一次性支付，如果雇员死亡或丧失工作能力，雇主仍须向雇员的指定人或其继承人进行一次性支付。但如果雇员因行为失当而被解雇，雇主可拒绝支付退职金。值得注意的是，雇主可以选择向雇员支付更多的退职金，这被称为“特惠金”（ex-gratia），则需要纳税。

中央政府对其所属的工厂、主要港口、矿山、油田、铁路公司等机构负责管理。同时，在不止一个邦设有分支机构的机构也受中央政府的管辖。除此之外，所有其他机构均由所在地邦政府负责管理。

六、“国家养老金制度”的主要内容

国家养老金制度（National Pension System，NPS）最初是为中央政府新雇员（军职人员除外）和在2004年1月1日或之后加入中央政府的自治机构所设立的强制制度。2009年，该制度对企业（企业模式）和全体国民（全体国民模式）开放，所有人都可以自愿加入。企业模式和全体公民模式都与印度社会保障制度下的老年福利相关。在公司模式下，雇主和雇员的缴费非常灵活，既可以共同缴费也可以单方缴费。

一般来说，国家养老金制度下有两类账户：一类用于养老，雇主或雇员缴费在雇员退休之前是不可提取的；另一类用于储蓄，雇员有权随时提取资金。在退休之前，参保人都必须至少将第一类账户中的80%资金购买寿险公司的终身年金，也即退休时最多一次性提取20%的剩余资金。虽然雇主对两类账户的缴费均属自愿性质，但该制度为雇主和雇员提供了一个共同缴费的平台，因此在印度社会保障历史上具有一定的里程碑意义。

七、非正规就业人员社会保障的发展历程

长期以来，印度社会保障制度主要针对的是正规就业人员，而庞大的非正规就业群体的福利保障制度体系却是支离破碎的，保障程度也是较低的。历史上，也有一些相关法律为特定从业人员提供福利保障，例如，1946 年的《云母矿山劳动福利基金法》（*The Mica Mines Labor Welfare Fund Act*）、1972 年的《石灰石和白云石矿山劳动福利基金法》（*The Lime Stone and Dolomite Mines Labor Welfare Fund Act*）、1976 年的《铁矿石、锰矿、铬矿矿山劳动福利基金法》（*The Iron Ore, Manganese Ore and Chrome Ore Mines Labor Welfare Fund Act*）、1981 年的《电影工作者福利基金法》（*The Cine Workers Welfare Fund Act*）、1996 年的《建筑工人福利地方税法》（*The Building and Other Construction Workers' Welfare Cess Act*）等。依据这些法案所设立的基金通过对所属行业产品进行征税来融资，并向该行业内非正规就业人员提供医疗、住房和教育等福利。但这些基金使用效率低下，受益群体也非常有限。

直到 2004 年“国家企业委员会”（National Commission on Enterprises）成立后，非正规部门就业人员的社会保障需求才得到全面关注。该委员会的职权之一是对非正规、微型和小型企业就业人员社会保障覆盖情况进行考察，并就扩大其覆盖范围提出改革建议，以便在全球化背景下增强这些企业的竞争力。该委员会为此提出了很多措施和改进法案，但几乎都没有被采纳，但不可否认的是，正是因为该委员会的关注和呼吁，非正规就业人员的社会保障问题才开始引起印度社会各界的关注，间接推动了 2008 年《非正规就业者社会保障法》（*The Unorganized Workers' Social Security Act*）的出台。

该法案规定由中央政府设立全国社会保障委员会，由地方政府设立邦社会保障委员会，以切实行动为不在上述五部法律保障下的非正规就业者提供社会保障。重点是继续完善和发展已有的 10 项计划：

（1）2007 年 11 月启动的“英迪拉·甘地国家养老金计划”（Indira Gandhi National Old Age Pension Scheme, IGNOAPS），为贫困线以下家庭的老年人发放养老金，即 60~79 岁老年人每月 200 卢比，80 岁及以上老年人每月 500 卢比。

（2）1995 年 8 月生效的“国家家庭福利计划”（National Family Benefit Scheme），为贫困线以下家庭提供收入中断风险保障，即如果主要提供家庭收入的成员因故死亡，那么该家庭将获得 2 万卢比的一次性补偿。

（3）2005 年 4 月通过修改“国家产妇福利计划”（National Maternity Benefit Scheme，NMBS）而启动的“母亲保护计划”（Janani Suraksha Yojana），分别为农村和城镇地区产妇提供 700~1400 卢比和 600~1000 卢比的现金福利，而一些经济发展较差的偏远地区可以获得更高福利。

（4）2000 年 8 月推出一项针对手工艺人的保险计划（Janshree Bima Yojan），涵盖了砖窑工人、木工、鞋匠、建筑工人、手工艺人、手工织布工等 45 个职业群体，年龄在 18~59 岁的人员都可以加入该计划，保费为 200 卢比，其中 50% 的保费由印度政府设立并由印度人寿保险公司运营管理的社会保障基金支付，其余的 50%将由个人或有关节点机构支付（邦政府的一个部门或其指定的机构作为节点机构），如果成员自然死亡将获得 3 万卢比的赔偿，意外死亡或永久残疾为 7.5 万卢比，意外部分残疾为 3.75 万卢比。

（5）2007 年 10 月推出面向在非正规部门就业的贫困线以下家庭的“国民医疗保险计划”（Rashtriya Swasthya Bima Yojana，RSBY），中央政府和地方政府分别缴纳保费的 75%和 25%，而受益人每年只需支付 30 卢比的注册/续期费，每个家庭每年可以获得 3 万卢比的保险额度。

（6）2007 年印度政府通过“印度人寿保险公司”向贫困家庭提供一种最基本的人身保险（Aam Admi Bima Yojana），2013 年 1 月将前述针对手工艺人的保险计划合并进来，为 48 个职业团体提供死亡事故保险，待遇标准和融资来源与手工艺人保险计划基本相同，另外该计划还为每个家庭最多两个孩子提供每月每个孩子 100 卢比的额外奖学金。

（7）2005~2006 年推出“手摇织布机综合福利计划”（Handloom Weavers Comprehensive Welfare Scheme，HWCWS）下的两个不同项目，分别是“健康保险计划”（Health Insurance Scheme，HIS）和“圣雄甘地福利计划”（Mahatma Gandhi Bunkar Bima Yojana，MGBBY）。

（8）2007 年实施的“手工艺人综合福利计划”（Handicraft Artisans' Comprehensive Welfare Scheme，HACWS）。

（9）1991 年开始建立的“国家渔民福利计划”（National Scheme of Welfare of Fishermen），向渔民提供包括住房、饮用水和培训等综合福利，也包括为渔民投保“团体意外保险”。

（10）向赢得国家大奖等的高技能人才（Master Craftsmen）提供养老金。

2010 年 9 月，一个专门针对非正规部门就业者的养老金计划（Swavalamban Yojana）开始启动，而且融入到“养老金监管和发展局”（Pension Fund Regulatory and Development Authority，PFRDA）旗下的国家养老金计划，成为后者的一个组成部分。根据这项计划，政府每年为新入职雇员提供 1000 卢比缴费补助为期 5 年。

2015 年 6 月，印度开始实施另一个更有雄心的养老金计划（Atal Pension Yojana，APY），该计划适用于拥有储蓄银行账户的 18~40 岁的人群。尽管该计划适用于所有人，但对非正规就业者的意义重大，因为该计划为参保人提供每月 1000 卢比、2000 卢比、3000 卢比、4000 卢比和 5000 卢比的最低养老金保障（按照参保人每月缴费额来确定保障档次）。当参保人死亡后，其配偶可以领取养老金，而在参保人及其配偶死亡后，被指定人有权获得参保人 60 岁之前累计的养老金财富。同样，中央政府对新参保人提供补贴，即对 2016 年 3 月 31 日前参保缴费的人员，中央政府将为其提供等额的配套缴费，最高为每年 1000 卢比，为期 5 年。与此同时，印度还推出了针对非正规就业者的两项社会福利计划，即人寿保险计划（Pradhan Mantri Jeevan Jyoti Bima Yojana，PMJJBY）和意外保险计划（Pradhan Mantri Suraksha Bima Yojana，PMSBY）。

第三节　印度养老金体系的发展现状

印度的养老金体系分散而复杂，且计划繁多。基本结构如下：①在公共养老金领域，对贫困老年人提供了非常有限的养老保障；②对私营部门正规就业的人员由雇员公积金组织运营的强制性计划来提供养老保障。相对而言，对公务员提供的养老保障包括了几个计划，是养老保险制度中最完善的和最发达的。目前，雇员公积金组织管理着两项养老金计划。雇主也可选择不参加这些计划，但必须建立“豁免基金”（Exempted Funds），相当于替代方案。当然，不管是正规就业者，还是非正规就业者，都可以自愿参加一些商业性的养老金计划。

与大多数亚洲国家相比，印度的人口年龄结构要好得多，劳动力非常年轻，年龄优势特别明显。尽管如此，印度人口也将会走向老龄化，因此对未来进行养老资产储备仍然非常必要。

一、作为第一支柱的公共养老金

公共养老金包括为有需要的老年人提供有限度的安全网、两项公务员养老金计划以及取代公务员新入职人员养老金计划的国家养老金制度。此外，在公营或私营机构任职超过 5 年的雇员，在退休时或在退休前离职时，可获发退职金。这份酬金由雇主支付。相当于每服务一年的最终薪金的 15 天，最高金额为 6013 欧元（35 万卢比）。在养老金领域还有两个正在进行的主要试点项目：一个是为非正规部门工人提供保障；另一个是为非正规工人和农村人口提供“微型养老金”。

对于绝对贫困人口来说，1995 年开始实施的“国家老年养老金计划”（National Old Age Pension Scheme）作为国家社会援助方案的一部分，为他们提供最低且有限的养老保障。这一计划的目标是为穷人扩大社会安全网，因此只有在贫困线以下的 65 岁以上的贫困人口有资格获得这项待遇，目前每月领取 200 卢比（3.4 欧元），较 2006 年的 75 卢比（1.3 欧元）有所增加。据估计，大约有 1600 万人有资格享受这一福利。

对于中央政府的公务员来说，分别于 1972 年和 1981 年成立的中央公务员养老金计划和公务员公积金计划为他们提供了晚年收入保障。这两个计划是强制的且目前只对中央公务员开放。其中，公务员养老金计划是一个没有基金积累的 DB 型现收现付计划，雇主的缴费率为 8.3%，政府的补贴缴费率为 1.16%，而雇员无须缴费。只有年龄达到 58 岁，且服务年限不少于 10 年才具备领取养老金的资格。最高待遇为最终工资的 50%，其中 1/3 的养老金可以一次性提取。同样，计划繁多的州政府公务员养老金计划一般也都有类似的结构。公务员公积金计划也是为中央政府工作人员设立的。虽然该计划是根据 DC 型原则设计的，但它实际上却以现收现付的方式运作，即目前的缴费用于领取养老金者的待遇支付。雇员可以在收入的 6%～100% 自由选择一个月缴费额度，而雇主（政府）不提供缴费但以每年确定的利率贷记账户，利率是 8.5%。只要提供服务不少于 20 年，则参保人可以一次性提取所有账户余额，包括本金记账收益。

总之，公务员养老金制度提供了很高的替代率。但是，这也给政府财政带来巨大压力，从长期来看似乎是不可持续的。因此，印度政府开始着手改革，2004 年建立了 DC 型的国家养老金制度，规定新进入的公务员（军职人员除外）只能加入这个制度，而不能参加旧的计划。当然，在 2004 年之前为政府工作的公务员仍然保留在旧的计划中。在这个新的国家养老金制度中，雇主和雇员各缴纳工资的10%，并存入个人账户。新制度的最低退休年龄为60岁，税收基于EET原则，累计资本的40%将在参保人退休时强制转成年金发放。虽然该制度是为中央政府雇员设计的，但29个邦中已有26个邦表示计划加入该计划。国家养老金制度的目标替换率是最终工资的50%。该制度下的基金由中央政府管理，年回报率为8%。

虽然该制度对公务员是强制的，但也向每一个印度公民开放。这意味着来自正规部门和非正规部门的雇员以及个体经营者都可以参加。他们的参与将是自愿的，雇主没有缴费义务。对于自愿参加国家养老金制度的缴费部分，参保人可以选择三种不同投资策略和风险回报的基金。如果他们没有做出选择，他们的缴费将被转移到一个默认基金。

二、作为第二支柱的职业养老金

私营机构的强制性养老金计划由成立于1952年的雇员公积金组织管理，涵盖了181个特定经济部门且雇员人数超过20人的机构。雇员公积金组织隶属于中央政府劳动部，负责管理和监管所有员工福利，同时将该计划资产的管理外包给基金管理公司。传统上，资产由国有银行管理。如果雇主提供与养老金计划相同水平的福利，他们可以不参与雇员公积金组织管理下的计划。

雇员公积金组织设有三个主要计划，分别是雇员养老金计划、雇员存款相连保险计划及雇员公积金计划。这三项计划对员工来说都是强制性的。雇员存款相连保险计划是一种人寿保险计划，雇主只支付工资的0.5%，目的是在养家人去世时为家庭提供福利，而其他两项计划是直接与养老金有关的。

雇员养老金计划是一项DB型计划，雇主和政府分别按照雇员工资的8.33%和1.16%进行缴费，缴费下限为6500卢比。根据这一计划，参保人达到58岁就可以正常退休，但也允许提前退休，即50岁便可以提前退休，但相应的待遇会降低。退休时，参保人可以一次性提取1/3的账户余额。雇员养老金计划遵循EET税收原则，目前覆盖了3200万成员。

雇员公积金计划是一项DC型计划，参保人不仅在退休时可以一次性提取账户余额，而且在退休前可以因为一些特定消费目的进行部分提取，例如，购房或支付医疗费用。雇主和雇员每月按照雇员工资的3.67%进行缴费，雇员公积金的缴费下限为6500卢比。此外，雇员可自愿缴费，最高可达基本工资的100%。税

收的原则是 EEE，即缴费、投资和待遇领取三个环节都是免税的。政府规定的回报率为 8.5%，而雇主必须弥补投资收入的不足。雇员公积金覆盖了 4300 万名职工。

除这些计划之外，还有针对某些职业群体的特别强制性公积金，如煤矿工人公积金（Coal Miners' Provident Fund）、阿萨姆茶园公积金（Assam Tea Plantation Provident Fund）、查谟和克什米尔公积金（Jammu and Kashmir Provident Fund）和海员公积金（Seamen's Fund）。虽然由不同的信托基金和基金经理管理，但这些基金遵循与雇员公积金组织规定的相同的投资和回报规则，覆盖了约 200 万名成员。

此外，私人部门也可以选择豁免基金（Exempted Funds），来替代雇员公积金组织下的计划，但豁免基金提供的待遇必须与雇员公积金组织下的计划相匹配，并得到雇员公积金组织的同意。具体来说，如果雇主设立豁免基金，那么所有雇员都要参加，而且这一基金必须采取独立信托模式，由雇主和雇员代表作为受托人参与管理；同时，缴费水平与雇员公积金组织相同且必须提供相同的回报率；退休年龄在 58~60 岁；雇主和雇员的缴费是免税的，投资收入也是免税的，但待遇领取却是要纳税的。另外，豁免基金有严格的投资比例，规定了三个明确的投资比例限制：一是投资于中央政府债券的资产比例不低于 25%；二是投资于州政府债券或由中央或州政府担保的公共部门企业债券的资产比例不低于 15%；三是投资于公共金融机构或公共部门企业债券的资产比例不低于 30%。剩余的资产可以投资于相同的资产类别。自 1998 年以来，受托人可以选择将最高 10% 的资金投资于私营部门债券。

三、作为第三支柱的自愿性职业计划

被称为超级年金基金（Superannuation Funds）的自愿性职业计划针对的是正规部门的雇员，并提供附加的养老金福利，主要以 DC 型计划的形式提供。设立自愿性基金的一个主要原因是雇员公积金的低收入限制，这意味着集体养老金计划通常只覆盖高级管理人员。超级年金基金既可以作为信托基金在内部运作，也可以与人寿保险公司合作在外部运作。

雇主缴纳超级年金基金的上限为工资的 15%；同样的限制也适用于员工。缴费和投资收入都可以免税，但福利是要纳税的。雇主缴费的免税适用于每位雇员 10 万卢比。同样的限额适用于所有参加养老金和人寿保险计划的雇员。超级年金基金需要通过购买人寿保险公司的年金来保值。但是，30%~50%的资金可以一次性提取。由受托人自行管理的养老基金，其投资规定与豁免基金相同。相比之下，外部管理的基金为参加人提供了越来越多的投资选择。

总之，印度养老金政策面临的挑战与其他亚洲国家不同。当其他大多数国家面临严峻的人口挑战时，印度的人口结构将得到更有利的发展。然而，与其他国家一样，印度正在调整其养老金制度，特别是扩大正式养老金制度的覆盖面。现有的计划种类繁多，主要针对公务员和正规部门的雇员。国家养老金制度有可能使公务员的养老金现代化，也可以让非正规部门员工在自愿的基础上获得正式的养老金制度。但是，国家养老金制度能否成功，将取决于非正规部门工人能否接受并加入进来。

第四节　印度社会保障制度的发展经验

近10年来，尽管印度经济实现了快速增长，但仍然是一个人口规模与中国相当的欠发达国家，经济结构和发展质量与发达经济体和一些新兴市场化国家比起来还有巨大差距，社会财富和政府财力资源非常匮乏。更重要的是，正规部门吸纳就业人口有限，绝大多数人长期处于非正规就业状态，收入水平低下，且不稳定，家庭抗风险能力较差。因此，为所有就业者以至全部国民提供全方位的满足基本需要（更别说满足体面生活）的社会保障还任重道远。尽管如此，我们依然可以从印度社会保障发展历程中挖掘有价值的信息，甚至一些规律性的经验总结，以资他国借鉴。

首先，社会保障演进历程受到文化传统的制约，具有较强的路径依赖。印度社会保障已深深打上了英国福利文化的烙印，即国家主要对低收入者或相对脆弱者提供基本福利。印度在“二战”结束之前曾被英国殖民近两个世纪，作为宗主国的英国为了维护其统治地位和社会生产秩序，早在1923年就出台了具有英国社会保障体制特征的《雇员补偿法》，即只对遭遇不幸的工人提供最基本的人道主义救济。而且在独立后仍然作为英联邦成员，这种影响一直存在。例如，在独立后出台的几项法案，都对被保险人的收入水平做出了限制性规定，当然国家通过相应的制度提供了财政补贴或其他优惠。又如，20世纪50年代建立的雇员

公积金计划，一是为受益人的养老做准备，二是增加储蓄，这同英国其他的几个前殖民地的制度选择如出一辙。再如，21 世纪初建立的旨在整合所有养老计划的国家养老金制度，仍然以自我储蓄为主，而政府只针对贫困线以下参保人提供有限的财政补贴。从中可以看出，社会保障传统和基因将在很大程度上左右制度演进的方向和模式的取舍，对于旨在进行根本性社会保障改革的国家而言，任何脱离本国文化传统的改革方案都很难得到有效执行，甚至是胎死腹中。因此，改革既要借鉴国外，又要结合国情。

其次，人口生育率变化的内在规律具有一定的普遍性，进入现代社会后降低容易而提高难。近几十年，印度人口规模一直呈现高速增长，即将超过中国，且其没有生育控制政策，似乎印度人口规模未来没有上限。其实不然，印度的生育率下降得很快，目前总和生育率仅为 2.4，已接近世代更替水平（2.1）。毫无疑问，未来人口规模增速将很快下降，人口规模峰值也即将到来。需求强调的是，在此期间，印度政府出台了几项生育补贴政策，向来自低收入人群的分娩产妇提供收入保障和医疗补贴，因为低收入者的生育意愿更强，这相当于印度政府在“鼓励”生育。尽管如此，也没有扭转人口生育率的下降趋势。我们知道，人口年龄结构变化对一国经济和社会发展极为关键，将带来诸多深层次影响，而最直接、最容易理解的影响是社会保障制度的冲击。因此，认识人口发展规律，在一些政策调整上更大胆一些，例如，尽早鼓励生育是极为重要的（虽然不能扭转生育率下降趋势，但可以减缓这种趋势），从而为社会保障制度改革措施提供回旋余地。

最后，发展中国家社会保障扩面重点和难点都在非正规就业群体，要想将这些人覆盖进来必须依靠政府积极作为和大量财政投入。非正规就业比例高，是发展中国家就业市场的一个基本特征，印度也不例外。长期以来，如同其他发展中国家一样，印度政府主要向正规就业群体提供社会保障制度，非正规就业群体所能享受到的社会保障权益是非常有限的甚至是没有的。2004 年以后，印度开始重视非正规就业群体的社会保障问题，出台相应法律并引入和规范了一些福利计划，也提供了一定的财政补贴，激励人们加入各种社会保障计划。可以看出，对于非正规化就业群体而言，如果没有政府的支持和补贴，市场很难解决低收入者的保障问题。

参考文献

[1] 王建梁，武炎吉．后发未至型教育现代化研究——以印度、巴西、南非

为中心的考察［J］. 社会科学战线，2020（3）.

［2］宗海曼. 浅谈殖民时代印度近代教育体系的形成［J］. 科教文汇（下旬刊），2007（7）.

［3］Anwarul Hoda，Durgesh K. Rai. Labour Regulations in India：Improving the Social Security Framework［R］. ICRIER Working Paper，2017.

［4］G. G. Kingdon. The Progress of School Education in India［J］. Oxford Review of Economic Policy，2007，23（2）：168-195.

［5］Radhicka Kapoor，P. P. Krishnapriya. Explaining the Contractualisation of India' s Workforce Working［R］. ICRIER Working Paper，2019.

［6］Saini S.，Sharma S.，Gulati A.，et al. Indian Food and Welfare Schemes：Scope for Digitization towards Cash Transfers［R］. SSRN Electronic Journal，2017.

第五章　新加坡的民生保障与社区发展

20世纪60年代，“亚洲四小龙”的经济腾飞是东亚模式获得国际关注的开端。而作为“亚洲四小龙”之一的新加坡，其在独立建国后的全面发展道路也是探索东亚模式的重要参照。一方面，新加坡通过在各领域的政策设计解决了建国之初的内忧外患、理顺了社会关系，并由此获得了巨大的经济成就；另一方面，新加坡在现代进程转向中，着力将新旧价值融合在一起，形成一种“新儒家伦理”，这进一步促使新加坡的各项政策具备了有效运行的社会基础。新加坡在发展中面临与我国相似的问题与文化背景，这使新加坡经验成为我国在改革开放路途上的重要借鉴来源。而这其中，新加坡在民生保障方面的经验尤为受到国内政策制定者、学者和实践者的关注。

基于对新加坡民生保障研究的梳理和相关统计数据的分析，本章认为，新加坡的民生保障政策可以总结为一种以社区为抓手的多主体战略模式。这种模式既是新加坡在以往的历史中逐步积累经验、探索而形成的，也是新加坡在寻求迅速发展中配合以经济建设为中心的发展思路而选择的。在这种模式下，既有来自国家强有力的控制和引导，市场也发挥了以效率为优先的调配作用，又有各个方面的社会力量参与进来。通过将社区作为实施和制定民生保障政策的基本单位，新加坡得以将针对不同群体——青少年、妇女、老年人等——和针对不同领域——住房、医疗、就业、教育、环保等——的社会保障政策贯穿在民众的日常生活中，尤其是将个体、家庭和国家、市场对接起来，在沟通各方基础上引入多元的提供保障主体，从而应对居民多样的、多层次的需求。

第一节　新加坡民生保障的历史遗产

新加坡的经济发展模式以国家和市场同时强有力的参与为显著特征，维基新雅（Vincent Wijeysingha）将这种模式称为政治经济模式（Political Economy Approach），即将政治权威对市场的作用与市场对国家的作用两相嵌入。在这样的模式下，新加坡的民生保障政策也是一种国家权威与市场理念两相结合的产物。具体而言，新加坡的民生保障政策既强调国家的介入和从全局出发的统筹协调，也强调个体的责任与参与。维基新雅认为，这样的模式并非只是在新加坡独立建国、确立以经济建设为中心的发展导向之后才得以形成，早在殖民时期，新加坡的社会价值与文化基础就在一定程度上导向了这样的模式，比如个体利益先于公共利益的风气、政府对福利多元主义的坚持、公众习惯于无须选举且具有连续任期的政府、社区福利主要由当地慈善家主导等。总结而言，新加坡民生保障政策模式的历史遗产主要来自两个层面，即多元族群的社会组成和多元社会组织在社会福利的深度参与。

一、社会的组成：多族群

1891 年莱佛士爵士在新加坡成立的贸易站吸引了大量来自中国、印度次大陆、印度尼西亚、马来半岛和中东等地区的移民，这奠定了新加坡多元族群组成的格局。英国殖民者对新加坡实行的是“分而治之”的种族隔离政策，这使不同的族群在职业、教育等方面都存在着分隔的情况。而在日本入侵时期，新加坡种族隔离不仅得以延续，种族间的对立情绪还进一步被激化。在独立以前，新加坡的种族组成变动十分大，例如，在新加坡并入马来西亚联邦之前，马来西亚人口占近半数，而华人只占 37%，但在并入联邦之后，华人人数增多，与马来西亚人口持平，到 1965 年新加坡独立之后，华人人口达到了 3/4 以上。

二、福利保障的组成：多元社会组织

与多族群的社会组成所对应，新加坡独立以前的社会福利实践具有跨种族群体的结构，而各个族群具有自身的会社、团体来照顾自身的利益，华人族群尤为凸显。据统计，19 世纪时，新加坡有 14 个以姓氏成立的会馆。华人的宗乡会馆建立了学校、医院、养老院，为华人提供住宿、工作、看病、征婚、丧葬等各种服务。除了华人群体之外，新加坡的印度人、马来人、欧亚裔人等也都建立了各自的协会来为自己的族群提供福利。并且在这一时期中，家庭在新加坡的民生保障格局中占据了极为重要的位置。在 1946 年时，尽管殖民政府成立了社会福利部门如乡村局为民众提供民生保障，但具体的工作仍然由地方组织中能力较强的领袖人物开展。而从傅琼花的研究来看，在新加坡独立之后，国家开始承担更多的民生保障工作，这取代了传统宗族、会社等社会组织的功能。这使大量的宗族和会社组织瓦解、消失，到 1982 年时只剩下 360 家，而保留的宗族和会社也面临转型，从以往只顾及族群利益转而成为超越地缘和血缘的、具有国家认同的社会团体。

从这两方面可以看出，新加坡的民生保障需要着力考虑其社会结构的情况，尤其是历史遗留的复杂的族群关系、宗教关系等带来的社会隐患以及伴随此产生的多样的、多层次的社会需求。而从以往的民生保障机制中也可以看出，多元的需求只有通过多元的基层组织才能得到最大限度的关注和满足，这奠定了新加坡在独立之后民生保障政策设计的基础。

第二节　多元主义：新加坡民生保障的基本理念

在国家福利理事会及社区基金的合作下，新加坡形成了多元主义的民生保障政策，即 1991 年提出的“多手协助”（Many Helping Hands Approach）原则。在新加坡以经济发展为主要方向的前提下，国家在民生保障方面的政策设计同样是以为促进财富积累提供更好的社会条件、促进相应价值形成为目标，从而国家赋予个体、家庭、社区极为重要的福利责任，而政府的参与主要集中在能够促进经济发展的领域，诸如基础设施建设、教育培训开展、居住与安全保障、医疗健康等。所以国家的民生保障政策有四重主题，即保持政体的稳定、树立正确的价值、满足多元的需求、以发展为优先。

在这样的基本理念下，新加坡的民生保障体系主要有两个层次：一是国家宏观层面的中央公积金制度，这是覆盖全民的社会保障制度；二是在微观层面的以社区为载体的民生保障政策体系。前者是后者得以实现的前提，而后者则从更多元、更丰富的角度完善了新加坡的民生保障体系。而这两方面的政策都涵盖了对公民和永久居民的保障，进而吸引了海外移民，提升了新加坡的人力资源质量与规模。

一、中央公积金制度

1951 年，新加坡政府成立专门的委员会对实施社会保障制度的可行性进行调研，提出了养老金计划和公积金计划，最终采用了后者，在 1955 年时通过了

《中央公积金法》。据我国国务院发展研究中心的考察，新加坡的中央公积金制度是一种强制储蓄和社会保障的长期政策，由政府、雇主、雇员三方共同参与。公积金的制度同样是从英国殖民地时期延续下来的，其从最初的单一退休储蓄计划逐步发展成为综合性的社会保障计划，不仅成为保障就业者社会福利的重要方式，也是新加坡政府可控的固定投资资本（见图 5-1）：1989 年新加坡累计公积金达到 330 亿新加坡元，而到 21 世纪，中央公积金达到 600 多亿新加坡元用于社会保障，而 600 多亿新加坡元用于基础建设投资，这极大地促进了新加坡的经济发展。具体而言，新加坡政府规定，所有就业者，包括临时工、试用工、小时工、月薪工、日薪工、周薪工、小贩以及计件薪工，都必须按规定在公积金局开立的账户中进行存款。个体劳动者，如出租车司机、小贩等，如果全年净收入超过 2400 新加坡元也必须在公积金局开立账户进行存款。公积金的缴纳是由雇主和雇员共同承担的，缴纳比例根据社会经济发展而定，但总体上缴费率呈上涨的趋势：1955 年时缴费率为薪资的 10%，雇主和雇员分别缴纳 5%；1985 年缴纳比率达到 50%，雇主和雇员分别承担 25%；1995 年之后，则针对不同企业和不同年龄的职工，实行不同的缴纳率。中央公积金在每个会员名下设立 3 个账户，即普通账户、保健储蓄账户和特别账户，根据不同年龄层次，会员缴纳的公积金按照不同的比例分配至三个账户。公积金具有多重的使用功能：会员永久离开新加坡、终身残疾或达到 55 岁退休时可以取出存款，这是其养老保险的功能；会员

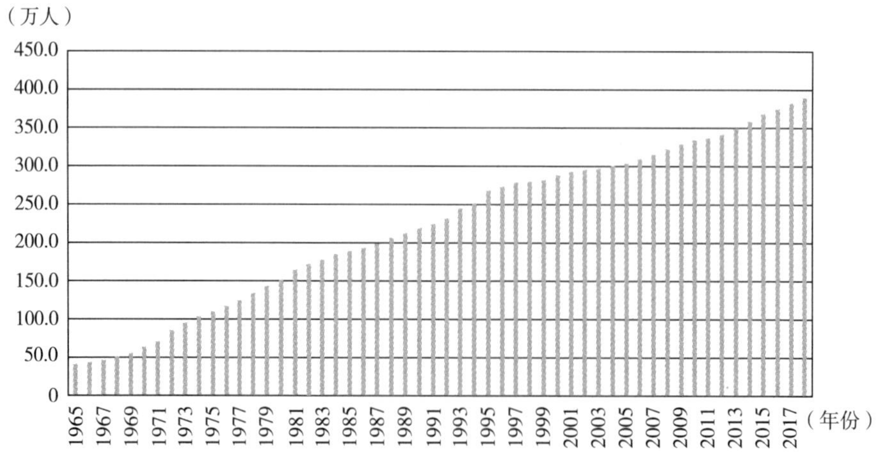

图 5-1　公积金局会员总数

资料来源：新加坡统计局，http：//www. singstat. gov. sg.

也可以使用公积金账户中的存款进行投资，例如，购置组屋、政府批准的保险项目和投资项目、支付教育费用以及向父母的退休账户进行填补性转移支付。公积金制度促使新加坡实现了“居者有其屋”“病者有其医”“老者有其养”的目标。中央公积金制度实质上强调了民生保障中居民的个人责任，并且促使家庭继续发挥福利保障功能。

新加坡中央公积金的会员人数呈逐年增长趋势，到2018年已接近391万人。而从年龄结构来看（见图5-2至图5-5），2005年年龄结构比之前有较大变化，会员的年龄结构从以20~35岁为主转变为以35~50岁为主，而2018年的数据则显示，60岁及以上人口占比最高。

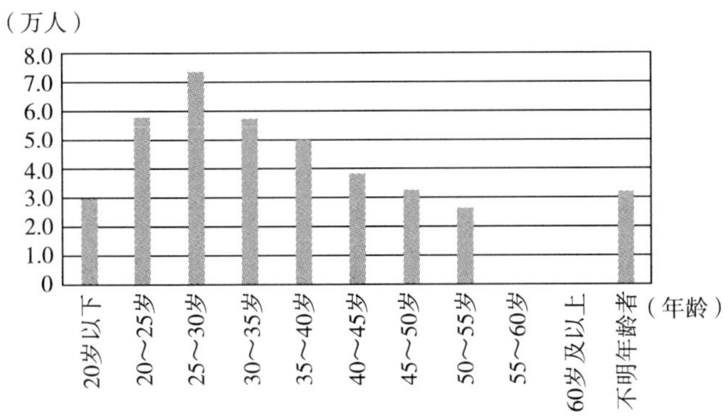

图5-2　1965年各年龄段公积金局会员人数

资料来源：新加坡统计局，http：//www. singstat. gov. sg.

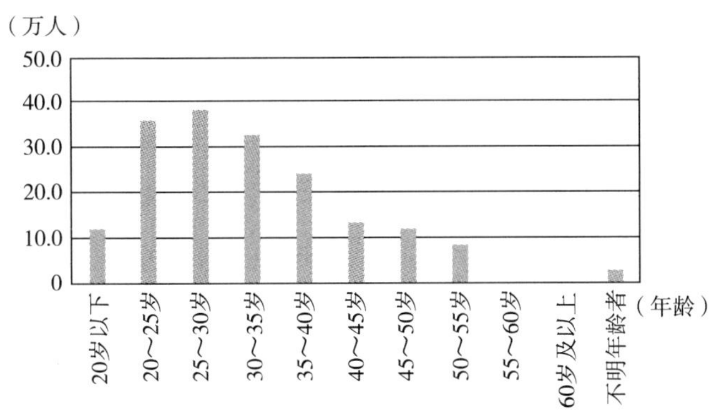

图5-3　1985年各年龄段公积金局会员人数

资料来源：新加坡统计局，http：//www. singstat. gov. sg.

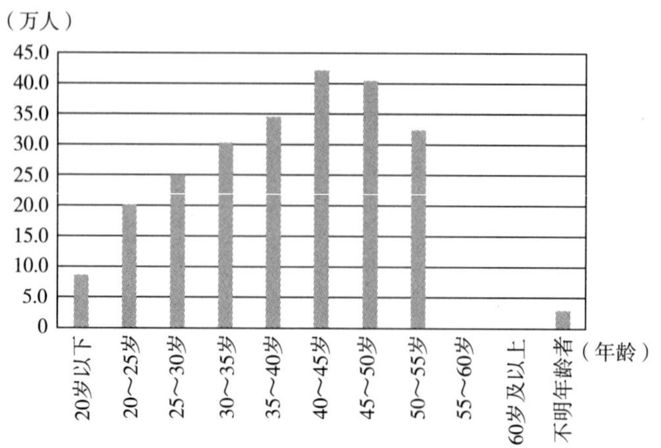

图 5-4　2005 年各年龄段公积金局会员人数

资料来源：新加坡统计局，http：//www. singstat. gov. sg.

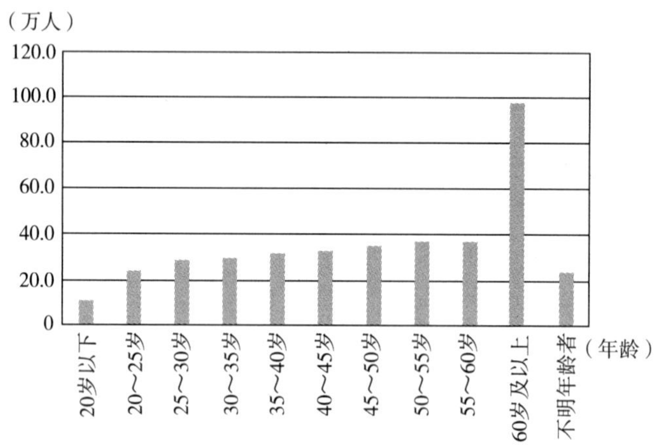

图 5-5　2018 年各年龄段公积金局会员人数

资料来源：新加坡统计局，http：//www. singstat. gov. sg.

而从图 5-6 中可以看出，新加坡中央公积金总额也不断累积，到 2018 年已达到 3911 亿新加坡元，尤其是在新加坡渡过金融危机之后，公积金的增长越发迅速。

新加坡中央公积金制度的实践也较为稳健，这从图 5-7 中可以反映出。在 2006 年之后，会员供款稳定高于提款，这也为新加坡经济发展提供了稳定的资本来源。

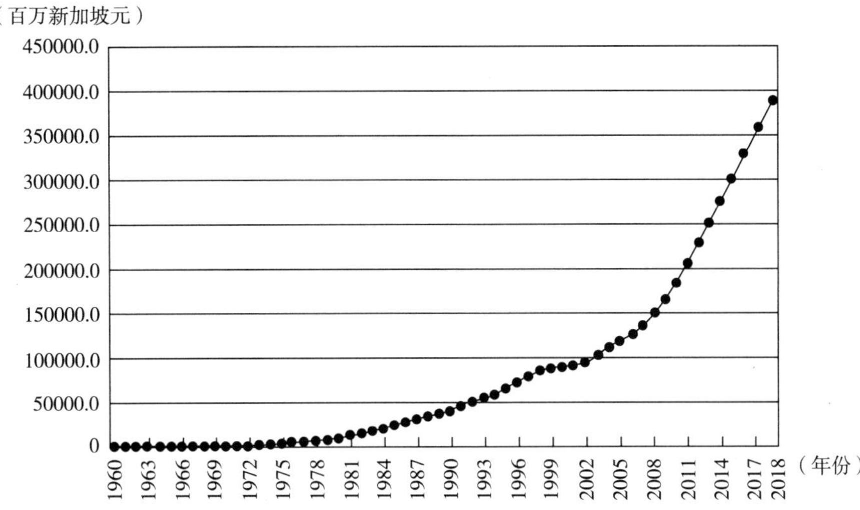

图 5-6 历年公积金总数

资料来源：新加坡统计局，http：//www. singstat. gov. sg.

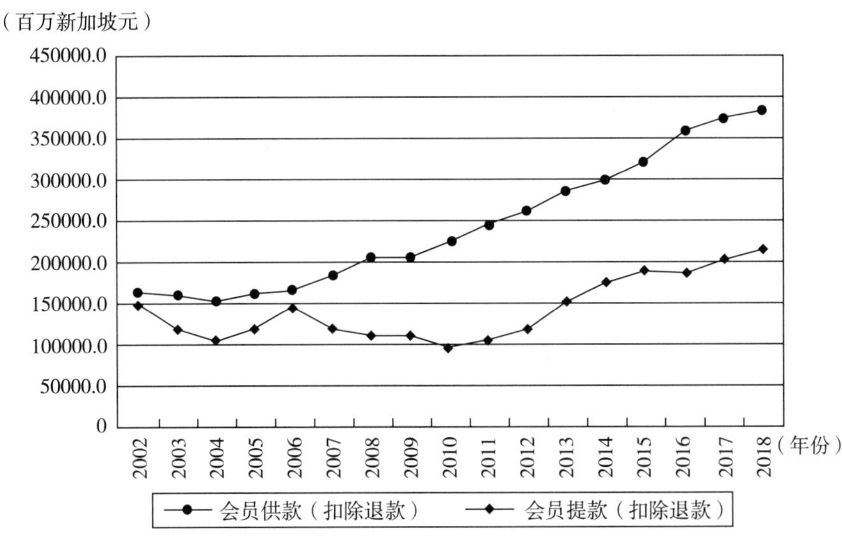

图 5-7 历年公积金局会员供款与提款

资料来源：新加坡统计局，http：//www. singstat. gov. sg.

从图 5-8 反映的会员提款的使用类型来看，会员在各个计划方面的使用具有较大的变动，但在购置组屋上的使用始终占据最高的比例。而伴随会员年龄的增长，其在养老、保健储蓄计划、私人医疗保险计划方面的使用逐渐增多。

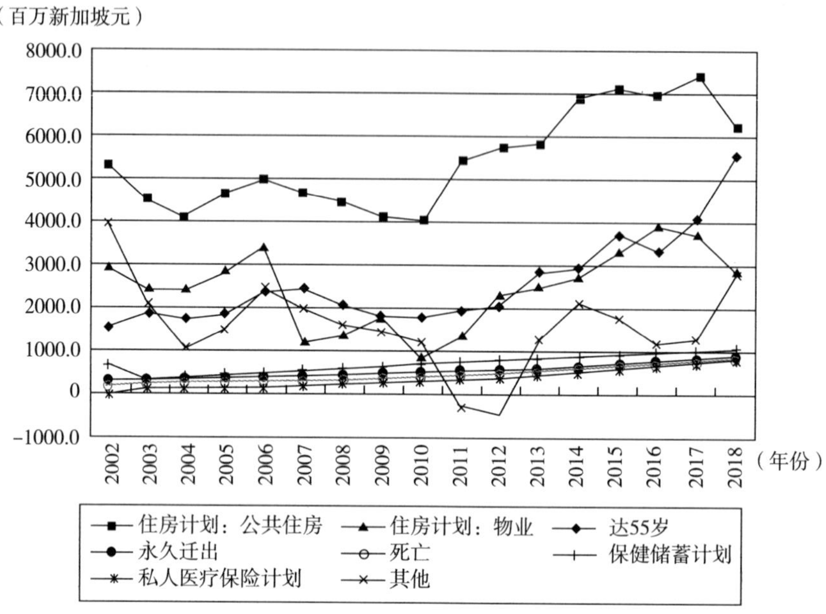

图 5-8　历年会员提款的使用类型

资料来源：新加坡统计局，http：//www. singstat. gov. sgH

二、以社区为载体的社会保障体系

尽管在中央公积金制度的体系中已基本包含了民生保障的各个方面，但公积金主要面对的是参与者，对于非会员，例如，一部分自雇者、没有缴纳公积金的妇女、残障者等无法涵盖在内，所以，新加坡政府还设置了一套以社区为载体的社会保障体系。

新加坡的民生保障体系既没有延续“福利国家”的理念，也没有完全依存个体主义的市场提供福利的理念。在新加坡的历史上已有多位领导人对“福利国家”的思路提出质疑，例如，1972 年总统薛尔思在议会开幕的演讲中警告说“福利国家综合征特点之一就是每个人寄希望于别人，而不是自己努力工作，用补贴获得每个人都想要的服务，新加坡必须避免出现这种症状”，[①] 再比如李光

① 魏炜．新加坡的社会政策：理念与实践［J］．社会学评论，2014（4）：66.

耀批评欧洲“由于社会福利过于慷慨，工人们缺乏推动力，导致经济停滞不前。美国呢，竞争比较激烈，社会福利较少。但是，如果奥巴马政府和国会倾向欧洲式的社会福利，这将导致美国经济的发展变得缓慢和缺乏动力”。[①] 所以新加坡的民生保障政策是建立在个人储蓄基础上的。但与此同时，在政治经济模式下，新加坡领导人也深刻意识到国家在民生保障事业上应当发挥能够统领全局的作用，例如李显龙在《2013 年国庆致辞》中表示“在建设公平公正的社会方面，政府也将扮演更大的角色”。[②] 所以魏炜认为，新加坡的民生保障政策既不是从“国家责任说”出发，也不是“人权说”，而是“组合责任说”，同时强调个人、家庭、社会、政府共同的责任，而政府主要充当个人与家庭的引导者和支持者，[③] 政府救助必须是最后的手段，既不能让人们依赖政府，政府也必须承担最后的防线和职责作用。[④] 而这一福利模式从不同的视角来看也有不同的称呼、概念，例如，“个人自助—家庭帮助—社区帮助—政府帮助”，[⑤] 或是“家庭为根—民有恒产—中庸之道”。[⑥] 具体而言，新加坡的民生保障模式首先坚持个体责任，从而避免“养懒人”；其次，强调家庭作为个体的第一道防线，弘扬传统儒家文化，促使家庭在扶幼、养老、助残等福利领域发挥出重要作用；再次，其强调社区的作用，尤其是在社区中社会力量的参与，从而促使民生保障政策能够在团结社会的前提下开展；最后，强调政府最后一道防线的作用，树立政府塑造和维护公平的形象，并且达成政府一以贯之的经济先行的发展思路。有学者将此称为“以个人责任为基础的四级安全网”，[⑦] 即个人是民生保障的第一道防线，家庭则是第二道防线——个体的第一个支援点，以社区为单位的社会则是第三道防线——确保不会有人被社会遗弃，政府则是第四道防线——对于前三道防线无法覆盖的弱势群体，政府要承担兜底的责任。

这些概念和总结从根本上而言是一致的，新加坡在民生保障的设计上将个体和政府放在责任的两极，并且将家庭、社区作为两极中的过渡保障。在针对个体

① 李光耀．李光耀四十年政论选［M］．北京：现代出版社，1994.

② 李显龙．2013 年国庆致辞［N］．联合早报，2013-08-08.

③ 魏炜．新加坡的社会政策：理念与实践［J］．社会学评论，2014（4）：67.

④ 汪朝霞，史巍．新加坡政府的社会救助计划［J］．国外社会科学，2009（3）：75.

⑤ 米银俊，何敬宁．福利多元视角下新加坡社区福利范式的话语变迁与实践探讨［J］．社会工作与管理，2016（1）．

⑥ 魏新文，吕元礼．新加坡社会保障体系的三重基石［J］．中共中央党校学报，2009（3）：105-108.

⑦ 李鑫，冯国栋．社区管理的“资源困境”及解决路径探析——兼论新加坡社区管理［J］．宏观经济管理，2015（11）：89.

和家庭方面，新加坡主要是通过中央公积金制度来设计防线的，其本质不过是通过储蓄账户来促使个体和家庭增强对抗风险的能力。而在家庭、社会层面上，新加坡则着力推动了一系列以社区为抓手的，由多主体来提供民生服务、保障民众生活水平和幸福感受的政策体系。所以在四道防线中，以社区为单位的社会是政府最能直接对民生保障进行调节和作用的环节，在以经济为先导的发展理念下可操作的空间最大，又能立刻使政府的相应政策发挥成效。从而，新加坡民生保障政策的推进一方面在于完善中央公积金制度，另一方面着力从社区入手完善民生保障各个领域的服务和设施提供。

第三节　塑造桥梁：以社区为抓手的多主体民生保障政策

一、以社区为抓手的基础：组屋计划

1959 年，新加坡 90%以上的人没有固定住房，84%的家庭居住在店铺或简陋的木屋，其中 40%的人居住在贫民窟或窝棚，只有 9%的人口有条件住上公共住房。为了解决这一问题，1960 年，新加坡建屋发展局成立，在 1964 年开始推行“居者有其屋”计划，鼓励居民购买所居住的公共住房，提倡和帮助没有购买私房能力的居民购买组屋的使用权。组屋的使用权是 99 年的租用权。这种组屋的价格远低于私房的价格。1968 年，新加坡政府将房屋储蓄计划划为中央公积金的一部分，低收入家庭可以用公积金存款分期缴付购屋贷款，1975 年这一政策推广至中等收入家庭。1989 年，建屋发展局将“居者有其屋”的目标改为“华夏共精选”。这一住房政策不断完善和发展，到 2010 年，新加坡建造了 90 万套公共住房，83%的人生活其中，住房率升到 87.5%，人均居住面积从 1959 年的 6 平方米升为 2010 年的 30 平方米。在组屋计划中，新加坡政府还尤为关注三点，即对老年人居住者的考虑、对传统家庭的维护和对族群混居的促进。①

对老年人居住者的考虑。1997 年建屋发展局启动独立户型公寓计划，旨在

① 毕世鸿. 列国志新加坡（新版）［M］. 北京：社会科学文献出版社，2016：259-261.

为老年居民提供新的选择。建屋发展局专门建有老年公寓。中央公积金允许年满55周岁、家庭月收入不超过8000新加坡元的购房者，从2005年8月起，在其公积金特别账户中留足规定的最低存款额后，提取公积金普通账户和退休账户的资金以购买这类老年公寓。①

对传统家庭的维护。新加坡修建了大量三室、四室、五室的单元组屋，并在组屋的配置上坚持已婚家庭比未婚单身者更需要住房的原则，以家庭为单位配置住房。同时还规定了申请者最低家庭构成人数：1962年以前规定最低人数为5人，1962年降为3人，1967年降为2人。不过，如果父母和已婚或单身子女一起生活，这样的家庭申请购买组屋时家庭收入可按两组计算，父母可以与一个已参加工作的子女为一组，其他子女为另一组。②

对族群混居的促进。1989年开始，新加坡政府在组屋区实行了种族限额制，规定每个组屋邻里和各座组屋的各族群居民必须达到一定的比例，以鼓励各族居民之间互相交往，避免出现单一族群聚居的现象。③

除此之外，新加坡政府还考虑了居民居住环境的提升，不断对过去修建的房屋进行翻修和维护，确保社区中配套公共设施的修建，包括学校、银行、超市、饭店、体育馆、电影院、托儿所、图书馆等。整体而言，组屋计划全面改变了以往新加坡的居住环境，打破了传统的居住形态，现代的“花园城市”得以建立。这为新加坡以社区为抓手的民生保障政策设计打下了坚实的基础，尤其是各项基础设施的建立和完善，让以社区服务来提升民生水平、预防社会风险具有了现实基础。

二、多领域的社区民生保障计划

新加坡以社区为抓手的民生保障计划在政府层面主要由两个部门负责落实，即社会和家庭发展部（The Ministry of Social and Family Development）以及文化、社区和青年部（The Ministry of Culture, Community and Youth）。前者主要从社会救助、社会服务、家庭发展、儿童关爱、弱势群体救助、老年人救助、残疾人救助等方面入手，与其他社会领域的机构紧密合作共同开展民生保障服务。后者则在2012年成立，主要通过文化体育类活动来加强社区联系，培育公民的志愿者

① 毕世鸿．列国志新加坡（新版）［M］．北京：社会科学文献出版社，2016：260.

② 毕世鸿．列国志新加坡（新版）［M］．北京：社会科学文献出版社，2016：261.

③ 袁方成，耿静．从政府主导到社会主导：城市基层治理单元的再造——以新加坡社区发展为参照［J］．城市观察，2012（6）：126.

精神和公益慈善精神，加强个体对国家的认同感和归属感。① 根据保障模式的差异，这些保障体系又可以区分为社区关怀计划和社区援助计划：2005 年，由中央政府制订和实施的社会救助项目由原来的社会融入计划改为现行的社区关怀计划，即自立、成长和激发三部分，而社会援助则主要包括住房、教育和就业援助。可见，以社区为抓手的民生保障设计包含了多个领域中有关民众生活的方方面面，本章主要针对养老、儿童、家庭、反贫困、医疗、环保这六个方面进行梳理。

（一）养老服务

除了中央公积金对于养老政策的设计之外，新加坡还以社区为抓手进行了一系列的养老政策设计。新加坡将 60 岁以上的老人称为乐龄人士，乐龄人士可以在三种养老方式中选择：①独居的老人可以选择乐龄公寓，面积为 35 平方米或 45 平方米，如果独居老人的儿女愿意就近居住，政府在其买房时可以一次性减少 3 万新加坡元；②如果子女没有时间照顾老人，老人可以选择社会机构的日托养老方式，例如，“三合一家庭中心”，这一方案还将幼儿与老人集中在一起生活；③乐龄人士还可以进入各类养老机构主办的老年公寓。

从对 2001~2018 年各个季度老人之家（Old Folks’ Homes）居住人数统计来看（见图 5-9，老人之家的类型包括政府福利房、庇护所、志愿疗养院和商业疗

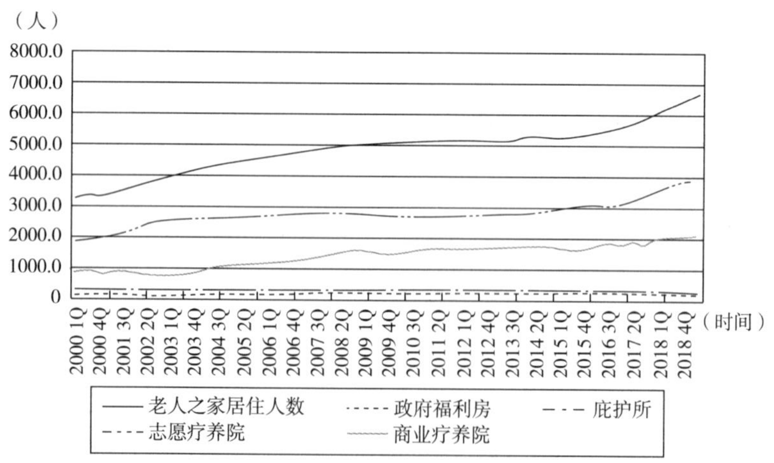

图 5-9　2001~2018 年老人之家居住人数及其各项分类人数

资料来源：新加坡统计局，http：//www. singstat. gov. sg.

① Department of Statistics, Ministry of Trade & Industry, Republic of Singapore: Yearbook of Statistic 2019, www. singstat. gov. sg, pp. 325.

养院），呈现逐年增长的态势，这其中政府福利房和庇护所的增长趋势并不明显，而商业疗养院和志愿疗养院的增长十分显著，截至 2019 年第二季度时，居住在商业疗养院和志愿疗养院的老人已占老人之家居住人数的 92. 15%。

除此之外，新加坡也在社区中建立了大量的老年活动中心。如图 5-10 所示，到 2018 年时新加坡老年活动中心达到 78 个，相比 2011 年增长了近 1 倍，辐射人数也达到了 39331 人。

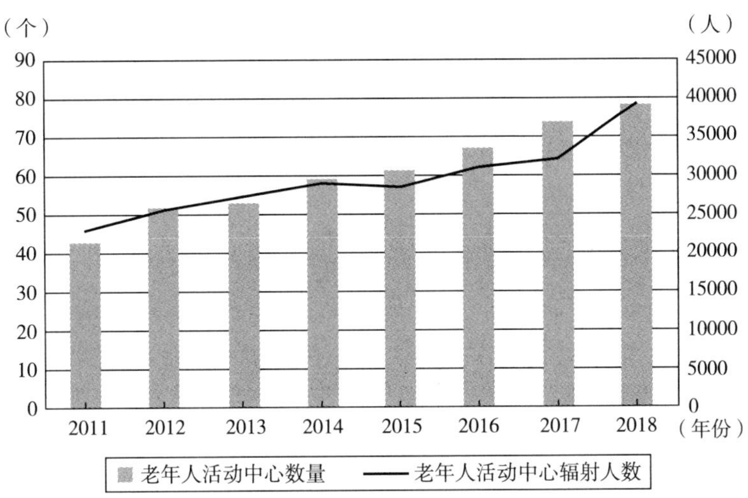

图 5-10 历年老年人活动中心情况

资料来源：新加坡统计局，http：//www. singstat. gov. sg.

（二）儿童照护

社区关怀中的“成长”计划主要是针对幼儿和儿童的照顾以及经济援助的：幼儿园经济援助计划为无法负担幼儿园费用的家庭提供援助津贴，每月补助幼儿园费用的 90%，最高可达每月 81 新加坡元，在儿童第一次进入幼儿园的时候援助计划将一次性补助 200 新加坡元，申请的儿童必须是在符合条件、长期开放并且是非营利的幼儿园中就读；托儿所经济援助则是针对母亲需要工作但又无法负担托儿所费用的家庭；学生托管经济援助则是针对双亲都需要工作而进入托管中心的 7~14 岁儿童；儿童成长辅助计划则是帮助低收入家庭提高抚养新生儿以及 6 岁以下儿童的能力（见图 5-11 和图 5-12）。儿童关怀中心呈历年增长的趋势，其容量以及注册人数也不断增多：到 2018 年儿童关怀中心达到 1486 个，其中能

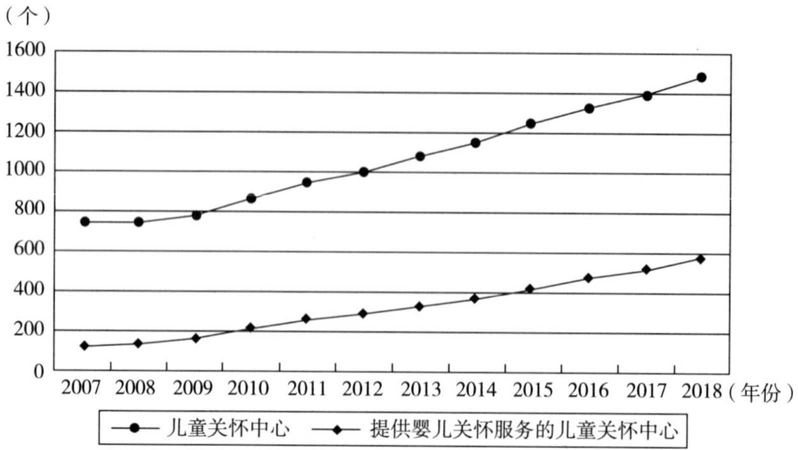

图 5-11　历年儿童关怀中心个数

资料来源：新加坡统计局，http：//www. singstat. gov. sg.

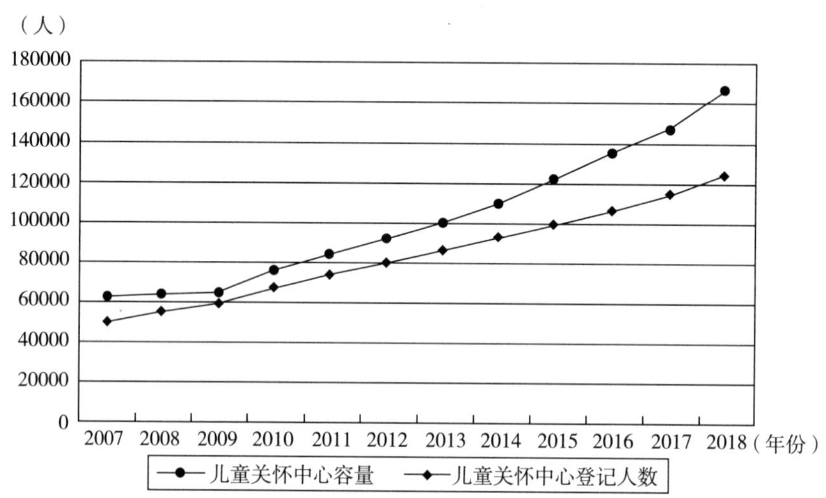

图 5-12　历年儿童关怀中心容量及登记人数

资料来源：新加坡统计局，http：//www. singstat. gov. sg.

够提供婴儿关怀服务的中心有 578 个；2018 年，儿童关怀中心的容量达到了 165919 人，登记注册人数也达到了 123660 人。2014 年，新加坡教育部（Ministry of Educaiton）在小学和社区中主导建立了 5 个公立试验幼儿园，供新加坡公民和

永久居民申请，并且计划于2023年前建立50个MOE幼儿园。[①] 这使原先由人民行动党社区基金、My First Skool幼儿教育中心、MY World Preschool幼儿教育中心等主要幼教领域的主要提供者。以及社会服务机构、私营机构主办的幼儿园及入园人数有所递减（见图5-13）。

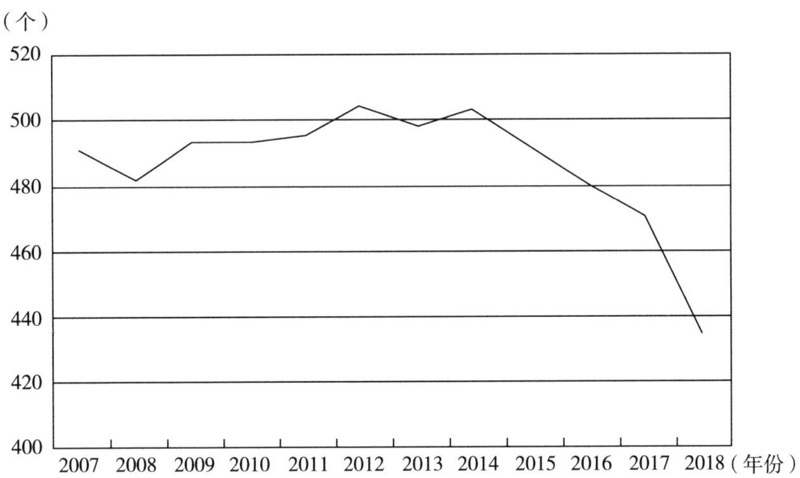

图5-13 历年幼儿园数量

资料来源：新加坡统计局，http：//www. singstat. gov. sg.

（三）家庭服务中心

新加坡对于老年人、儿童的保障支持都是以家庭为中心展开的，并且在社区中，政府建立了诸多家庭服务中心。家庭服务中心是一个以邻里为基础，提供家事服务的福利性机构，承担社会事务和社会福利工作职能，开展个人与家庭辅导、信息与中介、家庭教育、专业服务及义工培训等服务。[②] 从图5-14来看，相比2007年，2018年家庭服务中心的数量已达到47个；就整体而言，家庭服务中心提供的咨询案例也逐步增多，在2014年达到了峰值，有32884个。

---

① 新加坡教育部网站［EB/OL］mov. gove. sg/news/press-releases/moe-s-first-five-pilot-kindergartens-in-primary-schools-and-the-community.

② 袁方成，耿静. 从政府主导到社会主导：城市基层治理单元的再造——以新加坡社区发展为参照［J］. 城市观察，2012（6）.

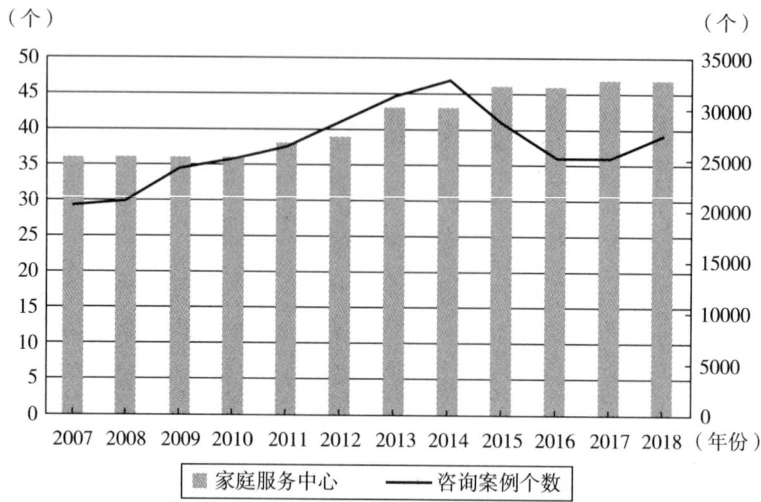

图 5-14　历年家庭服务中心情况

资料来源：新加坡统计局，http：//www. singstat. gov. sg.

（四）社区就业扶持计划

2005 年，新加坡“社区关怀计划”由当时的新加坡社会发展及青年、体育部下属的社区发展理事会开始负责实施，该计划旨在帮助生活困难的人重新获得经济独立。这其中极为重要的一部分是就业辅助计划，即帮助没有就业的家庭成员找到工作，要求计划申请人必须和就业扶助顾问合作。扶助顾问受雇于社区发展理事会，为申请者及其家庭制订一个可行的计划来实现申请人及其家庭的自立，申请人必须遵守就业扶助顾问为其制订的计划，否则将被取消资格。而从援助的角度而言，新加坡社会及家庭发展部为家庭总收入少于 1700 新加坡元或一家成员平均收入少于 550 新加坡元的家庭提供财务资助（Comcare）计划，该计划分为长期资助计划和中短期资助计划：前者主要针对永久失业者，例如，因为年老、生病或残疾等无法工作且没有家庭帮助的人，而后者则主要针对低收入家庭和个体，以及需要财政帮助的暂时失业者。从图 5-15 对 Comcare 长期和中短期资助计划，以及学生关怀资助计划的统计中可以看出，三者资助的案例都不断增加，到 2018 年 Comcare 中短期资助计划案例已达到 16570 个，而 Comcare 长期资助计划案例则达到 3920 个，学生关怀资助计划案例则达到 6934 个。

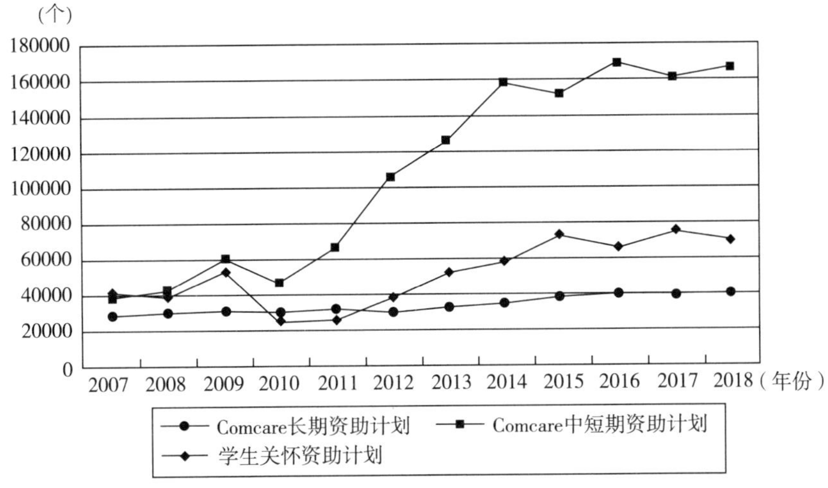

图 5-15　历年就业支持计划支持情况（案例个数）

资料来源：新加坡统计局，http：//www. singstat. gov. sg.

（五）社区医疗卫生服务

在“组合责任”的理念下，新加坡整合与其他社会力量共同建立了比较完善的社区医疗卫生服务体系。在社区发展理事会统一管理下，公立医疗机构、私立医疗机构和社会慈善团体等医疗保健机构共同提供社区医疗服务：公立医疗机构包括区域性综合医院、专科医院（中心）和综合诊所；私立医疗机构包括私立医院、私立诊所和私人医药机构；社会慈善团体包括老人院、康复中心和慈善医疗义务中心。不同经济状况的社区居民可以选择不同层次的社区医疗卫生机构，而且可以通过公积金制度中的保健储蓄、医疗保险、医疗福利基金、个人储蓄等其他多元的渠道支付医疗保健费用。

1992 年，新加坡开始推行“全面健康生活方式计划”。根据新加坡体育理事会的规定，每一个 20 万人左右的居民区必须建立一个全民健身活动中心，以及一条跑道、一个运动场、一个游泳中心、一个多用途的室内体育馆、一个健身中心、一个户外健身站点、一个有氧运动影音室以及会议室和办公室。

（六）环境保护

除了养老、儿童发展、家庭发展、反贫困、医疗健康等几项典型的民生保障之外，伴随经济发展，很多新需求、新方面也逐渐出现，如环境保护。除了顶层设计之外，新加坡政府还将环保的工作重点也放在了社区中，2005 年推出“花开社区”项目，旨在鼓励广大市民加入所在社区的“花园”建设队伍，亲手植树造林、清洁卫生、参与公共设施规划、熟悉绿化情况，这样在维持环境的同时也提高了公众对于社区的责任感和认同感。

这些多重领域的民生保障计划在实际的制度设计和实践中并非是相互分割的，而是通过项目的开展相互整合在一起，并且在多方协作的组织基础下完成的。新加坡政府并不直接在社区中开展项目，而是通过基层组织来介入到社区中，并且号召多元的社会力量、商业力量一同参与进来。

三、多方协作：“个体—公共—私人”的战略

新加坡在社区层面的组织管理主要采用“PPP 模式”，即“个体—公共—私人”（People，Public，Private）相互之间紧密合作的模式，具体而言，个体、社会组织、私人企业、政府共同合作。1997 年，新加坡政府制订了“社区发展议会企业伙伴合作按额资助计划”，规定一个非营利组织必须与当地社区发展议会和一个企业伙伴或赞助者组织活动，企业伙伴每资助 1 新加坡元，社区发展议会就配套资助 3 新加坡元。除此之外，政府还设计了促进社会组织发展的项目，以此来增强民间社会组织参与社会治理的能力。本章主要从基层组织和社会组织这两个角度对民生保障的组织制度进行梳理。

（一）基层组织

人民协会可以说是新加坡基层组织的核心枢纽。1960 年，新加坡颁布了《人民协会法令》，确立了人民协会的合法地位，使其成为一个“法定机构”（Statutory Board）。人民协会作为基层组织在国家的代表，本身不具有独立性，而是国家体制的一部分。人民协会在 1985 年之前一直隶属于总理办公室，目前其董事会由总理担任主席，副主席由一名内阁资深部长担任，委员包括一些高级政府官员。作为一个法定机构，它的运行经费也由政府提供。人民协会是国家与基层组织间的桥梁，它对基层组织的代表性不受来自其他类似组织的竞争。此外，虽然其他的基层组织没有纳入人民协会的管理，但人民行动党对民间组织的成立条件、程序和审核都设立了高门槛，因此，能够注册并生存下来的民间组织也在人民行动党的掌握中。此外，各选区都设有基层组织顾问，主要职能是建立政府与社区和基层组织之间的联络。人民协会已有超过 1800 个基层组织，超过 2.5 万个志愿者基层领导者。人民协会所管理的基层组织见表 5-1，而其所具有的志愿者人数见图 5-16，到 2017 年这些组织的志愿者有 5 万多人。

表 5-1 基层组织个数 单位：个

类别＼年份	2011	2012	2013	2014	2015	2016	2017
社区发展委员会	5	5	5	5	5	5	5
市民咨询委员会	87	87	87	87	89	89	89
市民咨询次级委员会	39	38	39	41	41	42	39
社区俱乐部管理委员会	106	106	107	107	108	109	110
居委会	564	571	574	582	600	627	644
邻里委员会	121	134	149	161	174	197	208
马来族活动行动委员会	97	97	99	98	98	97	98
印族活动行动委员会	94	94	95	94	94	96	99
老年人执行委员会	314	309	295	292	286	268	265
青少年执行委员会	99	100	101	102	102	102	100
妇女执行委员会	104	104	105	104	105	104	104
社区应急与参与委员会	86	86	87	87	87	88	89
社区体育俱乐部	86	86	86	86	87	88	89
T-Net 俱乐部管理委员会	8	8	8	8	8	8	8
建筑基金委员会	38	44	50	53	53	51	55

资料来源：新加坡统计局，http：//www. singstat. gov. sg.

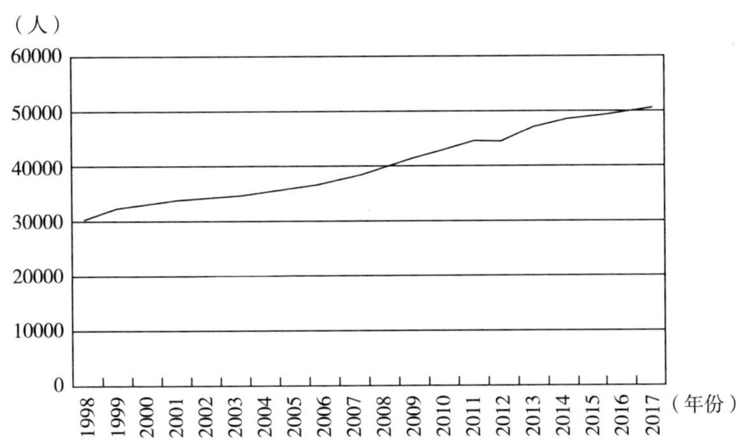

图 5-16 历年社区服务志愿者人数

资料来源：新加坡统计局，http：//www. singstat. gov. sg.

市民咨询委员会、民众俱乐部和居委会是社区中主要的基层组织。市民咨询委员会在每个选区中设立一个，其主要职责有负责社区内的公共福利服务、协调政府与居民的沟通、维护居民权益、在选区里组织和协调社区事务负责募集社区基金。社区俱乐部主要职能有民间筹款兴建各种体育或休闲活动设施、制订从幼儿体育活动到中青年计算机培训等的一系列计划，组织举办诸如文化、教育、娱乐、体育、社交等各种有益的活动，以增进社区和谐。居民委员会成立于 1978 年，是以政府公共组屋楼群为单位的居民自治组织，通过组织形式多样的活动来促进邻里和睦、种族和谐和社会团结，这些活动包括组屋舞会、邻里守望、民防演练、家政课程、教育旅游、民众对话会、唱歌、社区联欢会等。

由图 5-16 可知，志愿者是居委会、民众联络所、市民咨询委员会等基层组织工作人员的主要构成，他们有的是商人、专业人士，但主要是居民、退休人士、家庭妇女等。政府也采取了一系列的激励手段来鼓励居民参与到基层组织工作中：担任基层领袖至少一年的家长，可获得人民协会认可的“活跃社区领袖”资格，可以在子女入小学报名时提前选报与自己住址同区的学校，或者他们过去一年内服务的区内的学校；政府在 1964 年成立了国家社区领袖学院，为基层领袖提供进修与发展的机会，提升基层领袖在领导力、开展家访等活动方面的技能，鼓励运用科技手段开展日常工作等；对于另外一些基层领袖而言，能够借助基层工作经验进入政坛、担任更重要的政府工作。①

（二）社会组织

除了人民协会做管理的相关基层组织之外，很多社会组织还参与到提供社区民生保障服务中，这包括各类志愿福利团体（Voluntary Welfare Organizations, VWOs）、自助团体（Self-Help Groups）和宗教组织等。

新加坡的志愿福利团体可以通过三种方式来注册：根据《社团法》注册为社团、根据《公司法》注册为有限担保责任公司、根据信托文件成立慈善基金并受《信托公司法》的规制。志愿福利团体的经费来源主要有四个方面：政府拨款、投标政府项目、全国福利理事会管理的公益金以及志愿福利团体的机构筹款。满足一定条件的志愿福利团体可以获得税务上的优惠。根据《慈善法》，如果志愿福利团体专为慈善目的设立并且为实现这一目的而开展活动，则必须在成立后的三个月内向新加坡税务局注册。志愿福利团体获得慈善团体的身份后，可

① 吕元礼．鱼尾狮智慧：新加坡政治与治理［M］．北京：经济管理出版社，2010.

以豁免缴纳公司所得税。具有慈善团体身份的志愿福利团体还可以进一步申请成为公益机构（Institute of Public Character，IPC），而具有 IPC 身份的志愿福利团体可以向捐赠人签发享有税务回扣的收据。与慈善团体相比，IPC 受到更严格的监管。此外，志愿福利团体还可以申请成为国家福利理事会（National Council of Social Service，NC-SS）的成员，享受会员权利，获得更多资金支持。志愿福利组织主要通过志愿者的参与来开展一系列工作（见图 5-17），这些组织中的志愿者人数在整体上呈现出增长的趋势，到 2018 年，志愿者的人数已达到 1258 人。

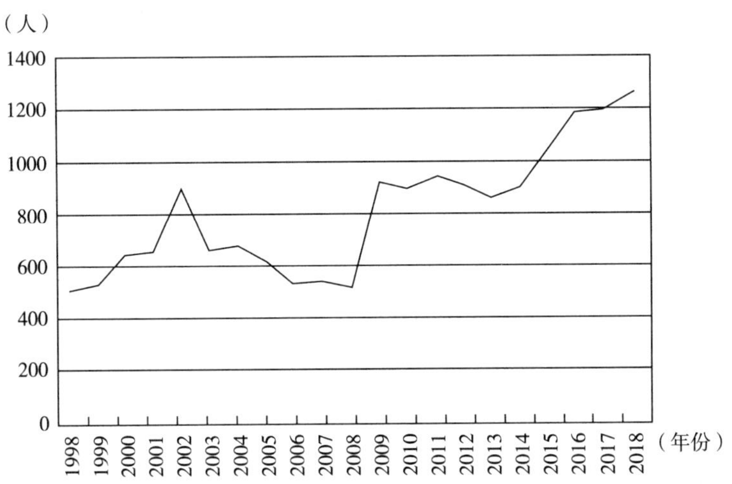

图 5-17　历年社区福利志愿者人数

资料来源：新加坡统计局，http：//www. singstat. gov. sg.

新加坡的四大族群——华人、马来人、印度人和欧亚人——都有各自的自助团体，旨在有针对性地帮助本族人群。宗教团体也发挥了重要的作用，例如，佛教福利协会，该组织成立于 1981 年，下属福利团体包括儿童发展教育中心、托儿所、中途之家、老人社区之家、戒毒康复中心、家庭服务中心、志愿服务中心、洗肾中心、登门护理中心等。

这些社会组织对于新加坡以社区为抓手的民生保障体系起到了重要的支撑作用，其与基层组织一同成为社区民生保障的组织体系。除了这些非营利性的社会组织之外，很多社会企业也陆续加入进来，例如，独立法人公司、有限责任公司（LLP）、私人有限责任公司以及担保有限公司（CLG）等企业实体也参与到国家提出的为了团结各个部门的“衔接计划”中，从而促进社会发展。①

总体而言，这种以社区为抓手的多主体战略促使新加坡民生保障体系能够在贯穿国家意志的同时，也能激发市场和社会的力量，并且从民众所居住的社区入手，团结和覆盖了最广泛的个体。这使新加坡的民生保障政策既能在宏观层面上协同，又能在具体的情境中尽可能地满足、平衡多方的多元需求。

第四节　思考与总结

新加坡的民生保障体系在理念设计和实践执行上相互契合，中央公积金、组屋计划、社区体系等都相互承接，具有相当的借鉴意义。尤其是以社区为抓手的多主体战略是对宏观民生保障制度的关键补充，更是真正促使“个体—家庭—社区—政府”这四道防线的民生保障体系运转起来的重要环节。从表面上来看，以社区为平台的相关福利、服务提供是民生保障体系的重要组成，而实质上这一体系也关乎国家能否实现有效治理。提供福利、服务的基层组织、民间组织、社会团体、企业实体等同时也是国家和个体联系、沟通的渠道。根据调研可知，居民对于社区活动的参与并不高，62%的受访者都不知道社区居委会在做什么，只有23%的受访者认识居委会成员或其他基层领袖，只有22%的受访者参加过社区中心活动。② 所以尽管新加坡在体系建立上构成了一套多主体参与的模式，但在实践中，这些多主体仍然难以有效将居民的意愿、需求等充分吸纳和满足。这一问题的显现对于我国的民生保障体系设计、基层治理模式的探索而言具有重要的警示作用。多元需求的满足和社会整合的目标本就有一定的内在张力，这需要各个地区基于自身的历史和经验来不断探索能够实现两者的保障体系。

新加坡的民生保障体系从设计、形成到完善都与其特定的历史、文化背景有着不可分割的联系。殖民地时期遗留的特定问题、留存的特定做法和经验都对新

① 李健，于明洋．新加坡与韩国社会企业政策设计比较研究——基于社会建构的理论视角［J］．中国非营利评论，2017（2）：166.

② Ling O. G. State Shaping of Community-level Politics：Residents-Committees in Singapore［A］// B. L. Read，R. Pekkanen. Local Organizations and Urban Governance in East and Southeast Asia：Straddling State and Society. New York：Routledge，2009：185.

加坡在独立建国之后如何进行顶层设计产生了极大的影响，尤其是对于国家权威和市场调控的双重强调。新加坡的做法和经验与我国在民生保障体系的设计理念上具有一定的相似之处，但在具体的操作和应对问题中仍然有很大的差别，所以在理解和借鉴时需要针对具体问题，进行具体分析。但整体而言有以下三个方面值得参考。

1. 以人民协会为枢纽的基层连带和渠道

人民协会作为各个基层组织的枢纽，其在民生保障体系中扮演了枢纽的角色，与我国人民团体的角色具有一定的相似之处。通过基层组织，人民协会能够深入社区把握居民生活的方方面面，在管控社区的同时也对社区具体的需求和情况有了进一步了解，尤其是将多元主体能够统筹、协调起来。所以社区中，能够代表国家的基层组织建设十分重要，其是联结各方力量、贯穿国家意志的枢纽节点。

2. 以社区为平台的基础设施与保障配套

新加坡通过组屋计划，使社区在整体上的基础设施水平较为一致，这使居民在生活条件上基本能够保持在相同的水平，从而使宏观上的保障配套能够落地。所以如果建立以社区为抓手的民生保障体系，那么需要在社区的基础设施和硬件建设上具有能够统筹的标准，否则不同的社区会出现极大的差异，这会成为宏观保障体系得以在基层落实的障碍。

3. 以共识建立为前提的多主体深入参与

当前各个国家都在不同程度上引入了多主体参与民生保障体系的战略，但基于不同的历史经验、发展轨迹、意识形态，这些多主体参与的内涵并不一致。而新加坡多主体的深入参与是建立在共识建立的前提下的，不同主体对于其提供的服务内容、效果具有清楚的认识，并且与国家在相关领域的目标是一致的。这也是我国当前激发社会、市场力量参与民生保障事业亟须关注的。只有多方力量达成共识，才能理顺关系、紧密配合，实现我国民生保障体系的优化。

参考文献

[1] Gillis E. Kay. Singapore Civil Society and British Power [M]. Singapore: Talisman, 2005: 69-74.

[2] Koh G., Ooi G. L., et al. State-Society Relations in Singapore [M]. Singapore: Oxford University Press, 2000: 40.

［3］ Straits Times. How Clans Can Help to Stop Sabotage Moves ［N］. The Straits Times, 1965-03-30（8）.

［4］ Tregonning K. G. A History of Modern Malaya ［M］. New York: David Mckay Company Inc., 1964: 185.

［5］ Vincent Wijeysingha. The Welfare Regime in Singapore ［A］ //Alan Walker & Chack-kie Wong East Asian Welfare Regimes in Transition: From Confucianism to Globalisation. Bristol: The Policy Press, 2005: 189+191+193.

［6］ C. 玛丽·藤布尔. 新加坡史 ［M］. 欧阳敏译. 上海：东方出版中心，2013：20.

［7］ 毕世鸿. 列国志新加坡（新版）［M］. 北京：社会科学文献出版社，2016：7+64+129+284+289.

［8］ 邓辉. 日本和新加坡社会组织在社会治理中的实践与启示 ［J］. 厦门特区党校学报，2013（2）：39.

［9］ 杜维明. 新加坡的挑战：新儒家伦理与企业精神 ［M］. 北京：生活·读书·新知三联书店，1989：154.

［10］ 傅琼花. 国家与社会关系视野下的新加坡民间组织的变迁 ［J］. 中共浙江省委党校学报，2016（3）：40.

［11］ 国务院发展研究中心赴新加坡考察团. 新加坡经济社会发展的考察报告 ［J］. 管理世界，1989（6）.

［12］ 黄伶俐. 新加坡社区社会组织：政府主导与社区自治 ［J］. 中国民政，2018（24）：18-20.

［13］ 李健，兰莹. 新加坡社会保障制度 ［M］. 上海：上海人民出版社，2011：22.

［14］ 李京桦. 新加坡族群关系演变（1819—1965 年）［J］. 贵州民族研究，2016（12）：26.

［15］ 李鑫. 新加坡社区管理服务“3P 模式”研究及其启示 ［J］. 求索，2015（8）：29.

［16］ 明永昌. 李总理：提升基层领袖能力 ［N］. 联合早报，2014-03-15. http://www.Zaobao.com/realtime/singapore/story20140315-321326.

［17］ 孙杨杰，邓剑伟. 新加坡社区医疗卫生服务的经验及其启示 ［J］. 福建行政学院学报，2015（2）：34-36.

［18］汪朝霞，史巍．新加坡政府的社会救助计划［J］．国外社会科学，2009（3）：71.

［19］王珏琪．心仪小学划入不同选区 基层领袖今年报名照旧［N/OL］．联合早报，2011-06-03. http：//www. zaobao. com/special/report/singapore/ge/story 20110603-134468.

［20］王新松．国家法团主义：新加坡基层组织与社区治理的主要经验［J］．清华大学学报（哲学社会科学版），2015（2）：53-54.

［21］吴真，高慧霞．新加坡环境公共治理的实施逻辑与创新策略——以政府、社会组织和公众的三方合作为视角［J］．环境保护，2016（23）：73.

［22］袁方成，耿静．从政府主导到社会主导：城市基层治理单元的再造——以新加坡社区发展为参照［J］．城市观察，2012（6）：127.

［23］曾鹏，陈剩勇．如何促进社会团结？——新加坡促进社会团结的社会管理经验及其启示［J］．浙江社会科学，2011（6）．

第六章　泰国的民生保障与社会发展

“泰国”（Thailand），全称泰王国（The Kingdom of Thailand），国土面积为510890平方千米，位于中南半岛中部，是一个位于东南亚的君主立宪制国家。泰国西部与北部和缅甸、安达曼海接壤，东北边是老挝，东南是柬埔寨，南边狭长的半岛与马来西亚相连，同时拥有漫长的海岸线和广阔的海域，是世界最闻名的旅游胜地之一。

泰国是世界新兴市场经济体之一，实行自由经济政策。近年来，泰国国内生产总值逐年增长，制造业、农业和旅游业是经济的主要部门。泰国是东南亚国家联盟成员国和创始国之一，同时也是亚太经济合作组织、亚欧会议和世界贸易组织成员。①

泰国的社会保障体系主要是在20世纪90年代以后建立起来的，虽然起步较晚，但可圈可点的地方较多，主要是大力发展基础保障。例如，在医疗保障方面，2002年实行了“30铢计划”，几乎实现了全民医疗。为了避免医疗资源浪费，医疗救助逐渐改革，制定出一套公平、高效的运行机制。在老龄社会的应对上，泰国在养老保险以及老年人福利方面也加大力度。泰国为老年人提供娱乐、老年人优惠、法律援助等，为老年人安享晚年提供优越的环境。

泰国和中国一样，都属于发展中国家，地缘相近，有很多相似之处，研究泰国的社会发展经验可以为中国的社会发展、民生保障提供一些经验和教训。

① 李前．泰国是一个怎样的国家？［J］．进出口经理人，2019（5）．

第一节　泰国社会经济发展概况

历史上的泰国农业经济发达、商业贸易繁荣。大城王朝时期依托中国宋、元、明三朝海上商业活动，成为亚洲最繁荣的贸易中心之一。19 世纪中叶起，西方国家对大米、橡胶等原料的需求刺激了泰国经济发展。但总体上泰国经济格局比较单一，基础落后。在“二战”前，除小规模和低技术水平的碾米、锯木和采矿业外，几乎没有工业。“二战”后，泰国接受美国的军事和经济援助，泰国工业得到发展。20 世纪 50 年代，政府设立许多国有企业，大力发展工业，力图以工业化为中心带动整个经济的发展，并取得成效。1959 年设立国家经济发展委员会［1972 年更名为国家经济和社会发展委员会（NESDB）］，开始以五年为期制订全国经济发展规划。该规划只是政府的参考性施政纲领，在此规划基础上，各政府部门可根据实际情况设定其管辖领域的规划。泰王普密蓬 1974 年提出“适度经济”原则作为治国理念，该理念为指导泰国经济发展发挥了重要作用。其核心是经济发展不追求高速、高收入，而要适当、合理，力求经济、社会、环境的长期稳定和可持续发展。20 世纪 80 年代起，泰国积极调整工业结构，引进技术密集型和附加值高的中轻型工业，寻求适合泰国的工业发展模式，取得良好效果。电子工业等制造业发展迅速，经济持续增长，为亚洲“四小虎”之一。进入 20 世纪 90 年代，政府加强农业基础投入，促进制造业和服务业发展。1995 年，泰国人均收入超过 2500 美元，世界银行将其列为中等收入国家。1997 年从泰国开始爆发的亚洲金融危机使泰国经济受到沉重打击，直到 1999 年经济开始复苏。①

进入 21 世纪，泰国政府将恢复和振兴经济作为首要任务，采取积极的财政政策和货币政策，扩大内需，刺激出口，并全面实施“三年缓偿债务”“农村发展基金”“一乡一产品”以及“30 铢治百病”等扶助农民计划，经济持续好转。2003 年 7 月，提前两年还清金融危机期间向国际货币基金组织（IMF）借贷的 172 亿美元贷款。2008 年全球金融危机对外向型的泰国经济影响颇深，加之国内

① 中华人民共和国驻泰国经商参处．泰国经济概论［J］．世界热带农业信息，2018（9）：44.

政局动荡，使泰国经济出现最大幅度衰退，2009 年泰国 GDP 下降 2.3%。2010 年，泰国经济全面复苏，尽管受到政局问题和自然灾害等负面因素影响，但仍实现 7.8%的高增长。2011 年因遭遇特大洪灾，拖累全年经济增速减至 0.1%。2012 年，泰国经济逐步从水灾影响中恢复，英拉政府实施的一系列加大投资的政策效果显现，当年 GDP 增长 6.5%。2013 年，因政治危机等因素影响，GDP 增幅仅 2.9%。2014 年制造业产值 1550 亿美元，占 GDP 的 42.0%。制造业主要门类有采矿、纺织、电子、塑料、食品加工、玩具、汽车装配、建材、石油化工等。2014 年泰国汽车产量达 200 万辆，跻身全球十大汽车生产国。

自 2007 年以来，泰国的国内生产总值不断增长，从 2007 年到 2018 年，国内生产总值约增长 1.8 倍（见表 6-1）。

表 6-1　泰国国内生产总值　　　　单位：十亿美元

年份	国内生产总值
1998	113.68
2007	262.94
2010	341.11
2012	397.56
2015	401.30
2018	487.24

泰国国内生产总值主要来自两个行业：工业和服务业，前者占整体的 39.2%。农业占国内生产总值的 8.4%，低于贸易业（13.4%）和物流科技及通信业（9.8%），建筑及采矿业占国内生产总值的 4.3%，其他服务业包括金融、教育、酒店及餐厅等行业共占 24.9%。电信和新型服务贸易业是工业扩张和经济竞争力的焦点。

2019 年泰国的人均国内生产总值为 6361.60 美元（见表 6-2），21 世纪初，泰国城镇化率进入快速发展（见表 6-3），2000 年为 31.3%，2015 年为 34.9%，2025 年泰国的城镇化率将达到 42.2%。根据泰国经济和社会发展委员会的新订贫穷线，生活在国家贫困线以下的人口比例从 1988 年的 65.26%降至 2011 年的 13.15%。近年来的失业率也不超过 2.0%，是世界上失业率第四低的国家。虽然人均国民总收入只有 6000 多美元，人类发展指数排名也只在第 100 多位。但世

界银行根据社会和发展指标，仍把泰国作为其中一个重大发展成功的故事。

表 6-2　2019 年泰国人均国内生产总值

人均国内生产总值（美元）	6361.60
人均国内生产总值（以购买力平价计算）（美元）	16904.70

资料来源：世界银行网站，https：//data.worldbank.org.cn/country/泰国.

表 6-3　泰国城镇化率

年份	城镇化率（%）
2000	31.3
2015	34.9
2025	42.2

总的来说，泰国的经济不断发展，国内生产总值不断提高，这是泰国社会发展和社会保障水平提高的基础。社会保障水平较高，人民幸福指数就高，从而社会就比较稳定，又为经济发展提供一个稳定和谐的环境，因此，社会保障制度的稳定与社会发展相辅相成，密切相关。

第二节　泰国人口发展状况

第二次世界大战后，泰国政府采取鼓励人口生育政策，导致泰国人口迅速增长。但随后的 20 年，由于人口增长过快，在发展经济的同时也付出了巨大代价。泰国的土地、水、森林、矿藏等资源都受到最大限度的开发和不同程度的破坏，人口增长也使失业问题日益严重，加剧了贫困，使经济面临严重问题。①

面对一系列人口增长过快带来的问题，自 20 世纪 70 年代以来，泰国实行了较为严格的人口控制政策。一方面，泰国政府积极调动国内各方面力量，大力保护母婴健康，使婴儿死亡率和产妇死亡率大大降低。

① 王文良．泰国人口与经济问题研究［J］．东南亚，1990（4）．

由表 6-4、表 6-5、表 6-6 可知，泰国的婴儿死亡率从 2006 年的 13.9‰下降为 2017 年的 8.2‰。孕产妇死亡率由 2004 年的 28 人/10 万下降到 2015 年的 20 人/10 万。2019 年泰国的人均寿命为 74.9 岁。

表 6-4　泰国的婴儿死亡率

年份	婴儿死亡率（‰）
2006	13.9
2007	13.2
2008	12.6
2009	12.0
2010	11.4
2011	10.9
2012	10.4
2013	9.9
2014	9.4
2015	9.0
2016	8.5
2017	8.2

资料来源：世界银行网站，https：//data.worldbank.org.cn/country/泰国.

表 6-5　泰国的产妇死亡比率

年份	产妇每 10 万人死亡比率（%）
2004	28.0
2005	26.0
2007	24.0
2009	23.0
2011	22.0
2013	21.0
2015	20.0

注：产妇死亡比率是指在怀孕和分娩期间每 10 万个活产儿中死亡的妇女数量。

表 6-6　2019 年泰国的人均寿命

泰国的人均寿命	74.9 岁

资料来源：世界银行网站，https：//data.worldbank.org.cn/country/泰国.

另一方面，通过支持自愿计划生育，培训家庭生育计划工作人员和医务人员，建立有关的医疗保健机构，以解决人口高增长带来的有关问题。同时，政府把家庭生育计划与农村的发展、生活条件的改善，如提供饮用水、改善农村居民的营养不良、增加医疗设施等结合起来。他们还通过实行对绝育者进行经济津贴和实物援助，加强人口教育，把家庭生育计划列入学校正规课程和成人识字方案等手段，使其计划生育模式在广大农村和城市得以成功推行，成功控制了人口的过快增长。① 现在，泰国的人口出生率和妇女总和生育率均低于人口更替水平，人口增长率等人口指标都低于欠发达国家的平均水平。

泰国人口发展所走过的历程与大多数发展中国家的人口发展基本上是相吻合的。随着医疗条件改善和经济发展，人口发展更多地依赖于人为的调控，而这种人口的调控也关系到社会和经济的顺利发展。

第三节 泰国教育发展

泰国的教育制度始建于 1913 年，分普通教育和中等专业教育。1921 年颁布初等教育条例，规定义务教育为 4 年。1960 年进行教育改革，根据教育平等的原则和促进教育发展的方针，将 4 年义务教育延长至 7 年，在首都以外的边远地区建立大学。20 世纪 70 年代中后期，泰国教育事业的发展进入了新的历史阶段。从 2009 年开始，实行 15 年义务教育，从幼儿园开始到高中毕业，家长不用给学校交任何费用，学费、课本费、文具费、校服费和课外活动费（包括野营、军训、电脑课等）五项费用，全部由政府埋单。不分公立学校还是私立学校，一视同仁。

一、加大对基础教育的投入

1978 年，泰国政府根据当时国家发展的需要，隆重推出《1978 年全国教育纲要》，全面发展基础义务教育和中等教育：一是推行学制改革，把原来中小学的“七三二”学制改为“六三三”学制，即小学 6 年，初中 3 年，高中 3 年；

① 李志东．泰国的人口现代化与人力资源开发［J］．东南亚纵横，1998（3）．

二是推行课程改革，根据新学制重新设置课程；三是强化普及义务教育，并制定一系列政策。加大对基础教育的投入，例如，扩充学校办学设备，对贫困学生提供帮助。在边远地区，可以使用方言教学。在经济落后地区推广一年制学前教育，加强师资力量的培训，加大对边远地区教师的扶持等。为了加大对地方义务教育的普及，政府加大了对地方小学的经费支持。1978 年为 80. 23 亿泰铢，1979 年政府拟定的预算为 88. 88 亿泰铢。进入 20 世纪 80 年代以后，政府对小学教育经费拨款突破 100 亿泰铢大关。① 21 世纪以来，泰国政府对国民基础教育的投入力度不断加大。表 6-7 为近年来泰国公共教育经费支出占 GDP 的百分比。

表 6-7　2002~2013 年泰国公共教育经费支出占 GDP 的百分比　　单位：%

年份	占比
2002	3. 86
2004	4. 03
2006	4. 05
2008	3. 51
2010	3. 51
2012	4. 54
2013	4. 12

资料来源：世界银行网站，https：//data. worldbank. org. cn/country/泰国 .

1999 年，泰国颁布《国家教育法》，规定延长义务教育的年限，每个青少年将获得至少 12 年的免费基础教育机会，3 年初中教育自此被纳入强迫义务教育之中。至 2001 年，泰国 12~14 岁和 15~17 岁的青少年入学率分别达到 95%和 70%以上，全国 50%以上的劳动力都受过初中以上的教育和培训②。泰国 2015 年的小学入学率达到 99. 6%（见表 6-8）。

表 6-8　泰国入学率（占总数的百分比）　　单位：%

年份	小学	初中以上
2001	97. 6	50. 0
2015	99. 6	90. 81

资料来源：世界银行网站，https：//data. worldbank. org. cn/country/泰国 .

①② 敖中恒 . 20 世纪泰国教育发展研究［D］. 贵州师范大学硕士学位论文，2015.

二、优先发展职业教育

泰国政府历来重视职业教育的发展。20 世纪 60 年代以后，随着泰国工业化运动的兴起，泰国社会对专业技术人才和熟练工人的需求越来越大。泰国政府认识到职业教育在推动社会经济发展中的巨大作用，把职业教育放在了优先发展的地位。70 年代以后，随着泰国经济的快速发展，泰国政府把职业技术教育作为一种“战略发展产业”，视其为国家生存与发展的“秘密武器”，并不断加大对职业技术教育的投入。据统计，从 1960 年到 1990 年，泰国对职业技术教育经费的投入是普通教育和师范教育的近 2 倍。除了加大对职业技术教育经费的投入外，泰国还从本国经济发展和产业结构实际出发，调整职业技术教育发展政策。以加大职业技术教育推动社会经济发展的作用，促使职业技术教育与社会经济同步发展。80 年代，泰国全国仍然有 3/4 以上的人口生活在农村，农业仍然是劳动人口最为众多的产业。因此，泰国政府根据这一实际，特别重视农业技术教育的发展，强调农业技术人才的培训，不断把职业技术教育向农村推广。到 90 年代初，在泰国各类职业技术院校中，农业技术院校占了总数的 40%。[①]

随着 20 世纪 80 年代末 90 年代初泰国经济的飞速发展，劳动密集型产业向技术密集型产业的转移，以及一批高新技术产业的兴起，对劳动力素质提出了新的要求，原来的职业技术教育体系已经不适应社会经济的发展。20 世纪 90 年代初，泰国政府根据实际形势颁布《1990～2000 年泰国职业技术教育发展纲要》，以指导职业技术教育的改革与发展。到 90 年代中期，泰国已经建立起 300 多所正规的职业技术学校，包含农业、工业、商业、旅游业和社会技术等学校。[②]

1997 年金融危机以后，泰国职业技术教育引来了新的发展良机。1997 年的《宪法》和 1999 年的《国家教育法》更加注重职业技术教育的发展。同时，政府还投入 3 亿泰铢作为技术能力开发基金，进一步促进泰国社会民众终身学习和职业培训。为金融危机以后泰国社会经济恢复与发展提供强大的人才储备，不断加强职业技术教育与劳动者工作的紧密联系。泰国职业技术教育的发展已完全渗透到普通民众的生活当中，成为一种大众教育。

① 刘利利，李琛．泰国职业教育发展的问题、对策及对我国的启示［J］．西部学刊，2019（9）．

② 敖中恒．20 世纪泰国教育发展研究［D］．贵州师范大学硕士学位论文，2015.

三、现代化与国际化的高等教育

20 世纪 90 年代中后期以后，泰国的高等教育事业迅速发展，逐步建立起完善的现代化高等教育体系。形成了以公立大学为主，私立高等学校为辅，普通高等教育与职业技术高等教育共同发展，由国家统一管理为主的高等教育体系。70 年代之前，泰国高等教育的毛入学率一直不高，据统计，1960 年仅为 3. 3%。

20 世纪 70 年代以后，泰国高等教育开始迅速发展。随着泰国经济的快速发展以及经济结构的转型与升级，政府加大了对高等教育的重视与投入。首先是政府将公立高等院校作为贯彻高等教育政策和战略的基本机构，加大对高等教育投入经费；其次是着重加大对一批重点国立大学的建设，如有"泰国哈佛"之称的朱拉隆功大学，使公立大学成为国家学术科研、人才培养的核心机构；最后是自 1969 年泰国政府通过《私立大学法》、放开教育市场以来，私立高等教育也得到了较快的发展。到 70 年代中后期，私立高校在学校数量和招生人数上，都超过了公立大学。

为了适应社会经济的不断发展以及人民对高等教育机会增加的需求，泰国政府创办开放性大学——兰甘亨大学和素可泰大学，使泰国高等教育在短时间内取得了较大的进步。1980 年，泰国高等教育毛入学率急剧增长到 15. 8%。

20 世纪 80 年代初，泰国政府对高等教育的改革重点是调整结构和提高高等教育质量。在 1987 年颁布的《第六个全国教育发展规划》中特别强调高等教育质量，为社会和经济发展提供高级人才。20 世纪 90 年代是泰国高等教育发展的重要时期。20 世纪 90 年代初，泰国高等教育国际化开始兴起。泰国政府审时度势，将高等教育国际化放在了国家教育发展的战略位置，加强国际交流与合作。泰国利用自身的区位优势和曼谷拥有常设的国际和地区组织，如联合国教科文组织、东南亚教育部长组织、东盟大学网络和地区高等教育发展中心等，积极参加各种国际性活动，扩大教育服务贸易。私立大学在 90 年代得到了迅猛的发展。1988~1998 年，泰国新建了 22 所私立大学，平均每年批准两所。1995 年，政府根据"私立教育投资援助计划"为私立高校设立了 400 亿泰铢的发展基金和奖学金贷款，还允许私立大学每年在全国统考之前自办入学考试，提前招生。到 1998 年，泰国私立大学和公立大学的数量之比已达到 41∶24，1999 年为 49∶24。泰国私立高等学校在 90 年代获得了巨大的发展，对泰国高等教育大众化做出了突出的贡献。1999 年，泰国颁布《教育法》，坚定了科教兴国的信心，表明泰国政

府大力推动科教发展战略的决心。《教育法》规定，全体泰国人民都有接受教育的义务和权利，并且为发展和改革教育提供了法律依据。全面阐明了 21 世纪初泰国教育改革与发展的根本方针，并且注重强调要提高高等教育的办学效益和质量，要建设一批现代化，具有国际影响力的国际一流大学。[①]

泰国教育事业的发展给了泰国人民更多受教育的机会，为国家和社会的发展提供了人力资源，促进了国民素质的提高，为未来发展打下了基础。

第四节　泰国的就业保障状况

泰国政府实施的《劳动保护法》（*Labour Protection Act*）制定于 1998 年，其中明确了雇主和雇员的权利及义务，建立了关于一般劳动、雇用女工、工资报酬、解除雇佣关系和雇员救济基金等方面的最低标准。同时，《劳动保护法》也赋予了政府干预管理的权力以确保雇主和雇员双方关系的公平、健康发展。此外，相关立法还有《劳动关系法》（1975 年）、《工会法》（1979 年）、《社会保险法》（1990 年）和《工人抚恤金法》（1994 年）等。上述法律法规主要规定了以下六项内容。

一、最低工资

泰国按照地区的不同规定了不同的最低工资水平。根据最新设施的标准，泰国 77 个府的最低工资标准从每天 151 泰铢至 206 泰铢不等。这个标准会不定期调整。

二、工作时间和请假

工作时间标准为每日不超过 8 小时，每周不超过 48 小时，特殊行业每日工作时间可能延长，但每周工作总时长不得超过 48 小时。对于有害雇员健康的工作和危险工作，每日不得超过 7 小时，每周不得超过 42 小时。雇员每周至少应休假一天，雇主不得要求雇员加班，除非雇员同意，且超过最高工作时间必须付

① 敖中恒 . 20 世纪泰国教育发展研究［D］. 贵州师范大学硕士学位论文，2015.

给雇员补偿金，补偿金为正常工作时间工资的 1.5~3 倍。雇员每周工作时间不得超过最长工作时间 36 小时。

雇员请病假没有限制，但每年带薪休病假的总天数不得超过 30 个工作日，雇员请 3 天病假以上，雇主可以要求提供医生证明。为同一雇主连续工作 1 年以上的雇员，每年在国家 13 个法定假日之外还可以享受 6 天的带薪假期。女雇员可以享受包括假日在内共 90 天的孕产假，但其中只有 45 天为带薪假。

三、女工的使用

规定了雇主不得使用女工从事劳动的工作种类以及雇主不得使用孕妇从事劳动的工作种类。规定雇主不得因女工怀孕而对其解雇。

四、工人抚恤金

雇主必须向因工作原因或在工作过程中受伤、生病和死亡的雇员提供抚恤，具体可分为抚恤金、医药费、复原费和丧葬费四类。抚恤标准根据事件的严重程度而定，一般情况下雇主必须每月支付给雇员原工资的 60%作为抚恤金，但不低于每月 2000 泰铢或高于每月 9000 泰铢，对于失去器官、致残或致死的情况，雇主要依法支付抚恤金达到一定时间段。所有雇主都要于每年 1 月 31 日前向社会保险办公室管理的工人抚恤基金缴款，缴款标准由劳工部规定。

五、社会保险

所有雇主必须依法在雇员每月工资中代扣社保基金，目前规定的社保基金缴纳标准为雇员月工资的 5%（月工资最高基准为 15000 泰铢），雇主也必须为雇员缴纳同样金额的社保基金。雇主和雇员必须于次月 15 日前将社保基金汇给社会保险办公室。在社保基金注册的雇员非因公受伤、患病、残疾或死亡可以申请补偿，还可以享受儿童福利、养老金和失业金。

六、解除雇佣关系

对于没有时限的雇用合同，雇主和雇员双方都可以在发薪日当天或之前通知对方，然后在下一个发薪日前解除雇用关系。雇员出现违法犯罪、因故意或疏忽给雇主带来巨大损失、连续旷工三日以上等情况，雇主不需事先通知即可解雇雇员并停发工资。没有任何过错而被解雇的雇员，有权取得离职费，具体金额根据

雇员为雇主工作的年限而定。

雇主因为部门和业务调整、设备技术改造等原因裁员，应提前 60 天通知雇员或者支付给雇员 60 天的工资作为离职费。此外，对于为同一雇主连续工作年满 6 年的雇员，还需增发离职费，计算方法为自工作的第七年起每增加一年工龄增发 15 天工资，最多不超过 360 天工资。

根据表 6-9、表 6-10 可知，2018 年泰国就业人口比例为 67. 1%，失业率仅为 1. 2%。

表 6-9　2007~2018 年泰国就业人口比例

年份	就业人口比例（%）
2007	72. 3
2009	72. 1
2011	72. 8
2013	70. 3
2015	68. 7
2017	67. 4
2018	67. 1

注：人口就业率是指一国的就业人口比例。15 岁及以上一般为工龄人群。

资料来源：世界银行网站，https：//data. worldbank. org. cn/country/泰国 .

表 6-10　2007~2018 年泰国失业率

年份	失业率（%）
2007	1. 4
2009	1. 5
2011	0. 7
2013	0. 7
2015	0. 9
2017	1. 2
2018	1. 2

资料来源：世界银行网站，https：//data. worldbank. org. cn/country/泰国 .

以2018年4月为例，根据泰国《世界日报》的调查统计，全国15岁以上人口总数为5662万人，就业年龄人口为3799万人，其中，就业人数为3728万人，失业人口为40.5万人，季节性失业人口为30.5万人。非就业人口为1823万人，包括家庭妇女、学生和老年人等。①

在就业人口中，农业就业人口1074万人，比2017年4月同期的人口增加了19万人，其大部分为稻米、甘蔗种植农户等；非农业就业人口为2654万人，与2017年4月同期相比没有变化。②

另外，未充分就业的人数达23.1万人，相当于就业人口的0.6%。失业人口占劳动人口总数的约1.1%，与2017年同比减少6.8万人，与2018年3月环比减少3.5万人。在失业人口的统计中，从未工作过的人口有23.3万人；而拥有工作经验的失业人口有17.2万人。③

泰国的就业率和失业率的统计表明，泰国经济和社会发展较为稳定，经济结构较为合理，能够创造一定的就业机会，并降低失业率。泰国的劳动就业也显示，泰国的就业领域正在由传统的工业和农业向第三产业以及服务业调整。

第五节　泰国的医疗保障体系

医疗保障是社会保障的重要组成部分，它的完善和发展不仅关系到每个人的身体健康和生命安全，而且关系到社会的稳定与和谐。同时医疗保障还是国家调节经济的重要手段，通过医疗保障可以实现国民经济的第二次分配，增进社会公平，促进经济和社会可持续发展。

泰国通过多年的改革逐步建立起了较为成熟的医疗保障制度，泰国2002年就建成了几乎覆盖所有的泰国人民的医疗保险，成为在低收入国家中为数不多的实施全民医保的国家之一。如图6-1所示，泰国基本医疗保障的覆盖率在2013年达到了99.87%。

①②③　4月失业率1.1%月比减少3.5万人［N］．泰国世界日报，2018-05-09.

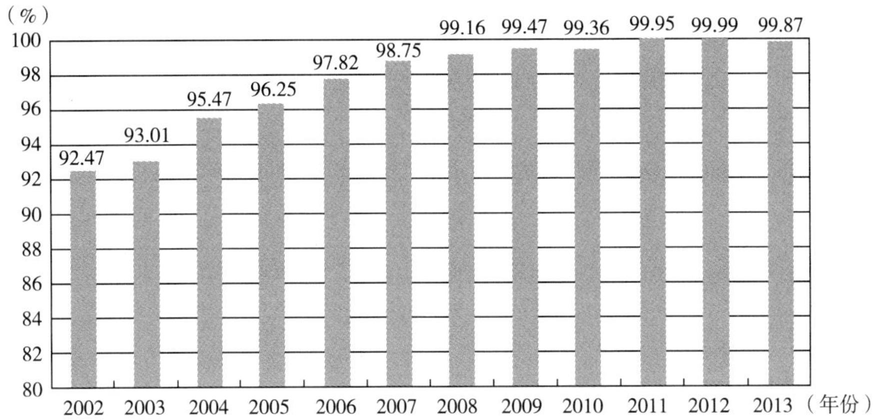

图 6-1　泰国基本医疗保障的覆盖率①

资料来源：豆丁网：https：//www.docin.com/p-2452810971.html.

随着泰国经济发展，国内生产总值不断增加，医疗保险的支出也不断增加。

表 6-11 显示了 2005~2016 年泰国医疗保健支出占国内生产总值百分比，从 3.2%到 3.7%，社会保险覆盖面在逐渐扩大，国内生产总值增加，社会保险费用的投入也相应地增加。社会保险覆盖面扩大和国家的政治、经济、文化发展分不开，这三者为社会保障制度的建立及完善奠定了基础，社会保障又为政治、经济、文化的发展创造了良好的环境，它们是相互影响、相互促进的关系。

表 6-11　2005~2016 年泰国医疗保健支出占国内生产总值百分比

年份	医疗保健支出占比（%）
2005	3.2
2006	3.1
2007	3.2
2008	3.5
2009	3.6
2010	3.4
2011	3.6
2012	3.5

① 浅谈泰国医疗保障制度，https：//wenku.baidu.com/view/f0f624a8aff8941ea76e58fafab069dc51224710.html.

续表

年份	医疗保健支出占比（%）
2013	3.5
2014	3.7
2015	3.7
2016	3.7

资料来源：世界银行网站，https：//data.worldbank.org.cn/country/泰国.

总的来说，泰国的医疗体系主要由以下三方面组成：公务员医疗福利计划、社会医疗保险和全民医疗保险（见表6-12）。

表6-12　泰国基本医疗保障体系

比较项目	公务员医疗福利计划			社会医疗保险	全民医疗保险	
保障对象	中央政府职员	地方政府职员	曼谷市公务员	合法公民	合法公民	外国劳工
福利种类	福利	福利	福利	必须参保	福利	必须参保
管理单位	中央会计厅	地方政府行政部门	退休金与退职金部 曼谷市财政部	劳工部	国家健康保障办公室 NHSO	市卫生局
所在工作单位	财政部	内政部	内政部	劳动和社会福利部	卫生部	劳动和社会福利部
筹资来源	国家	国家	国家	雇员/政府	国家	个人
支付费用	全额付款	全额付款	全额付款	全额付款	全额付款	全额付款

资料来源：泰国国家发展研究院（TDRI）。

一、公务员医疗福利计划

1978年，皇家颁布法令建立公务员医疗福利计划，对象是公务员和国有企业单位雇员、退休人士及其家属。政府支付所有费用，他们享有完全的免费医疗。该项计划的资金来自财政拨款。这项计划是为低工资收入的政府雇员提供额外补贴，而国有企业职工和他们的家属也可以从企业得到类似的福利待遇。该项目覆盖了泰国12%的人口。

二、社会医疗保险

社会医疗保险是建立在缴费的基础上的，政府、雇主和雇员各缴纳工资总额的1.5%，这项计划针对的是雇员在10人以上的公司的正式员工，因为非工作原因导致的疾病、生育、残疾以及死亡，该保险为此提供保险。医疗保险应向雇员支付体检费、治疗费、住院费、药物费、康复费以及其他费用。同时雇主还为这些雇员提供单独供款的职业补偿计划（WCS），即雇员因工作而导致疾病、残疾以及死亡能得到保障。1999年，企业职工强制性社会医疗保险开始实施。

三、全民医疗保险（“30铢计划”）

公民平等享有基本医疗卫生服务是社会发展的要求，为此泰国卫生部把这项工作当作重点来抓，提出全民医疗保险的设想。2001年1月，时任总理他信执政后提出“30铢治百病”的口号，向国民承诺建立全民医疗保险制度，简称“30铢计划”。刚开始确定部分地区为试点，试点取得一定经验后，2002年泰国政府颁发《全民健康保险法》，2002年4月起泰国政府将“30铢计划”在全国推行，该计划实施后泰国医疗保险覆盖率达到95%以上，基本实现全民医保，成为中低收入发展中国家中为数不多的、为全体居民提供医疗保险的国家之一。

（一）“30铢计划”的内容

“30铢计划”是指在泰国所有未被列入社会保险计划、公务员医疗福利计划以及尚未获得福利性医疗待遇的居民只需持身份证到政府指定的医疗部门办理相关手续就可以领到一张全民医疗保险卡，以后到医院就诊时，出示医疗保险卡及缴纳30泰铢（相当于人民币6元）挂号费，就可以享受医院提供的一切诊疗服务，包括医药、住院甚至手术费用，30泰铢是基本医疗费用的上限。对交不起医疗保险费的人实行减免政策，减免的费用由政府负担。

（二）“30铢计划”提供的医疗服务内容

参与“30铢计划”的公民到定点医疗机构看病，缴纳30铢挂号费后，将免费得到以下服务：预防保健服务和健康促进服务（包括健康体检、计划免疫、计划生育、妇女和儿童保健、艾滋病及口腔疾病预防等），门诊和住院服务（包括医学检查、治疗、康复以及《国家基本用药目录》规定的药品和医疗用品），两次以下的分娩服务，正常住院食宿，拔牙等常见口腔疾病的治疗等。

（三）“30铢计划”的筹资与支付方式

税收是“30铢计划”资金的主要来源，国家把用于卫生建设的财政拨款，扣除基础设施建设、大型医疗设备购置、教学科研以及艾滋病等疾病防治的专项经费后，全部用于“30铢计划”。另外，又新增10%的卫生经费用于该计划。

“30 铢计划”的支付采用：对卫生服务提供者采用混合支付方式，采取按人头和按病种付费方式；国家财政按人头付费的方式支付给医院门诊和预防费，住院费用实行总额预算下再按病种付费制度。

（四）“30 铢计划”的管理

“30 铢计划”的管理由国家健康保障办公室及其在全国设立的 13 个分部负责，每年定期向国家财政编报下年的预算，并按国家预算对全国的定点卫生服务机构直接拨付医药费用。公民在乡政府进行“30 铢计划”登记注册，在乡政府或卫生服务中心填写申请表后，再上报县级政府或卫生行政部门，由省级卫生行政部门汇总，报国家健康保障办公室统一登记制卡。参保者持卡即可享受“30 铢计划”的免费门诊、急诊和住院医疗服务。

“30 铢计划”的参保者，首次就诊必须在自己事先选定的社区卫生服务中心。如果需要转诊，社区卫生服务中心就将病人转到对应的大医院。大医院一般不接受直接前来就诊的病人，但急诊病人或不享受“30 铢计划”的病人除外。

目前泰国约有 980 家定点医院，覆盖了全国 98%的地区，私立医院有 63 家泰国医院，只要得到政府有关部门认证，就可以成为“30 铢计划”的定点医疗服务机构，得到政府的财政补助，对定点医疗机构的规定既不限定是公立医疗机构，也不限定规模大小。①

这三类医疗保险计划促进泰国医疗保险的发展，其医疗保险经验有四点值得我国学习与借鉴的地方：第一点，逐步增加财政对医疗卫生事业的投入；第二点，改革现行的医疗费用支付方式；第三点，加强基层卫生服务机构建设；第四点，注重预防和保健。

第六节　泰国的养老保障体系

和中国一样，泰国社会也面临着老龄化的危机。按照联合国标准，65 岁及以上人口比重超过 7%即是老龄化社会。根据世界银行的统计，2006 年泰国总人口中 65 岁及以上人口所占百分比就达到了 8%，从 2006 年到 2017 年，这一比例

① 孙春莲．泰国社会保障制度研究［D］．云南大学硕士学位论文，2013.

呈逐渐上升趋势，2017 年达到 11．4%（见表 6-13）。另外，联合国基金会的一份调查报告指出，根据泰国人口发展趋势，到 2025 年，泰国 60 岁以上人口将达到 1320 万，预计占总人口的 17%，到 2050 年将达到 2230 万，占总人口比例将上升到 27%。①

表 6-13　泰国总人口中 65 岁及以上人口所占百分比

年份	65 岁及以上人口占比（%）
2006	8.0
2007	8.2
2008	8.4
2009	8.7
2010	8.9
2011	9.2
2012	9.5
2013	9.8
2014	10.2
2015	10.6
2016	11.0
2017	11.4

资料来源：世界银行网站，https：//data.worldbank.org.cn/country/泰国.

如何应对日趋逼近的老龄化社会考验着政府的管理能力。泰国应对老龄化社会的措施主要包括以下三个方面：

一、养老保险制度逐步完善

养老保险是社会保险制度的主要组成部分，是人们老年后最主要的生活来源，在社会保障体系中占据重要地位，世界各国都十分重视养老保险制度的建设和发展。泰国的养老保险制度大致包括两部分：一是公共部门，二是私营部门。泰国第一个退休金条例始于 1902 年拉玛五世统治时期为公共部门提供养老金而

① 《泰国社会步入老龄化》，新华网，https：//news.sina.com.cn/w/2007-04-07/070812718624.shtml.

颁布的养老金法案。这个法案颁布的目的主要是为政府官员在退休后得到良好的照顾和享受良好的福利。泰国的私营企业养老保险制度始于 1998 年，相比公共部门的养老保险起步较晚，但发展速度并不落后。

就中央政府公务员而言，现行制度主要包括两部分：一是基本养老金，实行现收现付制，由财政部直接管理、工作满 37 年后即可获得替代率为 40%的基本养老金；二是从政府养老保险基金获取的强制性补充养老金，平均工资替代率为 30%。就私营部门而言，1998 年泰国通过立法为正规私营企业雇员建立了养老保险制度，实行现收现付制，基本养老金的平均工资替代率为 22%，其资金来源于政府社会保障办公室统一筹集管理的社会保障基金，养老保险缴费率为 6%（雇主和雇员各负担一半，其中还包括家庭津贴的资金来源）。另外，泰国政府还积极鼓励雇主为其雇员建立各种形式的公积金（实际上是一种补充养老保险），除国有企业雇员公积金是强制性的以外，中央政府雇员、政府关联机构雇员和私营企业雇员公积金都是非强制性的。①

（一）泰国的政府养老保险基金

1997 年 3 月，泰国中央政府为其公务员建立了政府养老保险基金，并设立了专门的法人机构——政府养老保险基金理事会负责管理。这个基金是缴费确定型的养老保险基金，实际上是一种以个人账户为基础的、集中管理的养老储蓄基金，目前 150 万应参保的中央政府公务员有 70%的人已参保（在该基金建立之前已成为中央政府公务员的自愿参加，在此之后是必须参保）。它是在降低传统的现收现付养老金待遇水平的前提下强制建立的补充养老保险基金，目的在于逐步建立多层次的养老保险体系，减轻政府的责任和压力。增强职工个人积累养老资金的责任，同时，实行市场化运作，提高基金的投资收益，增强养老保障能力。②

政府养老保险基金的来源为中央政府公务员及其雇主（中央政府）分别按公务员工资的 3%缴纳的养老保险费。公务员退休后可以一次性支取个人账户的养老金。

（二）私营企业养老保险

私营企业雇员的养老保险计划是 1998 年后才开始的。作为社会福利保障体系的一部分，强制性老年退休金计划被推出，用以取代之前仅涵盖残疾、生育和疾病患者的福利计划。老年退休金计划是以薪酬为基础，由雇主和雇员共同缴纳

①② 蔡社文．泰国的养老保险制度［J］．中国财政，2001（8）．

的一个计划。私营企业雇员强制性参与这一计划，由雇主和雇员各缴纳工资的3%，而政府将为其支付工资的1%，其总额就是雇员能获得的老年退休金。

对于私营企业员工来说，如果想要获得全额退休金，必须在供职企业工作15年以上，并保证每月支付退休金，这样他们就能够在55岁前获得这笔退休金，根据规定，老年退休金可以享受免税的待遇。

此外，泰国政府还对低收入人群养老进行保障，政府每年给贫困老人3000~4000泰铢（1美元约合35泰铢）的补贴。①

二、养老福利

在泰国，60岁以上的人可获得一张免费医疗服务卡。凭这张卡，他们可以在最近的政府医院内享受免费的医疗服务。泰国劳工部和社会福利部管理将近20家养老院，而私人机构管理的养老院只有30家以上。劳工部和社会福利部管理的养老院为老年人年老后无子女照顾提供方便，大部分养老院设施良好，具备基本的护理及医疗服务。

国家给老年人提供福利，一些公司在服务方面给老人以特价优惠。自1999年以来，65岁以上的老年人可以免费参观所有政府管理的动物园。电影院给老人3折的票价优惠，但只能在每部电影放映3天之后使用。老年人在每年6~9月可以购买泰国国家铁路公司的半价车票。

三、养老服务

泰国老人协会为那些生活困难的老年人创办了服务热线。有多位富有经验的工作人员，就如何解决老年人遇到的独特问题，迅速向老年人提出建议和忠告。例如，曼谷老年人委员会设立了一个专为老年人服务的法律咨询办公室，向遇到法律问题的老年人免费提供法律方面的建议和咨询。

泰国有400多家老年人俱乐部，这些俱乐部大多坐落在政府院内，是专为老年人提供的，旨在为老年人提供锻炼计划、医疗检查和老年生活知识等，丰富他们的闲暇生活。

---

① 蔡社文．泰国的养老保险制度［J］．中国财政，2001（8）．

第七节　本章小结

泰国社会的发展和稳定离不开经济的快速腾飞和民生保障制度的全面覆盖。总的来看，主要的经验有以下四点：

一、适当的人口政策

从20世纪初到20世纪70年代，泰国政府一直采取鼓励人口生育政策。随着国家经济的发展，医疗卫生和妇幼保健事业迅速发展，人民的健康状况大大改善，人口死亡率快速下降，人口的预期寿命显著增长，导致泰国人口迅速增长。面对一系列人口增长过快带来的问题，泰国政府又实行了较为严格的人口计划生育政策，较好地控制了人口的过快增长。总的来看，泰国政府的人口政策是成功的，它有效地控制了人口增长速度，为今后人口的适度增长打下了基础。泰国能取得人口政策的成功得益于泰国政府良好的宣传教育以及全国性的卫生保健网的建立。泰国人口发展所走过的历程与大多数发展中国家的人口发展基本上是相吻合的。随着经济发展，人口与经济之间的关系日益密切，经济发展会刺激人口增长，人口过度增长反过来又会制约经济发展。随着医疗条件改善和经济发展，人口发展也结束了其无政府状况，更多地依赖于人为的调控，而这种调控的成功与否，则是经济能否得到顺利发展的保障。

二、社会发展离不开高素质的人口

“二战”以后，泰国经济发展迅速，其经济增长速度远远高于大多数发展中国家。这一成绩的取得，和政府一直重视教育具有密切的联系。为推动教育的发展，泰国政府采取许多积极措施，泰国政府对基础教育的投入逐年增加，小学教育基本覆盖全民。泰国政府重视和优先发展职业教育，并把职业技术教育上升到国家战略的地位，视其为国家生存与发展的“秘密武器”。泰国的高等教育事业也进入现代化和国际化发展阶段。目前，泰国已建立适合本国国情的多层次、多规格的教育体系。教育事业的发展不仅保障了国民受教育的权利，也给了泰国人民更多受教育的机会，从而培养出大批适合本国社会和经济发展需求的各种层次

的人才，为国家和社会的发展打下了基础。

三、保障劳动就业

泰国政府制定了较为全面的劳动就业法规和条例。如制定于 1998 年的《劳动保护法》（*Labor Protection Act*），明确了雇主和雇员的权力及义务，同时，也赋予了政府干预管理的权力以确保雇主和雇员双方关系的公平、健康发展。

四、完善的社会保障

泰国社会保障制度从建立到完善经历了不少改革，从最初给政府职员退休后提供良好的照顾和福利开始，逐步扩展到给企业职工提供养老保险和工伤险，再到后来逐步实施的全民医保。

（一）社会保障制度覆盖面逐渐扩大

泰国的社会保障制度覆盖面逐渐扩大，由最初只针对政府雇员逐步扩展到也为私营企业提供社会保障，覆盖率从 20%多扩展到目前几乎全民享有社会保障，使泰国民众普遍受益。社会保障制度也逐渐覆盖到养老保险、医疗保险、工伤保险、失业保险等领域，让人民基本生活得到保障。

（二）医疗保险普及率高，医疗资源利用率高

泰国医疗保险制度普及率高，从 2001 年实施“30 铢计划”后，几乎实现全民医保。泰国的医疗保险涵盖了各种人群，各个年龄段的人，无论是富有的还是贫穷的都可以购买。泰国的“30 铢计划”缴费数额低，受益人群广而享受到的服务好。泰国“30 铢计划”最成功的经验之一是支付改革。泰国的支付制度改革是泰国实施“30 铢计划”后的主要改革措施，采用门诊服务按人头付费和住院服务按病种付费的方式，取消了原来按服务付费的方法，大大地节省了医疗费用。按人头付费有较好的费用控制作用和便于管理的特点，人头费根据参保人的年龄结构、疾病负担以及各省的特点确立，根据成本和物价每年进行调整。按人头付费有利于改善在不同地区之间分配不合理的状况、促进预算分配公平性、提高医院的效率。

除此之外，国家还实施医疗救助，对那些生活困难的人进行部分或全部免费医疗，在医疗救助资格确定及实施方面又有一套成熟的体系，在一定程度上保障医疗资源的合理高效利用，避免医生乱开处方，开大处方、医疗费用过高及医疗资源浪费的现象。此外，为应对老龄化社会的到来，泰国公务系统发展委员会批

准成立专门负责老年人看护体系建设以及老龄问题解决的厅级机构，着重解决和应对老龄化社会带来的问题。这一点值得我国借鉴。

现代社会民生保障制度的建立，目的在于解决国民生存保障问题并促使社会经济协调发展。现代社会保障制度实质上既是对社会成员生存权利的保护，也是社会民生保障制度从萌芽到现在的逐步完善，其发展经历告诉我们：不能简单地套用市场经济“效率优先、兼顾公平”的原则，应把公平置于首位。

总的来说，泰国国情和中国很相似，同是发展中国家，也同样面临人口老龄化的问题，同样是农村人口占总人口的比重大，泰国在这方面做得就比我国早且制度比较成熟，对我国具有借鉴意义，值得我们学习。

参考文献

［1］敖中恒．20世纪泰国教育发展研究［D］．贵州师范大学硕士学位论文，2015.

［2］蔡社文．泰国的养老保险制度［J］．中国财政，2001（8）．

［3］常翔，王维．泰国国家发展规划的发展历程与解读［J］．东南亚纵横，2017（5）．

［4］李前．泰国是一个怎样的国家？［J］．进出口经理人，2019（5）．

［5］刘利利，李琛．泰国职业教育发展的问题、对策及对我国的启示［J］．西部学刊，2019（9）．

［6］李志东．泰国的人口现代化与人力资源开发［J］．东南亚纵横，1998（3）．

［7］孙春莲．泰国社会保障制度研究［D］．云南大学硕士学位论文，2013.

［8］张霞．东南亚国家社会保障制度研究［J］．东南亚纵横，2009（4）．

第七章　格鲁吉亚的民生保障与社会发展

格鲁吉亚（以下简称格）是“一带一路”沿线重要国家，也是“一带”与“一路”的重要交汇地。格鲁吉亚是欧亚地区目前唯一与我国签署自贸协定的国家，中格两国和两国人民携手共建“一带一路”，为两国和两国人民共同缔造了发展的新契机。

第一节　格鲁吉亚发展概况

从国家基本概况经济方面来看，近年来格鲁吉亚经济社会发展稳步，“2016年，格 GDP 为 143 亿美元，同比增长 2.7%，人均 GDP 为 3853 美元。进出口总额 120 亿美元，同比增长 21.0%。格出口 21 亿美元，进口 99 亿美元。2017 年，格 GDP 为 151.6 亿美元，同比增长 5%。进出口总额 107 亿美元，同比增长 13.8%。格出口 27.3 亿美元，同比增长 29.1%，进口 79.8 亿美元，同比增长 9.4%。2018年 1~9 月，格 GDP 增长 5.6%，进出口总额达 91.25 亿美元，同比增长 20.8%”。[①] 2012 年 10 月，格举行议会选举，“格鲁吉亚梦想”联盟在议会选举中胜出，为格鲁吉亚的稳定发展提供了重要的政治前提。“2018 年 6 月，克维里卡什维利宣布辞职，巴赫塔泽接任总理。目前，‘格鲁吉亚梦想——民主格鲁吉亚’党掌控着议会、政府与地方，保持一定控局能力。”[②] 这为格鲁吉亚社会发展提供了较为有利的政治条件。格鲁吉亚社会发展的现实与前景，对我们更深入了解处于不

①② 格鲁吉亚国家概况（2019 年 1 月）［EB/OL］. 外交部，https：//www. fmprc. gov. cn/web/gjhdq_676201/gj_ 676203/yz_ 676205/1206_ 676476/1206x0_ 676478/.

同发展阶段的“一带一路”沿线国家和地区的社会发展阶段和社会发展政策具有重要的意义，可以更深入地聚焦双边合作，让成果惠及两国人民。

第二节　格鲁吉亚国家发展情况

格鲁吉亚独立后，经济成长经历了明显的起伏变化。独立之初的格鲁吉亚，经历了一段时间的经济和国民收入的大幅下降。在从高度集中的计划经济体制向市场经济过渡过程中，造成了国民经济的大滑坡，GDP 增长率、人均 GDP 增长率在 1992 年甚至为-44.9%和-45.325%。自 1995 年起，格鲁吉亚有关经济数据才恢复正增长。1990 年格鲁吉亚人均 GDP 为 1614.64 美元，此后持续下降，1994 年达到独立后的最低点 519.816 美元。2005 年人均 GDP 为 1642.775 美元，恢复到 1990 年的水平，这一过程用了约 15 年的时间。从总体上来看，从 1990 年到 2018 年，格鲁吉亚各项经济指标呈现增长态势，无论是经济增长率，还是人均 GDP 与独立之初相比，均实现了跨越式发展。截至 2018 年，格鲁吉亚 GDP（现价美元）达到 162.1 亿美元，GDP 增长率达到 4.717%，人均 GDP 增长达到 4.633%，人均 GDP（现价美元）达到 4344.634 美元，以上数据均创独立以来的高值，这与近两年来格政局稳定，努力发展经济有着密切的联系。表 7-1 详细汇聚了自 1990 年到 2018 年格鲁吉亚经济发展综合统计数据。

表 7-1　1990~2018 年格鲁吉亚经济发展综合统计①

年份	GDP（现价十亿美元）	GDP 增长率（年增长率,%）	人均 GDP 增长（年增长率,%）	人均 GDP（现价美元）
1990	7.754	-14.788	-14.765	1614.64
1991	6.358	-21.1	-21.653	1314.671

① GDP（现价美元）数据来自 https：//data.worldbank.org.cn/indicator/NY.GDP.MKTP.CD？locations=GE；GDP 增长率（年增长率）数据来自 https：//data.worldbank.org.cn/indicator/NY.GDP.MKTP.KD.ZG？end=2018&locations=GE&start=1990；人均 GDP 增长（年增长率）数据来自 https：//data.worldbank.org.cn/indicator/NY.GDP.PCAP.KD.ZG？end=2018&locations=GE&start=1990；人均 GDP（现价美元）数据来自 https：//data.worldbank.org.cn/indicator/NY.GDP.PCAP.CD？end=2018&locations=GE&start=1990。数据检索时间为 2019 年 8 月 20 日至 9 月 5 日。

续表

年份	GDP（现价十亿美元）	GDP 增长率（年增长率,%）	人均 GDP 增长（年增长率,%）	人均 GDP（现价美元）
1992	3.69	-44.9	-45.325	757.224
1993	2.701	-29.3	-29.841	550.016
1994	2.514	-10.4	-9.01	519.816
1995	2.694	2.6	6.529	578.337
1996	3.095	11.2	15.31	689.017
1997	3.51	10.519	14.121	807.015
1998	3.613	3.105	5.688	851.516
1999	2.8	2.869	5.008	673.526
2000	3.057	1.838	3.838	749.896
2001	3.219	4.805	6.444	801.99
2002	3.396	5.474	6.424	853.528
2003	3.991	11.059	11.811	1010.008
2004	5.125	5.794	6.452	1305.047
2005	6.411	9.59	10.288	1642.775
2006	7.745	9.42	10.044	1996.057
2007	10.173	12.579	13.168	2635.354
2008	12.795	2.419	2.73	3324.736
2009	10.767	-3.651	-2.791	2822.652
2010	11.639	6.249	7.027	3073.525
2011	14.435	7.222	8.085	3842.618
2012	15.846	6.351	7.137	4249.67
2013	16.14	3.387	3.698	4341.435
2014	16.509	4.624	4.574	4438.687
2015	13.994	2.881	2.719	3756.384
2016	14.378	2.847	2.785	3857.282
2017	15.081	4.833	4.819	4045.417
2018	16.21	4.717	4.633	4344.634

资料来源：笔者根据世界银行数据整理所得。

2008 年国际金融危机的爆发，给世界各国经济发展造成了负面影响。可以看到，2008 年金融危机后，2009 年格鲁吉亚经济和国民收入又出现了负增长，但幅度总体不大，2010 年即恢复正增长。2010～2012 年保持了 6%以上的增长率，人均 GDP 和 GDP 也处在持续增加的状态。2013～2016 年，经济增长和国民收入进入一个增速减缓的区间，应与这一段时间的政治纷扰有一定关系。

2017 年、2018 年这两年，经济和国民收入再次进入一个增速上升区间，且发展成果明显，政局的稳定对经济的成长和国民收入的增加，具有决定性的意义。格鲁吉亚独立之初及独立后所面对的两次经济和国民收入负增长的状态，既有内部因素，也有外部因素。既是内部政治动荡造成的，也是外部国际金融危机影响造成的。但数据揭示的关键信息要素是政治的稳定是经济稳定和发展的重要前提，政治不稳不仅经济成长受损，而且牵扯到每一个百姓的切身利益。

事实上，每个折线起伏的背后，都蕴含着社会发展的深刻变革和国民切身的经历和难以磨灭的感受。“格鲁吉亚业内人士指出，国家如能加大反贪污力度，限制灰色经济，提高管理效率，整顿工资制度和其他社会制度，克服能源和经济危机，经济达到约 10%的高增长速度是可能的。在这样的条件下，通过五六年的努力，国内生产总值完全可以翻一番。”[①] 处于地缘政治夹缝中的格鲁吉亚，这种深刻变革和感受显得更加剧烈。稳定与发展是相生相伴的。

格鲁吉亚独立 20 多年以来，经历了复杂的发展过程。政治体制从社会主义过渡到资本主义多党竞争、西式民主选举的格局，经济体制从高度集中的计划经济体制过渡到资本主义市场经济体制，两个体制的转换推动格鲁吉亚社会发展发生深刻变革。此外，地缘政治、大国博弈的因素也深刻影响格鲁吉亚政治进程、经济发展和社会发展。独立以来的格鲁吉亚，其社会发展现状与民生改善的国家治理能力也在发展中演化。

第三节 格鲁吉亚民生保障发展和主要政策

经济发展与社会发展是一个国家综合发展的两个重要方面，经济的成长可以为社会发展提供有力的物质基础，进而不断为解决社会发展的不平衡、不充分的问题提供持续的动力。社会发展事业的不断进步，体现在可以为人民提供可持续的发展机会、有效的社会保障、无后顾之忧的发展体系等，进而化解社会发展的矛盾性因素，为经济的成长提供强有力的稳定的环境。可以说，两者之间是相互

---

① 小舟．格鲁吉亚经济发展起伏不定［J］．俄罗斯中亚东欧市场，2003（6）：27.

依存、相互促进的关系。中间任何一个环节的衔接，都需要顺畅，而人民需要的是获得感、安全感、幸福感。

格鲁吉亚的经济发展与社会发展不但有其特殊性与独特性，更具有一定的代表性。分析其独立以来的社会发展状况，有重要的参考价值和借鉴意义。横跨近30年，从人口发展、教育发展、就业发展、健康事业发展的维度，世界银行的统计数据，将一个国家社会发展转型的过程，刻画在历史发展的进程与脉络之中，揭示社会发展的规律性认识。

一、人口情况与政策

人口是一国存在与发展的基础。人口红利是劳动密集型产业发展的重要前提，人才红利是高质量经济发展的重要前提。人口红利体现的是人口发展的规模，而人才红利则体现了人口发展的素质和质量等结构构成要素。表7-2通过人口总数、劳动力总数、抚养比、65岁和65岁以上的人口占总人口的百分比、15~64岁的人口占总人口的百分比等指标清晰展示了格鲁吉亚自1990年以来的人口变化情况，通过折线图的曲折变化可以看到，格鲁吉亚人口的变化情况与国家发展状况有着密切的联系。

表7-2　1990~2018年格鲁吉亚社会发展综合统计（人口）①

年份	人口总数（万人）	劳动力总数（万人）	女性人口占总人口的百分比	抚养比占劳动年龄人口的百分比	65岁和65岁以上的人口占总人口的百分比	15~64岁的人口占总人口的百分比
1990	480.2	239.2170	52.459	51.907	9.31	65.83
1991	483.59	242.4362	52.442	52.73	9.71	65.475
1992	487.35	246.0919	52.443	53.683	10.181	65.069
1993	491.11	250.0268	52.457	54.647	10.668	64.664

① 人口总数数据来自 https://data.worldbank.org.cn/indicator/SP.POP.TOTL? end=2018&locations=GE&start=1990；劳动力总数数据来自 https://data.worldbank.org.cn/indicator/SL.TLF.TOTL.IN；女性人口占总人口的百分比；https://data.worldbank.org.cn/indicator/SP.POP.TOTL.FE.ZS? end=2018&locations=GE&start=1990；抚养比（占劳动年龄人口的百分比）数据来自 https://data.worldbank.org.cn/indicator/SP.POP.DPND? end=2018&locations=GE&start=1990；65岁和65岁以上的人口占总人口的百分比数据来自 https://data.worldbank.org.cn/indicator/SP.POP.65UP.TO.ZS? end=2018&locations=GE&start=1990；15~64岁的人口占总人口的百分比数据来自 https://data.worldbank.org.cn/indicator/SP.POP.1564.TO.ZS? end=2018&locations=GE&start=1990。数据检索时间为2019年8月25日至9月10日。

续表

年份	人口总数（万人）	劳动力总数（万人）	女性人口占总人口的百分比	抚养比占劳动年龄人口的百分比	65岁和65岁以上的人口占总人口的百分比	15~64岁的人口占总人口的百分比
1994	483.6076	248.4436	52.478	55.429	11.084	64.338
1995	465.7722	238.5030	52.498	55.897	11.379	64.145
1996	449.1699	228.3032	52.515	55.889	11.701	64.148
1997	434.9913	219.6503	52.53	55.578	11.896	64.227
1998	424.3607	214.3245	52.545	55.046	12.024	64.497
1999	415.7139	210.1786	52.566	54.452	12.178	64.745
2000	407.7131	200.3899	52.595	53.891	12.409	64.981
2001	401.4373	206.1536	52.634	53.443	12.82	65.171
2002	397.8515	199.2008	52.68	53.089	13.296	65.321
2003	395.1736	203.4586	52.724	52.676	13.773	65.498
2004	392.7340	199.6802	52.753	52.022	14.145	65.78
2005	390.2469	199.1946	52.76	51.07	14.349	66.194
2006	388.0347	199.1317	52.738	50.426	14.506	66.478
2007	386.0158	199.2318	52.693	49.609	14.524	66.841
2008	384.8449	199.7277	52.63	48.779	14.451	67.214
2009	381.4419	198.8971	52.562	48.136	14.364	67.505
2010	378.6695	201.3146	52.498	47.776	14.312	67.67
2011	375.6441	202.9544	52.44	47.923	14.292	67.603
2012	372.8874	205.0357	52.386	48.205	14.315	67.474
2013	371.7668	202.4016	52.339	48.635	14.383	67.279
2014	371.9414	203.4761	52.301	49.225	14.487	67.013
2015	372.5276	206.2766	52.273	49.991	14.615	66.671
2016	372.7505	203.9265	52.258	50.78	14.73	66.322
2017	372.8004	203.2153	52.255	51.622	14.864	65.953
2018	373.1	203.1381	52.261	52.506	15.012	65.571

资料来源：笔者根据世界银行数据整理所得。

从表7-2数据分析来看，自1990年以来，格鲁吉亚的人口总数和劳动力总数总体呈现下降趋势，人口总数的下降趋势是一个持续的过程，中间年份很少有上涨的区间，而劳动力总数自2000年后基本稳定，起伏变化多，但总体上维持在一个稳定的区间，没有明显的大起大落。相对于人口总数的变化，劳动力总数的变化2000年后比较具有稳定性。自2000年后人口总数与劳动力总数的契合性较高，两者偏离不大。

表 7-2 数据表明，自 1990 年以来，女性人口占总人口的百分比呈现了一个先上升后下降的趋势，1990~2008 年女性人口占比是一个稳步增长的态势，但自 2008 年以来，女性人口的占比持续下降，与 2008 年之前稳步上升的态势相比，下降的幅度较大，自 2015 年起，基本趋势相对稳定，没有较大的起伏。从抚养比来看，自 1990 年以来，经历了一个上升，长期下降，又上升的过程。从 2005 年到 2015 年，抚养比持续下降，而这个时间段，也是格鲁吉亚政治相对动荡的十年，一系列影响国家命运、社会发展、全球关注的事件，发生在这个十年。

表 7-2 数据显示，格鲁吉亚 65 岁和 65 岁以上的人口占总人口的比例自 1990 年起呈现一个上升的态势，65 岁以上老年人口持续增加，也是一个稳步变化的过程。尽管总趋势上是一直上涨的，但过程也有变化。1990~2003 年是一个上涨比较快的过程，自 2003 年以后，发展趋势比较稳定，占比没有明显的起伏变化。总体上来看，自进入 21 世纪以来，格鲁吉亚 65 岁以上老年人口的占比保持了一定的稳定性和连续性。在 15~64 岁的人口占比方面，自 1990 年以来的起伏变化非常明显，经历了一个先降后升又下降的过程，拐点与发展变化比较明显，具有鲜明的时代发展特征。从总体上来看，2018 年格鲁吉亚 15~64 岁的人口占比为 65.571%，这一占比已经与 1990 年的 65.83%和 2005 年的 66.194%大致持平。从 2005~2018 年，格鲁吉亚 15~64 岁的人口占比经历增长到下降，又回到 2005 年的水平，且与 20 世纪 90 年代初持平，变化是显著的，也折射社会发展对人口发展的深刻影响。

在此期间，由于人口老龄化和公共财政资源的有限性，使格鲁吉亚的人口政策特别是养老政策可持续性面临巨大的发展压力。格鲁吉亚独立后，改革了苏联时期的公共政策和社会保障制度，在向市场经济转型的过程中，养老政策和福利政策也进行了持续的调整。但由于国家持续处于动荡之中，加之财政紧缩政策的实施，使人口政策无法得到持续的财政支持。经济的衰退和停滞，使养老金领取者的收入预期无法得到现实的满足。随着 2012 年格鲁吉亚政局日渐稳定，情况才得以改善，“在 2012~2013 年，格鲁吉亚政府提高了基本养老金的待遇水平，将其支出在 GDP 的占比提高至 4.7%。截至 2013 年底，格鲁吉亚平均老年养老金的替代率达到 17.1%（平均老年养老金与平均工资之比）。”① 根据人口情况的不断变化，格鲁吉亚也根据自身公共财政、经济发展的水平，不断调整其人口政

① 王敏，王淑清，李晨佳．格鲁吉亚：非缴费型养老金改革的选择［J］．中国社会保障，2019（2）：40.

策和发展预期，但日渐到来的老龄化社会，成为影响格鲁吉亚中长期人口发展的主要挑战。通过提高退休年龄、将养老金待遇与物价挂钩、鼓励私人养老与国家抚养结合，以期提高发展的可持续性。

二、教育事业与政策

教育发展体现一个社会基本的起点公平，它是社会成员成长，并能够进入社会的第一步，也是进行社会化进程的关键一步。教育在社会发展中，占据举足轻重的地位，可以说教育与医疗、住房、养老、就业构成了人在社会发展中贯穿一生的刚性需求，也是基本社会保障的重要内容。从学校入学率（小学）、入学率（高等院校）、教育公共开支总额总数（占 GDP 的比例）、公共教育支出总数（占政府支出的比例）四个方面展示格鲁吉亚自 1990 年以来教育发展在社会发展中的状态，表 7-3 中的有关数据清晰展示了这一变化状态。事实上，“格鲁吉亚独立以后，与独联体其他国家一样，经济滑坡、通货膨胀、商品匮乏、人民生活水平急剧下降，特别是 1992～1993 年的内战，更使原已十分困难的国民经济走向崩溃。这种政治、经济局势的大动荡，给教育科技领域带来了空前的影响。内战结束以后，格鲁吉亚的政治局势逐渐稳定，经济情况也在逐渐好转，社会生活的其他方面也在逐步恢复正常。国家在财政十分困难的情况下，作出种种努力，以保证教学、科研秩序的稳定。可以看出，尽管科技工作因受制约因素较多，离正常运转尚有较大距离，但教学秩序已大体正常。”①

表 7-3　1990～2018 年格鲁吉亚社会发展综合统计（教育）②

年份	学校入学率（小学）（占总数的百分比）	入学率（高等院校）（占总人数的百分比）	教育公共开支总额占 GDP 比重	公共教育支出总额（占政府支出的比例）
1990	—	—	—	—
1991	97.291	36.189	—	—

① 杨恕．格鲁吉亚教育科技现状［J］．东欧中亚研究，1997（5）：94.

② 学校入学率，小学（占总数的百分比）数据来自 https：//data. worldbank. org. cn/indicator/SE. PRM. ENRR？end＝2017&locations＝GE&start＝1990；高等院校入学率（占总人数的百分比）数据来自 https：//data. worldbank. org. cn/indicator/SE. TER. ENRR；教育公共开支总额总数（占 GDP 的比例）数据来自 https：//data. worldbank. org. cn/indicator/SE. XPD. TOTL. GD. ZS？locations＝GE；公共教育支出总数（占政府支出的比例）数据来自 https：//data. worldbank. org. cn/indicator/SE. XPD. TOTL. GB. ZS？locations＝GE。数据检索时间为 2019 年 8 月 25 日至 9 月 10 日。

续表

年份	学校入学率（小学）（占总数的百分比）	入学率（高等院校）（占总人数的百分比）	教育公共开支总额占 GDP 比重	公共教育支出总额（占政府支出的比例）
1992	95.475	—	—	—
1993	86.339	—	—	—
1994	85.003	—	6.916	—
1995	82.688	44.596	—	—
1996	82.512	42.068	—	—
1997	84.895	45.012	—	—
1998	88.982	—	2.109	10.851
1999	92.408	36.379	2.155	10.605
2000	95.181	38.325	2.181	12.541
2001	92.782	39.206	2.138	12.362
2002	89.47	41.271	2.235	13.604
2003	88.671	42.51	2.066	12.493
2004	90.71	41.723	2.914	15.037
2005	89.758	45.923	2.484	11.181
2006	93.018	37.434	3.004	12.895
2007	98.36	36.635	2.697	9.487
2008	100.868	34.183	2.92	8.938
2009	101.644	25.723	3.222	8.998
2010	101.77	29.199	—	—
2011	102.845	31.433	2.696	9.269
2012	105.5	29.694	1.983	6.708
2013	106.371	35.647	—	—
2014	105.077	40.623	—	—
2015	104.319	45.614	—	—
2016	102.598	51.883	3.785	12.666
2017	102.774	57.528	3.83	12.953
2018	—	—	—	—

资料来源：笔者根据世界银行数据整理所得。

小学教育是基础教育，也是人立足社会后续发展的基础和重要前提。从表 7-3 数据来看，1990～2017 年格鲁吉亚小学入学率变化起起伏伏，从长周期来看，是稳步增长的，但每到一个阶段总是会有一个不短时间的下降与调整过程，即使历史低点的1996年，小学入学率也为82.512%，保持了一个较高的水平。2009年以后，格鲁吉亚的小学入学率都在100%以上，透射其小学发展和基础教育的发展质量较好，为国家发展奠定了初步的坚实基础。“格鲁吉亚独立后，教育和科技发展受到政治经济局势的严重干扰，处于非常困难的境地，但改革的进程仍比较快。”①

从表7-3既有的数据来看，格鲁吉亚高等院校入学率平均在50%以下，高等院校入学率占总人数的比重是偏低的，而且有的年份的入学率甚至低于30%，较低的年份是2009年、2010年和2012年，分别为25.723%、29.199%、29.694%，这三年也是2008年危机发生后，对格鲁吉亚经济影响较大的三年，2012年后，随着金融危机后续影响逐步缓解，格鲁吉亚出现一个高等院校入学率直线上升的过程，截至2017年，这一趋势没有改变，这或许与危机中与危机后为了提高自身在就业市场的竞争力而主动提高自身素质的需求具有一定关联。2017年格鲁吉亚高等院校入学率达到57.528%，进入高等教育普及化阶段，为格鲁吉亚发展带来新的契机。高等院校是人才资源的主要培训场所，入学率代表着一个国家整体的人口素质的质量与水平，在今天新工业革命兴起的情况下，大力发展高等教育，提高高等院校入学率，并根据社会发展的能力和未来发展的需求，调整专业、开设新的专业，以培养人才，拓展人才红利，进而提高国家整体的综合竞争力。

通过格鲁吉亚教育财政支出关系，可以折射格鲁吉亚的教育发展情况。从表7-3数据来看，格鲁吉亚教育公共开支总额（占GDP的比例）在3%以下的年份比较多，不连续数据显示，开支总额占比最高的年份是2016年和2017年，分别为3.785%和3.83%，这也是格独立后的最高值。最低值出现在2012年，为1.983%。教育公共开支一个比较稳定的区间是1998~2009年，这一区间的统计数据是连续不间断数据，而且稳定性较好，在2000年后，基本呈现了一个上升的态势，教育公共开支是稳定的、持续性较好的。从整体上来看，这一指标的变化折射了格鲁吉亚整体的经济发展的变化与经济增长的态势，与GDP的增长密切相关。但是，“由于预算欠款不断增加，格鲁吉亚不得不降低开支水平，因此妨碍了国家宏观经济环境健康化的发展，降低了行政管理效率，削弱鼓励经营活

① 杨恕．格鲁吉亚教育科技现状［J］．东欧中亚研究，1997（5）：94.

动的发展力度。”①

从既有数据来看，格鲁吉亚公共教育支出占政府总支出的比例起伏变化是比较明显的。上升幅度与下降幅度较大。从整体数据分析来看，公共教育支出占政府总支出的比例都在10%左右，最低点出现在2012年，为6.708%（见表7-3），这也是目前看到的自格鲁吉亚独立以来的最低点。格鲁吉亚政府财政在公共教育的支出比例的变化，折射出政府财政整体收入水平的变化。公共教育属于民生支出，是刚性支出，这一支出的比例和需求在一定时期以内具有一定的固定性，但这一支出也与政府的财力、国家的经济实力有着密切的关系。“相较于发达国家的教育经费占GDP的比例（如经合组织国家的平均水平为11.3%，欧盟的平均水平为9.9%），格鲁吉亚国家教育经费投入仍处于较低水平，且高等教育支出占政府教育支出的比例呈下降趋势。”② 从整体上来看，这一支出在格鲁吉亚政府的总支出中的比例是相对稳定的，尽管个别年份会有下降，或者会有一个下降区间，但也会在之后迅速反弹，整体趋势是逐步下降的。但不连续数据显示，在2016年、2017年这一比例又获得了大幅提升，由2012年的6.708%上升到2016年和2017年的12.666%和12.953%，这一时期也是格政局发展稳定的阶段，这一趋势一直延续到今天。

从苏联独立后，格鲁吉亚的教育体系也进行了广泛而深刻的变革。“在教育领域，巴赫塔泽计划进行大规模改革。首先，提高中学教师的工资。教师工资改革将分阶段进行，2018~2019年为第一阶段，计划提高1万名教师的工资待遇，预计到2022年公立学校教师的平均工资将增长到目前的3倍。其次，改革格鲁吉亚教育体系，在2023年前达到欧洲标准，为此五年内将引入新的教育模式。2019年将从50所中学开始试点新教育模式，到2023年扩大到2000所。为适应新的教育模式，将对教师进行培训，以便能更好地完成教学任务。”③

在高等教育方面，独立后格鲁吉亚高等学校的收入来源，主要来自教育部、主要政府部门和地方财政两个方面：一是由于财政紧张，格鲁吉亚高校均招收自费生，以解决财政紧张问题。在总体教育政策取向上，以减少政府对学校的干预和领导为主，在保持教育公立和免费性质的同时，使学校具备较大的自存能力，

① 小舟．格鲁吉亚经济发展起伏不定［J］．俄罗斯中亚东欧市场，2003（6）：29.

② 刘进，王艺蒙．“一带一路”沿线国家的高等教育现状与发展趋势研究（十七）——以格鲁吉亚为例［J］．世界教育信息，2018（23）：38.

③ 张梅．格鲁吉亚总理马穆卡·巴赫塔泽［J］．国际研究参考，2018（12）：54.

鼓励在自设专业招收自费生。同时，学生毕业后分配工作的就业方式基本取消，由学生自主择业。二是政府在学制、学位、高校自主办学、社会办学等方面进行了全面改革，这些改革一方面顺应了格鲁吉亚市场经济发展的需求，另一方面也是财政紧张下紧缩政策的选择。当前格鲁吉亚，民办、公办等多种教育办学形式融合发展，但是分化明显。以经济、新闻、技术等为代表的热门专业招生竞争激烈，毕业后就业较好，但是科学技术基础研究专业相对面临“青黄不接”的情况，人才流失严重。“主要是由于经济原因，大量中青年教师离开了高校，或选择出国，或选择改行。实验室中，除研究生之外，很少见到青年教师。这使许多专业后继乏人。实验设备老化，亟待更新。”①

三、就业保障与政策

就业是民生之本，更是社会成员参与社会发展、融入社会发展的关键一步，是社会成员在社会立足、过上有尊严受尊重生活的必要前提条件，其折射的是社会整体的经济发展水平。就业还是影响社会稳定和谐的一个重要因素，是经济发展的重要指标。表 7-4 从农业、工业、服务业三大产业的就业结构关系，以及总失业人数、15~24 岁年轻群体总失业人数五个方面揭示了 1990~2018 年格鲁吉亚的总体就业和青年群体就业情况。

表 7-4　1990~2018 年格鲁吉亚社会发展综合统计（就业）②

年份	农业就业人员占就业总数的百分比	工业就业人员占就业总数的百分比	服务业就业人员占就业总数的百分比	总失业人数占劳动力总数的比例	年轻群体总失业人数占 15~24 岁所有劳动力数量的比例
1990	—	—	—	—	—
1991	49.757	10.385	39.858	2.7	5.461
1992	49.65	10.244	40.105	5.4	10.216

① 杨恕．格鲁吉亚教育科技现状［J］．东欧中亚研究，1997（5）：96.

② 农业就业人员占就业总数的百分比数据来自 https：//data. worldbank. org. cn/indicator/SL. AGR. EMPL. ZS? locations = GE；工业就业人员占就业总数的百分比数据来自 https：//data. worldbank. org. cn/indicator/SL. IND. EMPL. ZS? locations=GE；服务业就业人员占就业总数的百分比数据来自 https：//data. worldbank. org. cn/indicator/SL. SRV. EMPL. ZS? locations=GE；总失业人数占劳动力总数的比例数据来自 https：//data. worldbank. org. cn/indicator/SL. UEM. TOTL. ZS? locations=GE；年轻群体总失业人数占 15~24 岁所有劳动力数量的比例数据来自 https：//data. worldbank. org. cn/indicator/SL. UEM. 1524. ZS? locations=GE。数据检索时间为 2019 年 8 月 25 日至 9 月 10 日。

续表

年份	农业就业人员占就业总数的百分比	工业就业人员占就业总数的百分比	服务业就业人员占就业总数的百分比	总失业人数占劳动力总数的比例	年轻群体总失业人数占 15~24 岁所有劳动力数量的比例
1993	49. 543	10. 103	40. 354	5. 4	10. 223
1994	49. 36	10. 097	40. 544	8. 4	15. 352
1995	49. 165	10. 111	40. 725	7. 6	13. 889
1996	48. 964	10. 134	40. 903	11. 5	20. 317
1997	48. 755	10. 171	41. 074	11. 5	20. 369
1998	48. 553	10. 193	41. 254	14. 53	25. 519
1999	52. 252	9. 449	38. 298	13. 8	24. 24
2000	52. 173	9. 804	38. 023	10. 82	20. 865
2001	52. 792	9. 227	37. 93	11. 16	19. 869
2002	53. 77	8. 22	38. 01	12. 59	27. 489
2003	54. 897	8. 354	36. 748	11. 51	24. 521
2004	54. 002	8. 835	37. 162	12. 62	27. 832
2005	54. 341	9. 292	36. 367	13. 81	27. 979
2006	55. 304	9. 049	35. 646	13. 57	29. 455
2007	53. 431	10. 372	36. 197	13. 28	30. 737
2008	52. 92	10. 461	36. 62	17. 87	37. 174
2009	52. 392	10. 579	37. 029	18. 3	40. 092
2010	51. 843	10. 736	37. 42	17. 41	37. 318
2011	51. 269	10. 94	37. 791	17. 34	39. 252
2012	50. 609	11. 181	38. 21	17. 22	35. 795
2013	49. 695	11. 394	38. 911	16. 94	38. 949
2014	48. 738	11. 675	39. 587	14. 62	34. 564
2015	47. 78	11. 969	40. 251	14. 08	33. 381
2016	46. 824	12. 254	40. 921	13. 97	32. 781
2017	43. 124	13. 171	43. 704	13. 93	29. 103
2018	42. 897	13. 222	43. 881	14. 106	30. 441

资料来源：笔者根据世界银行数据整理所得。

农业是格鲁吉亚的重要支柱产业，葡萄酒是格鲁吉亚重要的出口创汇项目和国家经济发展的重要支柱产业，格鲁吉亚工业发展相对滞后，这从工业领域就业人数的比例关系可以明显地看出。从表 7-4 数据来看，服务业在格鲁吉亚就业中占有重要的位置，2016 年以来，其就业人数的占比已经与农业就业人数占比持平，2017 年、2018 年格鲁吉亚农业就业人员占比分别为 43. 124%和 42. 897%，服务业就业人员占比分别为 43. 704%、43. 881%。自 1990 年以来，农业就业人员占比整体呈现一个下降趋势，而且 2000 年以来下降明显，这一趋势截止到 2018 年没有发生根本性的扭转。这一趋势经历了一个“曲折”的变化过程：1991~1998 年基本趋势是一个稳步的下降趋势，但是波动幅度不大，1999~2006 年经历了一个非常快速的上升和发展过程，例如，1998 年占比为 48. 553%，1999 年为 52. 252%，增幅为 3. 699%，接近 4%，这是自格鲁吉亚独立到 1999 年未曾出现的高增长数字。此后，经历了农业就业人数占比高增长时期。自 2007 年始，格鲁吉亚农业就业人数占比持续性地下降，到 2018 年占比跌至 42. 897%，比独立之初时的 1991 年的数据还要低，1991 年占比为 49. 757%。农业是格鲁吉亚的支柱产业，就业人数占比的持续减少，与进入 21 世纪后全球经济发展大环境和格鲁吉亚经济发展小环境有着密切的关系。工业和服务业就业人员的占比关系也经历了起伏变化，总趋势上也是经历了下降与上升的过程，农业就业人口占比的减少也与就业人员向工业和服务业转移有一定的关系，但格鲁吉亚农业就业人员占就业总数的百分比自 1991 年至 2018 年一直维持在 40%以上，其依然是格鲁吉亚重要的劳动力就业领域与部分，农业依然是经济发展的重要支撑和社会发展物质积累的基础。

工业就业人员的占比经历了一个从降低再到上升的过程，从 1991 年到 2003 年，工业部分就业人员占比从 10. 385%降低到 8. 354%，经历了持续十多年的下降过程，透射工业部门发展的不足，特别是在吸纳就业方面。2004 年工业领域就业占比开始上升，从 8. 835%上升到 2018 年的 13. 222%，为独立以来的历史最高值，特别是 2012 年之后增长逐步加快，这与格鲁吉亚参与“一带一路”建设，中国企业投资格鲁吉亚工业领域有着较为密切的关系，有力地促进了格鲁吉亚经济的发展、就业的提高和民生的改善。在工业就业人员占比提高的同时，农业就业人员占比有所下降，两者一增一减，具有一定的互补性，但是总体上，格鲁吉亚工业领域就业人员占比还是比较低的，不到 15%，在目前趋势不变的情况下，未来可能会有大的发展，特别是在格鲁吉亚政局稳定，且积极对接“一带一路”倡议的情况下。

表 7-4 数据表明，格鲁吉亚服务业就业人员的占比，自 1991 年以来，经历了一个微幅上涨后近似直线急速下跌，然后又逐步下跌的过程。自 2007 年开始，就业人员占比开始回升，此后持续增长，特别是自 2015 年以来增幅加快，服务

业就业人员就业比例在2018年达到独立以来的最高值，为43.881%。服务业超过农业成为格鲁吉亚就业人员占比最高的部门，这是经济活力和逐步恢复的表现，与格鲁吉亚作为旅游资源丰富的国家并大力发展旅游业有着密切的关系。“为此格鲁吉亚制定了‘巴库—苏普萨’‘巴库—第比利斯—杰伊汉’这样一些运输项目，制定了‘丝绸之路’贸易运输纲要，通过世界旅游组织和联合国教科文组织参加了‘丝绸之路’项目范围内的旅游基础设施发展纲要。无疑这些都会推动格鲁吉亚的运输业、贸易和旅游业的发展。”①

可以看到，在格鲁吉亚农业就业人员占比降低的同时，独立30年来，格鲁吉亚工业和服务业部门就业人员占比在增长。从总趋势上来看，格鲁吉亚工业和服务业吸纳就业人数占比的增加在进入21世纪，特别是2012年以后发展迅速，这一段时间也是格鲁吉亚摆脱政治动荡，走向政局稳定和经济稳定发展的阶段。农业、服务业在经济结构构成中占比较大，而且到2017年服务业首次超过农业成为最大的就业部门，占比分别为43.704%和43.124%，幅度较小但是后期发展趋势值得关注，2018年，这一比例变为43.881%和42.897%，服务业占比比农业高0.984%（见表7-4）。

从表7-4数据来看，自1991年至2018年格鲁吉亚的总失业人数和年轻群体总失业人数的变化趋势具有一定的一致性和契合性，都是从1991年以来呈现一个逐步上升的趋势，2009年以来这一趋势有所下降，但仍然没有降到独立之初的水平。1991年格鲁吉亚独立之初，总失业人数和年轻群体总失业人数分别为2.7%和5.461%，为历史低点。2008年总失业人数达到历史高点，为17.87%，2009年年轻群体总失业人数达到历史高点，为40.092%。自2008年以后，格鲁吉亚总失业人数和年轻群体总失业人数两项指标分别平均保持在15%和30%左右，15~24岁年轻群体的失业情况比较严重，自1996年格鲁吉亚年轻群体总失业人数达到20.317%，截至2018年这一数字没有低于20%，且在大部分年份在30%以上。2008年爆发的国际金融危机也影响了格鲁吉亚的经济，就业市场的反应非常明显，对年轻群体就业的影响也是显而易见的。

从总体上来看，格鲁吉亚独立以来就业结构的变化是明显的，主要国民经济的构成部分，通过就业结构的变化也可以清晰地勾勒出来。农业、工业、服务业的分布在格鲁吉亚的国民经济的构成中具有鲜明的特征和占比。农业长期在国民

① 小舟．格鲁吉亚经济发展起伏不定［J］．俄罗斯中亚东欧市场，2003（6）：29.

经济中占有重要的地位，且长期是吸纳就业的第一大产业，自服务业就业人数占比超过农业后，服务业与农业构成了格鲁吉亚国民经济中的重要部门。工业在吸纳就业上有明显的增加，但在占比中相对还是较小的。格鲁吉亚总失业人数和年轻群体总失业人数占比自独立以来处于持续上涨区间，近年来有所下降，但是也没有达到独立之初的状态。年轻群体的失业情况值得高度关注，特别是 2008 年金融危机以来的时间段，30%左右的 15~24 岁的年轻群体的总失业人数占比是较高的，一段文献指出："统计数据表明，格鲁吉亚公民的生活水平很低。即使按照官方数据报道，生活在贫困线下的人口占比也超过了 20%——此处将平均消费（即家庭的平均消费）的 60%作为相对贫困标准。另据专家评估，格鲁吉亚人中遭遇严重困难的社会困难者高达 86%。"① 可见，青年的发展需要稳定的环境，为经济发展提供可持续的保障，促进就业、促进青年成长。

四、卫生健康事业与政策

健康事业的发展是一个国家整体医疗保障水平和社会保障水平的重要标志。从生命孕育到出生再到人生结束的整个人生发展阶段，健康伴随一个人的一生。健康涉及医疗保障问题，但是健康也不能仅仅等同于医疗问题，它是一个整体的健康体系问题，与社会发展水平、发展质量有着密切的关系，也是社会发展水平与发展质量的重要标志。"格鲁吉亚政府认为，人民健康是国家经济发展和国防的基础。政府通过调查和评估，制定了国家卫生发展规划，提出保护和提高居民健康的重点工作，包括改善母亲和儿童的健康，减少心血管疾病的发病率和死亡率，加强对肿瘤的预防、研究和治疗，减少意外伤害，减少传染病和有社会危险的疾病，加强精神卫生，确定健康的生活方式，解决环境对人体健康的影响问题。"②

从表 7-5 数据分析来看，实际上，自独立以来，格鲁吉亚人出生时的预期寿命是持续增长的，尽管中间有的年份有所下降，但总体趋势是增加的，而且这一趋势在 2008 年后明显加快，平均预期寿命在 70 岁以上，最低预期水平出现在 1995 年为 69.718 岁，最高预期寿命出现在 2017 年为 73.414 岁。独立之初的 1990 年为 70.386 岁，此后有所下降。1994~2003 年，预期寿命低于独立之初

① Vladimer Papava. 格鲁吉亚在后革命时代的经济成就：误区与现实［J］. 王凡姝，邱建梅，张雪童，王子轩等译. 北京科技大学学报（社会科学版），2017（6）：64.

② 卫生项目考察团. 1989-2001 年格鲁吉亚的卫生改革及对中国的启示——经济转型国家卫生改革经验报告（一）［J］. 中国卫生经济，2005（6）：73.

1990 年的水平，直到 2004 年才达到 70.451 岁，再次超过 1990 年的预期寿命。

从粗死亡率来看，处于 1990~2017 年一个稳步上升的过程，但是在 2013 年后呈现一个下降的趋势，1990 年粗死亡率为 9.352，也是 1990 年来的历史低点。最高点出现在 2012 年，为 13.168，每千人的粗死亡率自 1994 年以来一直保持在 10 以上，这一比例是相对比较高的，需要高度关注国民健康水平，提高国民健康水平能力建设。自 2013 年开始的下降趋势具有积极意义，这是自 1990 年以来的首次下降。2017 年降至 12.918，基本达到 2004 年的水平，2004 年为 12.204，这一逐步下降的趋势是否具有可持续性，仍需要进一步观察（见表 7-5）。

表 7-5　1990~2018 年格鲁吉亚社会发展综合统计（健康）①

年份	出生时的预期寿命，总体（岁）	粗死亡率（每千人）
1990	70.386	9.352
1991	70.29	9.51
1992	70.156	9.723
1993	70.003	9.98
1994	69.849	10.27
1995	69.718	10.574
1996	69.635	10.868
1997	69.613	11.132
1998	69.654	11.357
1999	69.756	11.537
2000	69.902	11.68
2001	70.065	11.801
2002	70.22	11.921
2003	70.349	12.054
2004	70.451	12.204
2005	70.538	12.369
2006	70.635	12.542

① 出生时的预期寿命，总体（岁）数据来自 https://data.worldbank.org.cn/indicator/SP.DYN.LE00.IN?end=2017&locations=GE&start=1990；粗死亡率（每千人）数据来自 https://data.worldbank.org.cn/indicator/SP.DYN.CBRT.IN?end=2017&locations=GE&start=1990。数据检索时间为 2019 年 8 月 25 日至 9 月 10 日。

续表

年份	出生时的预期寿命，总体（岁）	粗死亡率（每千人）
2007	70. 765	12. 711
2008	70. 946	12. 863
2009	71. 18	12. 922
2010	71. 46	13. 088
2011	71. 773	13. 146
2012	72. 097	13. 168
2013	72. 412	13. 158
2014	72. 707	13. 121
2015	72. 973	13. 062
2016	73. 207	12. 992
2017	73. 414	12. 918
2018		

资料来源：笔者根据世界银行数据整理所得。

随着时代的发展，格鲁吉亚对卫生体制进行了改革，这一改革与教育等其他方面的改革具有一定的同步性。首先，面向独立后的发展阶段，格鲁吉亚制定了《健康保护法》等一系列法律法规，建立起独立后卫生和健康体制发展的法律基础。其次，发挥市场经济的活力，满足社会和市场主体的要求，下放一系列的卫生事业行政审批事项，并鼓励社会办医。改革后的体制“政府不再考虑某地是否需要建医院及建多大规模等问题！政府唯一要做的是为医院和医生发放许可证！只要符合国家规定的办医院的最低标准！政府就必须发给许可证。”① 最后，在财政的压力下，立足现实，优先发展基本公共医疗，重点推进健康事业，减少疾病和传染病的发生，将疾病预防作为重点，减少发病率和死亡率。

从总体上来看，格鲁吉亚社会发展事业，从教育、就业到健康事业自 1990 年以来的综合情况表明，与很多独联体国家相似，在经历独立之初的发展阶段后，在逐步走向正轨，有关数据也出现了积极的变化，不能否定的是 2008 年国际金融危机对格鲁吉亚的影响是深刻的，金融危机后自 2012 年开始，随着政局的稳定和政权的和平交接，格鲁吉亚进入一个稳定发展的新阶段，但是国家建

① 卫生项目考察团. 1989-2001 年格鲁吉亚的卫生改革及对中国的启示——经济转型国家卫生改革经验报告（一）[J]. 中国卫生经济，2005（6）：73.

设、社会发展、经济增长、民生改善依然是一个长期的任务和过程，这些有赖于国家的稳定和长治久安。

第四节 发展与政策

无论从地理上，还是从历史上来看，格鲁吉亚千年来都是人类文明交流的重要通道和汇集之地。格鲁吉亚的经济社会发展既受到其国内政治发展环境的影响，也受到外部经济局势及大国关系的深刻影响。自独立以来，格鲁吉亚的经济社会发展经历一个又一个起伏的发展阶段，而这些起伏又与其所处的地缘政治环境与国内政治环境有着密切的关系。

格鲁吉亚民生保障发展的现状和政策的主要经验有以下四点：

第一，带有典型的转型特征。格鲁吉亚社会发展经历了从计划经济体制向市场经济体制的转变，经历了从一个国家内部的一个地区向一个独立国家的政策转变。在向市场经济体制转型的过程中，养老、教育、就业、医疗等各方面，从完全国家管理的体制，向政府、社会、市场三方结合的方向转变，社会力量在养老、办学、就业、医疗等方面发挥着越来越重要的作用，呈现出经济、社会发展活跃的一面，政府角色发生了实质性的变化。

第二，改革政策受到财政紧缩的深刻影响。由于独立后，经济衰退、停滞，经济社会发展受到严重影响，国家经济结构单一，主要经济产业发展结构调整的瓶颈，工业发展能力不足，使国家财政收入处于匮乏状态。导致民生事业发展受到很大的影响，一些带有市场化色彩的改革，是顺应市场经济发展需求的，但也是财政紧缩政策下政府减负的“被迫选择”。格鲁吉亚前总理巴赫塔泽认为：“格现行经济中存在诸多问题，包括经济结构不合理，工业正在衰退，国家经济发展主要靠服务业和旅游业，就业形势严峻致使大批青年人纷纷到俄罗斯和欧盟寻找工作等等。”①

第三，受政局变动影响明显。自独立以来，格鲁吉亚政局处在不稳定状态之

① Россия—враг? Грузия перетряхнула правительство ［EB/OL］. https：//www. gazeta. ru/politics/2018/06/20_ a_ 11808697. shtml? updated.

中，自 2012 年新政府成立，格鲁吉亚获得难得的发展机遇。改善民生、促进经济增长，成为格鲁吉亚新政府的重要工作目标，主要民生指标发生了独立以来积极的变化，有的恢复状态明显。政局的稳定既为格鲁吉亚的发展提供了新的契机，也为民生的改善提供了稳定的前提。

第四，反腐败有利于国家发展。格鲁吉亚在萨卡什维利执政时期，开展的反腐败工作，客观上有利于经济、社会的发展和营商环境的塑造。一项数据表明："国际银行'营商环境'排名中，2004 年仅排名第 150 位的格鲁吉亚已经在 2012 年的排名中飙升至第 9 位。在'透明国际'的清廉指数排名中，格鲁吉亚从 2004 年的第 124 位飙升至 2008 年的第 67 位，与许多欧盟国家比肩。"① 格鲁吉亚国家反腐败进程的推进，有利于格投资环境的改善，带动格发挥地理优势，成为面向欧亚的重要商品集散地和过境通道，对于带动格鲁吉亚服务业的发展，创造就业机会，吸纳就业人口具有重要意义。但是现实情况下，"格鲁吉亚并非没有腐败，而是新的、形式更复杂的精英腐败正在蔓延"。②

格鲁吉亚自独立以来的发展历程告诉人们，发展是最基本的人权。一个国家民生的改善，有赖于国家的稳定和发展能力的提高。一个可持续的发展环境，一个稳定的发展预期，是促进社会发展的重要前提。稳定与发展是相互的，但稳定是压倒一切的，更是发展的前提。经济发展是社会发展的重要基础，经济的持续增长，必然会为社会事业的发展提供坚实的物质基础和政府的财力保证。政治稳定、经济增长、社会发展构成了一个完整的组合。

近年来，格鲁吉亚政局稳定，经济社会恢复发展，给格鲁吉亚民生改善、国家建设提供了独立以来难得的发展契机，格鲁吉亚营商环境的持续改善、腐败的有效遏制，以及积极构建联通欧亚的过境通道，成为格鲁吉亚再发展的重要前提。农业、工业、服务业，既是格鲁吉亚发展的优势，也是发展的短板，而青年问题十分突出。

格鲁吉亚经济与可持续发展部前部长、格鲁吉亚国际问题和战略研究基金会高级研究员、第比利斯国立大学经济学教授弗拉基米尔·帕帕瓦（Vladimer Papava）在《处于地缘十字路口的格鲁吉亚及其战略选择》一文中，对格鲁吉亚所处的位置有着清晰的认识，对格鲁吉亚在地缘十字路口的战略选择有着清晰的表

---

① 方亮．震撼独联体的"格鲁吉亚新路"［J］．南风窗，2012（25）．

② 弗拉基米尔·帕帕瓦．处于地缘十字路口的格鲁吉亚及其战略选择［J］．国际展望，2018（2）：66.

述，作为格鲁吉亚精英阶层的一员，曾经直接负责格鲁吉亚经济发展的内阁部长，他认为：“‘玫瑰革命’后，格鲁吉亚政府的首要任务是解决前任政府的遗留问题，需要通过从根本上降低腐败程度，以克服预算危机与能源危机。政府不仅成功地实现了这些目标，而且在自由化工商业管理法律方面成果显著。有鉴于此，国家及其领导人也因此获得了来自国际社会的大力支持，格鲁吉亚改革也被宣传为成功典范。许多国家都对借鉴这一经验的可能性表示出兴趣。然而，在格鲁吉亚明显取得成功的同时，与格鲁吉亚经济改革有关的误区也逐渐形成。这些误区既不利于格鲁吉亚的发展，也不利于那些对这些改革感兴趣的国家。因此，我们有必要将真正的成就与误区区分开来。”①

格鲁吉亚前总理巴赫塔泽指出：“人们有一种感觉，他们可以在自己的国家实现自己的能力，被保护，拥有最大程度的自由。这是我们这个新政府计划的起点。我们并不是要回避问题，我们有解决贫困问题的具体方案，我们将把人民彻底从这些困难中解救出来。”② 格鲁吉亚现政府进行的改革，将进一步优化投资环境，发挥格鲁吉亚在全球市场中的比较优势，发挥优质旅游资源带来的发展优势，成为格鲁吉亚经济发展的新亮点和吸纳就业的新方向。就业是民生之本，青年的就业是社会发展之本。从格鲁吉亚教育、就业两个指标的分析来看，在涉及青年发展的教育和就业领域，还有进一步发展和提升的空间，这样可以为经济和社会长远发展奠定人的基础，促进格鲁吉亚保持长期发展的基础，拓展格鲁吉亚经济社会发展新空间。

---

① 弗拉基米尔·帕帕瓦．处于地缘十字路口的格鲁吉亚及其战略选择［J］．国际展望，2018（2）：66.

② 张梅．格鲁吉亚总理马穆卡·巴赫塔泽［J］．国际研究参考，2018（12）：54.

第八章　巴基斯坦的民生保障与社会发展

第一节　巴基斯坦是“一带一路”的重要国家

“一带一路”倡议是中国建设以合作共赢为核心的新型国际关系、建设人类命运共同体的重要实践和体现，是以习近平同志为总书记的新一代中国领导人在新的时空背景下集体智慧的结晶，是中国为促进全人类共同发展提出的中国方案。巴基斯坦作为中国的传统友好国家和“一带一路”沿线的重要国家，是“一带一路”倡议的重要支点国家、重要连接国家和重要示范国家，战略地位十分重要。要实现巴基斯坦的战略地位，第一要修建连接“一带”和“一路”、贯穿巴南北全境和中国南疆的国际通道，第二要全力建设中巴经济走廊，第三要巩固中巴传统友谊，第四要推动巴基斯坦在上合组织内发挥重要作用。

巴基斯坦是“一带一路”上的重要国家。在友好互助的基础上，中巴合作逐日深化。中巴经济走廊（China Pak Economic Corridor，CPEC）是巴基斯坦目前最重要的发展规划之一，也是“一带一路”倡议最重要的示范项目之一。以CPEC为核心，中巴双方建立了“1+4”合作模式，即优先考虑瓜达尔港口建设项目，同时在能源、交通基础设施和产业等领域进行合作。

另外，巴基斯坦在经济上受需求缩减、大规模制造业萎缩、货币贬值以及通货膨胀等问题困扰，由于经济发展水平较低，而社会投资需要大量支出，巴基斯坦政府财政赤字压力较大。巴基斯坦积极向中国、阿联酋等国家以及联合国、世

界银行、国际货币基金、亚洲发展银行等国际组织寻求帮助，建立合作投资关系，[①] 对国外的援助和资金依赖比较严重。未来，中巴将在互信互赖的基础上，在经济、社会和民生领域深度合作，这符合两国人民的利益和心愿，同时要求克服发展面临的一系列困境，需要全面认识巴基斯坦民生领域的“民情”“社情”，只有以民生领域的互谅与互助为基础，才能筑牢中巴友谊之桥。巴基斯坦全称巴基斯坦伊斯兰共和国，历史文化悠久。巴基斯坦是当今世界第六人口大国，绝大多数人信仰伊斯兰教，与沙特阿拉伯、土耳其、阿联酋等国关系密切。巴基斯坦首都是伊斯兰堡，全国设 4 个省（旁遮普省、信德省、俾路支省、开伯尔-普什图省）、巴控克什米尔地区和 7 个联邦直辖部落专区。

一、财政赤字影响经济

根据世界银行的数据，2018 财年，巴基斯坦的经济以 5.8%的增速维持了增长，主要由消费需求拉动。宽松的财政政策和货币政策推动了国内消费需求的增长，也进一步扩大了政府的赤字水平。2018 财年，国内经常账户赤字占 GDP 总量的 6.1%，比 2017 财年增长 2 个百分点。国内需求高涨使进口持续增加，而出口却不见起色，贸易逆差拉大。2018 财年，财政赤字扩大至 6.6%（不包括拨款），前几年的财政改善措施取得的成果也付诸东流，财政滑坡的主要原因是经常性支出大幅度增加。

在经济上，巴基斯坦受诸多问题困扰：实体部门领先指标表明当前需求正在缩减；而 2019 财年 7 月至 2020 年 1 月，占国内工业总产值 65%的大规模制造业萎缩 2.3%。在农业方面，由于缺水和生产面积减少，巴基斯坦五种主要农作物中有四种作物的产量同比 2018 年下降。汇率持续贬值，2018 年 7 月至 2019 年 3 月累计贬值 13.6%。受到汇率贬值、燃料价格上涨以及需求方面压力的影响，国内通胀压力增加，从 2018 年 7 月至 2019 年 3 月，平均总体通胀率达 6.8%（2017 年同期为 3.8%）。为应对高通胀压力，2018 年 7 月以来，巴基斯坦国家银行已将利率水平累计上调 425 个基点，现行利率水平为 10.75%。

2019 财年 7 月至 2020 财年 2 月，巴基斯坦经常账户赤字占 GDP 总量的 3.3%，比 2018 财年 7 月至 2019 财年 2 月（GDP 总量的 3.7%）有所降低；汇率

① 国家伙伴关系战略（Country Partnership Strategy，CPS）是由世界银行集团（The World Bank Group）牵头，联合其他国际投资组织共同制定的合作关系文件，在对 2017 财年绩效评估期间，巴基斯坦 2015~2019 财年国家伙伴关系战略宣布延长至 2020 年。

贬值的同时，进口同比减少 1.6%，出口也同比下降 0.1%。外国直接投资缩减，2019 年 1 月中旬，国际融资储备仅有 66 亿美元（约 1.3 个月的进口量）；随着沙特阿拉伯王国短期融资到位，加上 3 月底以来阿拉伯联合酋长国和中国的融资，储备增加到 105 亿美元，而且政府仍然在继续与国际货币组织谈判一揽子支持计划基金。偿债和国防支出大幅增加，是导致上半年财政赤字增加的重要原因，目前财政赤字为 GDP 总量的 2.7%（2018 财年上半年为 2.2%），2019 财年预计财政赤字占 GDP 总量的 6.8%~7.0%。

二、社会治安差、自然灾害频繁影响社会稳定

巴基斯坦处于国际反恐前沿，是受恐怖袭击威胁最严重的国家之一，承受了巨大牺牲（见表 8-1）。巴基斯坦大城市治安状况尚可，伊斯兰堡和拉合尔治安较好，而卡拉奇治安形势较为复杂，经常发生宗教派别仇杀和恐怖袭击事件。2015 年以来，巴政府在卡拉奇进行大规模治安整治，但效果有限。2017 年，巴基斯坦恐怖事件频发，引起了国际上极大的关注。中央政府对部落地区基本无法控制，社会治安主要由部落头领负责。

表 8-1　2013~2018 年巴基斯坦发生的恐怖袭击事件

时间	地点/事件	死亡人数	受伤人数
2013 年 6 月 23 日	南伽峰登山营地/游客被恐怖分子枪杀	11 人	—
2015 年	俾路支省、开伯尔—普什图省、信德省等/多起事件	不详	不详
2016 年初	开普尔省/连续多起袭击事件	严重伤亡	严重伤亡
2017 年 2 月 13 日	拉合尔市游行/自杀式爆炸袭击	13 人	85 人
2017 年 2 月 15 日	中央直辖部落特区莫赫曼德/自杀式爆炸袭击	8 人	不详
2017 年 2 月 16 日	信德省塞赫万地区宗教场所/自杀式爆炸	至少 88 人	至少 343 人
2017 年 2 月 19 日	卡拉奇集会抗议/自杀式爆炸袭击	不详	不详
2017 年 5 月 24 日	俾路支省首府奎达真纳镇/中国公民遭恐怖分子绑架	2 人	—
2017 年 7 月 17 日	开伯尔—普什图首府白沙瓦/自杀式爆炸袭击	2 人	7 人
2018 年 7 月 13 日	俾路支省默斯东地区政治集会/自杀式炸弹袭击	149 人	186 人

资料来源：商务部《对外投资合作国别（地区）指南——巴基斯坦（2018 年版）》。

网址：obor. sh-tic. net/article/fxffnew/ghznnew/201902/1467486_ html.

上海市与“一带一路”国家经贸合作信息服务平台 .

作为世界上气候灾害最频繁的国家之一，巴基斯坦经常受到各种自然灾害的威胁，全球性气候变化增加了这方面压力。世界银行一直在支持巴基斯坦政府从事后风险应对转变为事前风险管理，向政府提供技术援助，针对物理风险和财政风险进行风险评估；同时提供赠款，提升灾害管理局灾害防治能力。2014 年洪水之后，应巴基斯坦政府的要求，通过世界银行筹款，国际开发协会资助了 1.25 亿美元，建立了灾害应对和气候恢复力改善项目（DCRIP），用以修建和恢复防洪基础设施；2016 年，又筹建了 1.2 亿美元的信德省恢复力项目（SRP），应对洪水和干旱风险。

三、经济发展规划政策依赖国际合作

受苏联五年计划的启发，巴基斯坦从 1948 年开始制订国民经济五年计划，国民经济五年计划是一系列全国统一性的经济发展规划，由财政部构思，经济协调委员会（ECC）作具体的研究和规划。1950~1999 年共实行过八个五年计划，这些经济规划有的获得了成功，有的则以失败告终。第九个计划本该于 1998 年启动，但出于诸多历史原因，最后流产，并由时任总理肖卡特·阿齐兹（2004~2007）制定的中期发展框架（MTDF）取代。2001 年，政府制定了临时扶贫战略文件（Interim Poverty Reduction Strategy Paper），旨在对扶贫作引领性规划。2007 年 8 月，计划委员会（Planning Commission）制订并公布了长期发展计划《2030 年展望（2030 版）》，主要内容是：以知识进步为动力，利用本国资源，坚持快速、可持续发展，建设经济繁荣发达、社会公平正义的巴基斯坦；目标是到 2030 年 GDP 总量达 7000 亿美元，人均 GDP 达 3000 美元。2011 年 5 月，内阁批准后，计划委员会公布了《巴基斯坦经济发展框架》（*Framework for Economic Growth of Pakistan*）（见图 8-1），总结了过去 10~20 年巴基斯坦经济社会发展的经验和出现的问题，提出了未来 5~10 年发展的整体思路和战略规划，强调战略核心是采取新方法加速并保持经济发展。具体内容包括经济发展速度由每年 3% 逐步提高到 7%，提高生产效率，提高政府效率，深化并保持政策公开性，提高市场活力、城市创造力，加强市场连通性，加强青年教育和社区建设等。

现任总统阿里夫·阿尔维（Arif Alvi）于 2018 年 9 月 9 日宣誓就任巴基斯坦第 13 任总统，伊姆兰汗（Imran Khan）为总理。政府制定了重要的改革任务，具体措施包括新的能源计划、收入刺激计划以及向国际货币基金组织（IMF）寻求合作和帮助的计划。实际上，当前政府恢复了国民经济发展五年计划的制订，

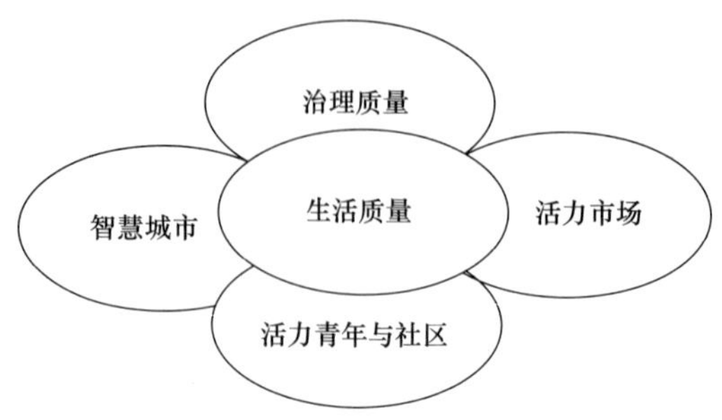

图 8-1 2011 年巴基斯坦提出经济发展框架

资料来源：巴基斯坦政府网站：https：//pc. gov. pk. 访问时间：2020. 11. 20.

由发展改革规划部（Ministry of Planning Development & Reform）制定了《第十一个五年规划提纲（2013-2018）》，内容包括国内人口、经济、社会保障各方面发展的统计和分析，更细化的政策规划和执行则写入每年都发布的《年度计划》（*Annual Plan*）中。目前对巴基斯坦发展改革规划部来说，最重要的经济发展项目包括中巴经济走廊（China Pak Economic Corridor）、青年发展项目（Young Development Fellows）、公共部门发展项目（Public Sector Development Programme，PSDP）等。

巴基斯坦一直以来对各类国际援助较为依赖。国家伙伴关系战略（Country Partnership Strategy，CPS）是由世界银行集团（The World Bank Group）牵头，联合其他国际投资组织共同制定的合作关系文件。CPS 针对全国范围内目前存在发展困难，同时具备提升潜力的领域进行投资合作，借此实现扶贫目标和发展。对 2017 财年绩效评估期间，巴基斯坦 2015~2019 财年国家伙伴关系战略宣布延长至 2020 年。中巴经济走廊（China Pak Economic Corridor，CPEC）是巴基斯坦最重要的发展规划之一。以 CPEC 为核心，中巴双方建立了“1+4”合作模式，即优先考虑瓜达尔港口建设项目，同时在能源、交通基础设施和产业等领域合作。两国有关部委建立了协调 CPEC 发展的合作机制，共同制订了中巴经济长期计划：《中巴经济走廊（2017-2030）》。它将有效地结合中国的发展规划和《巴基斯坦 2025 年发展规划愿景》，2020 年，CPEC 初步形成，基本解决巴基斯坦经济社会发展的主要瓶颈，开始推动两国经济增长；到 2025 年，CPEC 建设基本完成，主要经济功能全面发挥，实现《巴基斯坦 2025 年发展规划愿景》目标；到 2030 年，CPEC 建设力争完全实现，实现可持续经济增长的机制，形成全球影响力。

四、人口

（一）人口总量较大

巴基斯坦人口总量排名全球第六位，根据世界银行的统计，2018 年总人口数量超过 2 亿，约 21222 万人。巴基斯坦人口增长的态势一直稳定增长，1960~2018 年，人口总量增长 4 倍多；由亚洲发展银行的数据可知（见图 8-2），2013~2018 年巴基斯坦平均每年的人口增长率为 2.9%，这样的人口增长速度在人口规模超过 1 亿的国家中绝无仅有。可以预见将来，巴基斯然的人口仍然会以较快的速度增长，联合国开发计划署（UNDP）估计，按照当前的速度，巴基斯坦人口会在 2030 年达到 2.5 亿，到 2050 年人口总量将超过 3 亿。巴基斯坦国家统计局 2017 年公布的第六次全国人口普查初步报告显示，在全国各省、地区中，旁遮普省人口达 1.1 亿，约占全国总人口的 53%，为人口第一大省。信德省、开伯尔-普什图省与俾路支省人口分别约为 0.48 亿、0.31 亿和 0.12 亿。此外，联邦直辖部落区人口约 500 万，首都伊斯兰堡人口约 200 万。

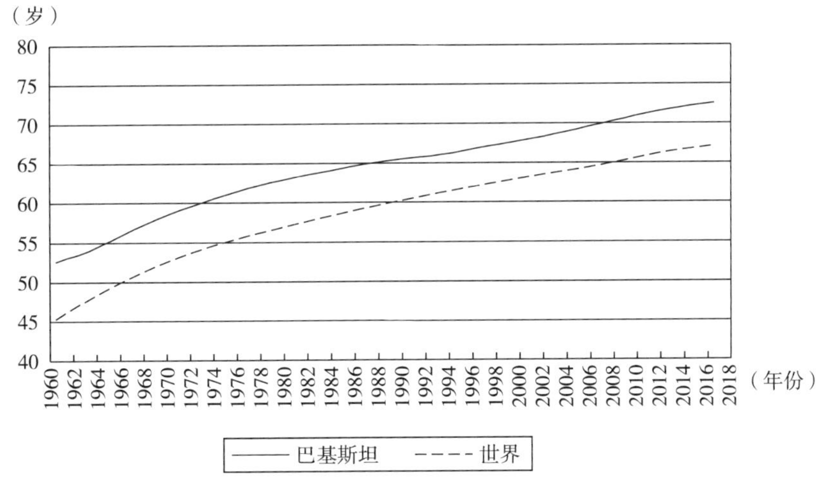

图 8-2　巴基斯坦人口预期寿命

资料来源：世界银行，http：//date. worldbank. org/country/pakistan.

（二）人口结构处于“机会窗口”

1. 性别结构失衡

提高女性的经济能力，消除对女性社会地位的歧视，不仅有助于促进社会环境改善，同时也是消除经济发展限制的重要措施。从人口性别结构来看（见图 8-3），在人口总量增长的同时，巴基斯坦的女性人口的比例平稳增长，1960 年女性人口的占比为 46.43%，到 2018 年女性人口比例已经增长到 48.64%。虽然男女比例的失衡得到较大的改善，但因为人口基数巨大，男女之间 2.7%的比例缺口仍意味着存在比较严重的性别失衡问题。

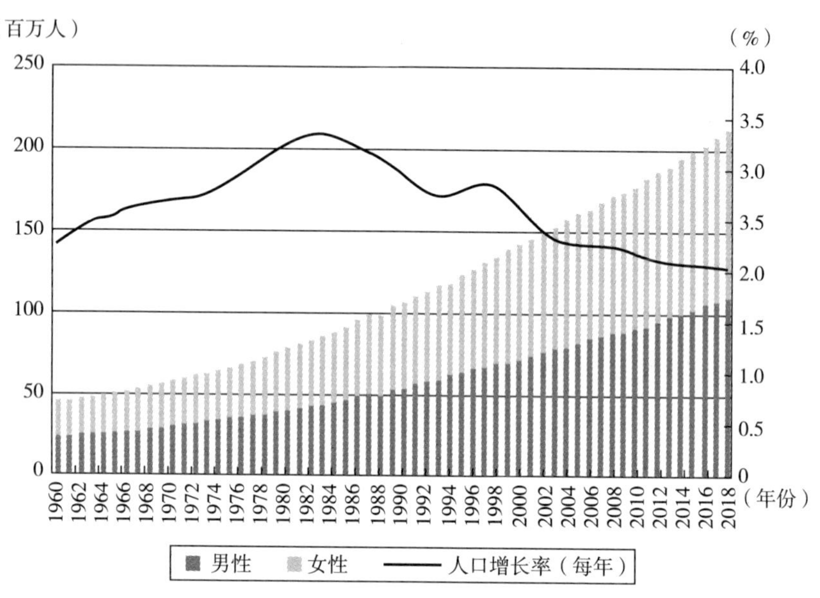

图 8-3　巴基斯坦人口数量及增长率

资料来源：世界银行网站，https：//data. worldbank. org/country/pakistan.

2. 年龄结构处于“机会窗口”

得益于人口的持续稳定的增长，目前巴基斯坦的人口年龄结构整体年轻化、低龄化，属于成长型的人口结构。一方面，年轻化人口对巴基斯坦的经济增长起到了重要的作用，带来了人口红利优势。人口中青壮年人口所占的比例占据绝对优势（见图 8-4、图 8-5），15~64 岁的人口占人口总量的 60.85%，0~14 岁低龄人口占全部人口的 34.67%，这是亚洲地区其他国家所难以比拟的。另一方面，巴基斯坦人口增长率已呈现出下降的趋势，从 2000 年开始，人口增长率已在持续降低，说明巴基斯坦人口增长已进入收敛的阶段。尽管如此，考虑其较高的出生率，低龄人口结构，在未来一段时间内，巴基斯坦仍然可以享受人口红利带来的发展优势。

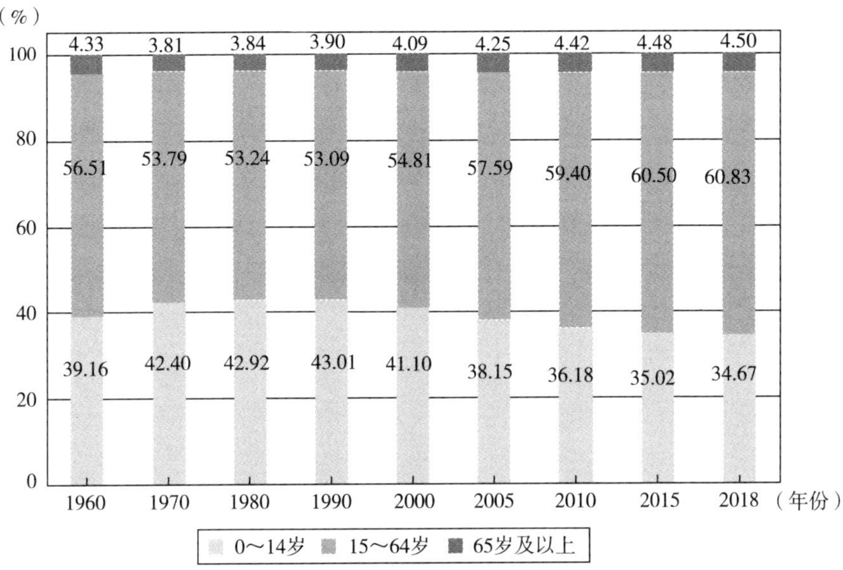

图 8-4　巴基斯坦人口年龄结构（比例）变动

资料来源：世界银行网站，https：//data. worldbank. org/country/pakistan.

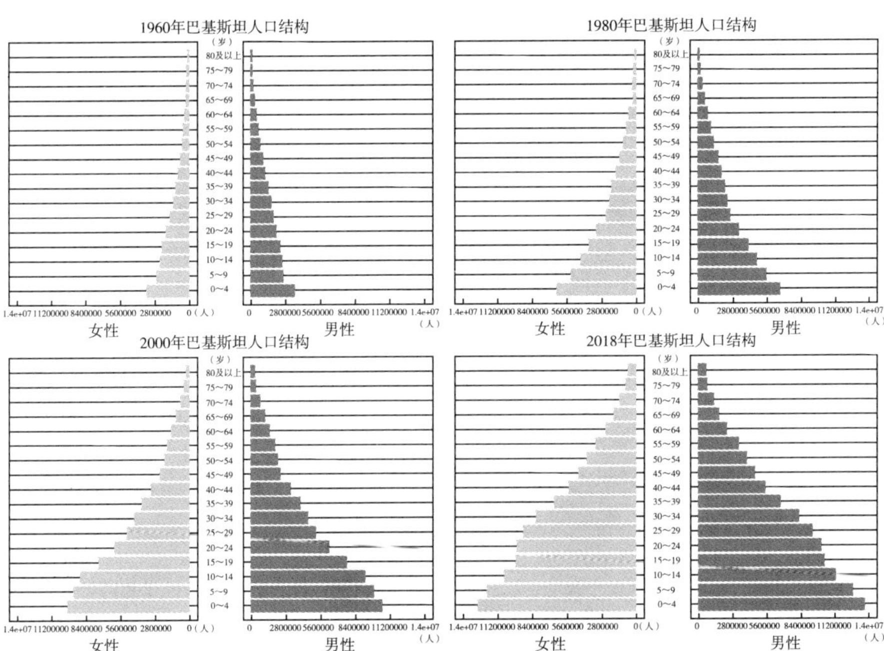

图 8-5　巴基斯坦人口结构总量变动

资料来源：世界银行网站，https：//data. worldbank. org/country/pakistan.

3. 城乡结构

由世界银行数据可知（见图 8-6），2018 年巴基斯坦农村人口总量 1.34 亿，占总人口的 63.33%，城市人口 0.78 亿，占总人口的 36.67%。相对于人口和经济增长，城镇化建设速度较为缓慢，1960 年，巴基斯坦的城镇人口比例为 22.10%；一直到 2018 年，巴基斯坦的城镇人口比例也仅为 36.67%，尽管城镇人口的增长速度比农村人口增长得快 1%，但在巴基斯坦农村人口仍然占据大多数。对政府来说，大量的农村人口不仅对经济发展造成困难，更重要的是农村人口对于基础服务严重缺乏，包括对安全的饮水和食物的缺乏、基本医疗和卫生保障服务的缺乏以及基础教育服务缺乏等。

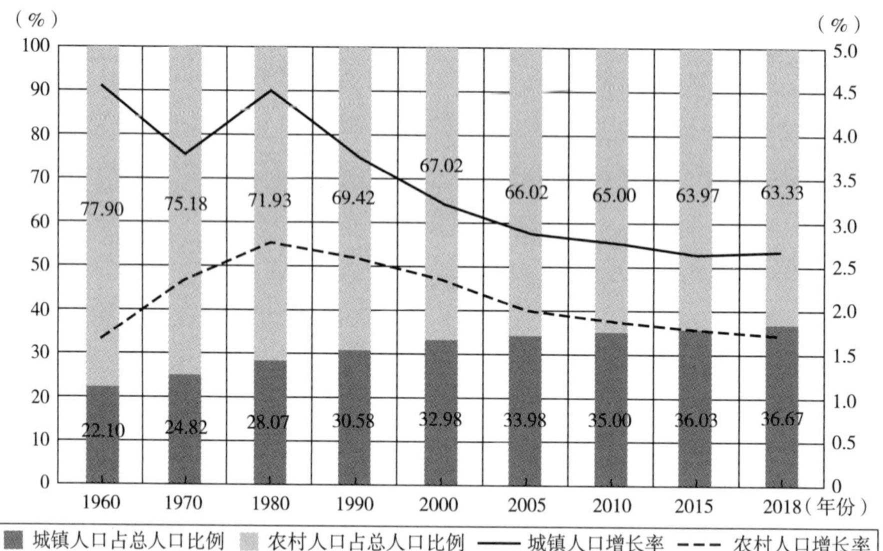

图 8-6　巴基斯坦城乡人口结构变动

资料来源：世界银行网站，https：//data. worldbank. org/country/pakistan.

第二节　民生保障政策侧重扶贫与经济提振

一、扶贫是重点政策

近些年得益于相对稳定的国内环境，巴基斯坦经济发展平稳快速，这也对改善

贫困状况起到了极大的作用。由世界银行数据可知（见图 8-7），巴基斯坦的贫富差距并不大，2011 年基尼系数为 0.309，2013 年基尼系数为 0.307，2015 年基尼系数为 0.335，但随着经济发展，可能会出现贫富分化问题。根据亚洲发展银行的最新数据，2015 年巴基斯坦每天的等价购买力不超过 1.9 美元的人口比例为 3.9%；低于国家贫困标准线的人口比例为 24.3%。虽然现在国民平均收入达到 1580 美元，超过贫困国家人均收入标准，属于中等偏下收入水平国家，但考虑贫困人口比例和数量，巴基斯坦仍是受贫困影响严重的国家。

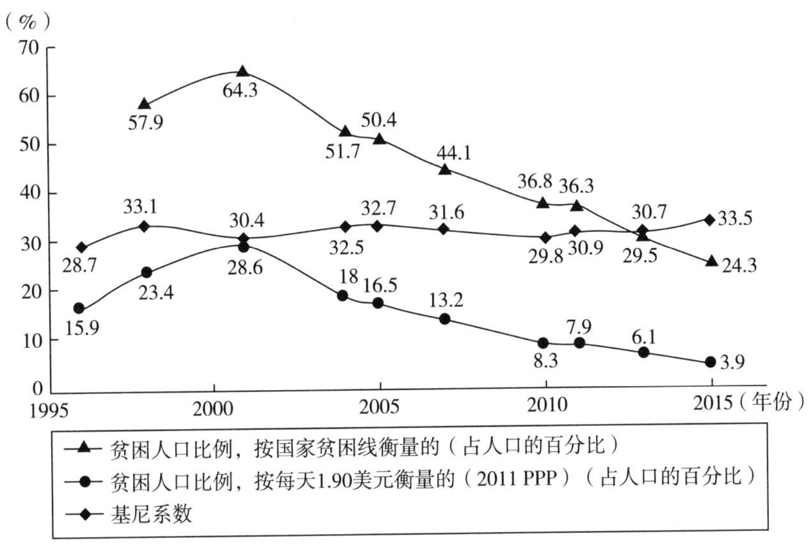

图 8-7 巴基斯坦基尼系数和贫困人口比例变动

资料来源：世界银行网站，https://data.worldbank.org/country/pakistan.

2001 年政府制定了临时扶贫战略文件（Interim Poverty Reduction Strategy Paper），对巴基斯坦扶贫工作做了引领性的规划。文件把扶贫工作的方向分为五个部分：①促进增长；②政府改革；③创造收入和制造就业机会；④提升人力发展；⑤降低对外部冲击的敏感性。尽管这份政策性文件是针对扶贫问题专门制定的，但正如文件开头提出的："本文件并非是政策行动绝对静态的指示性文件，而是一份对扶贫工作具有指导性的动态的框架性的文件。"这样确实避免了机械执行问题，但也因其政策目标和具体行动的模糊性，使文件本身的指导意义大打折扣。2014 年，世界银行集团（The World Bank Group）联合国际重建与发展银行（International Bank For Reconstruction And Development）、国际发展协会（International Development Association）、国际金融公司（International Finance Corporation）为巴基斯坦制定了《2015-2019 财年多边投资担保协助——国家伙伴关系战略（Multilateral Investment Guarantee Agency-Country Partnership Strategy）》，简称“CPS，Country Partnership Strategy，《国家伙伴关系战略》”，总结了巴基斯坦扶贫工作的进展和成就，并对 2015~2019 财年的扶贫工作做了指导性计划。

巴基斯坦在减少绝对贫困、促进共同繁荣方面取得了相当大的进展。1991~2011 年，农村地区每天收入低于 1.25 美元的人口比例减少了一半。一种衡量共同繁荣程度的方式是，用底层 40%人口的实际人均消费水平和上层 60%人口的比较，巴基斯坦底层 40%人口实际人均消费水平增长比上层 60%人口的增长速度更快，说明在共同繁荣方面，巴基斯坦取得了切实的进步。尽管在这些指标上有所改进，但巴基斯坦仍有近 3/4 的人口处于贫穷和抗风险能力较差的状态，很多家庭正好处在贫困线附近，人口中仍有很大比例属于弱势群体，这一部分比例从 1999 年的 53.1%上升到 2011 年的 60.1%。同时，如果按性别划分，共同繁荣的情况也没有那么乐观，女性估计的贫困率（13.7%）略高于男性（12.8%）。另外，相对于农村的贫困人口，城市中不断增长的贫民窟，也成为一个新的问题挑战。

巴基斯坦在促进人口可持续发展方面进展一直较差，是南亚地区最差的国家之一。许多可持续发展性目标（教育、性别平等、健康）进展缓慢，难以解决大量人口带来的巨大负担。由于教育、卫生和基础设施等基础条件的发展比较落后，加之自然条件限制、城市化不足等原因，巴基斯坦的扶贫和可持续发展进度仍然有很长的路要走。由亚洲发展银行数据可知（见图 8-8），巴基斯坦具有营养不良趋势的人口，占总人口比例为 20.5%，在亚洲地区排名落后；医疗卫生条件有待于进一步改善，由心血管病、癌症、糖尿病或者慢性呼吸系统疾病引起的死亡率也比较高，达到 24.7%的水平。在教育服务、饮用水安全和食品安全等其他基础服务方面，巴基斯坦也具有很大的提升空间。

巴基斯坦的扶贫与经济增长密切相关，对巴基斯坦来说，实现经济增长是现今最好的扶贫措施，维持经济稳定增长尤为重要。根据世界银行集团的估算和模拟：在温和增长情景（平均 GDP 增长率为 4.3%）中，巴基斯坦将有望到 2030 年实现极端贫困率降至 3%的目标；在增长率较高（7%）的情景下，这个目标大约可以提前十年实现。在高增长率情景中，脆弱性阈值下的人口可以从 2011 年的 74.2%降到 2018 年的约 64.0%，每年下降 2 个百分点；而在温和增长的情景下，

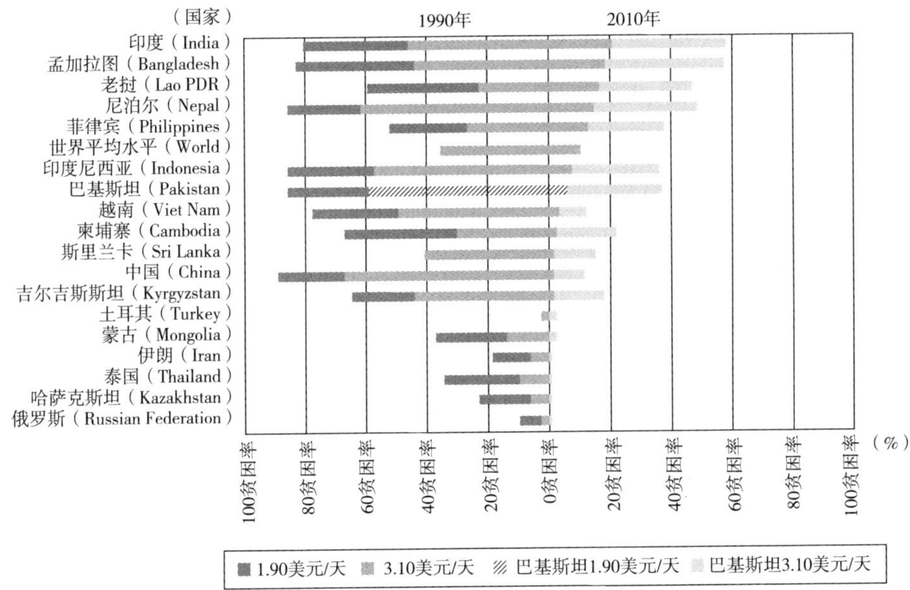

图 8-8　巴基斯坦和其他国家（地区）贫困减缓对比

资料来源：世界银行网站，https：//data. worldbank. org/country/pakistan.

每年下降只有 1 个百分点。2019 财年的贫困率继续下降，2019 财年用 1. 90 美元国际贫困线计算的人口占比估计为 3. 1%（2015 年为 3. 9%）；用 3. 2 美元贫困线划分的贫困人数估计下降约 3. 4 个百分点，达 31. 3%；使用 5. 5 美元贫困线划分贫困人口为 72. 6%（比 2015 年下降 2. 8 个百分点）。随着政府收紧财政和货币政策，2019 财年到 2020 财年经济增长将放缓。目前巴基斯坦积极改善国内投资环境，提升整体竞争力；改善农业，开发农民技能，提高农业生产力；同时不断扩展服务覆盖范围，向边缘化地区和贫困地区延伸；增强金融包容性，将金融覆盖范围延伸至中小企业（MSMEs）、微型企业；向妇女和年轻人，向贫弱的地区开放金融服务等。旁遮普制订了技能发展计划，拟 2 年内培训 200 万青年，通过技能提升保持经济增长；目前已经建立了 30 多项技能学习课程，培训了 1.6 万名毕业生，并与企业签署了合作用工协议。

二、低质量与不平衡的教育

巴基斯坦把普及教育的承诺记载到了宪法中，宪法规定免费教育是一项权利，国家负责提供免费义务教育，但受经济发展水平所限，教育比较落后，学校数量相对于其庞大的人口明显不足，小学入学率和初级教育普及率均较低，能接受高等教育者较少，教育资源匮乏。

巴基斯坦是世界上初等教育完成率最低的国家之一。巴基斯坦全国共有小学15.8万所，初中2.9万所，高中1.6万所，大学51所。公共教育支出低，影响了教学和学习成果，在全球195个国家中，只有14个国家教育支出水平低于巴基斯坦，其中9个国家的人类发展指数排名低于巴基斯坦，基础教育缺陷导致更高的辍学率、学习问题和缺勤率。2009年，巴基斯坦教育政策要求教育支出增加到国内生产总值的7%，随着时间的推移，虽然预算已经有所增长，但仍仅占国内生产总值的2.3%。联合国发布的《巴基斯坦国民人类发展报告》指出，巴基斯坦政府大部分预算拨款微不足道，拨款中4/5用于经常性的管理，在教师培训、课程开发等方面作用甚微。2015年巴基斯坦的总入学率为9.9%，2013年与2014年均为10.4，2010年之前仅有5%～6%。2014～2015财年的普查数据显示，巴基斯坦10岁以上（包括10岁）人口识字率为60%，其中男性和女性识字率分别为70%和49%，城市和乡村识字率分别为76%和51%。据估计，2015年，巴基斯坦有945万儿童从小学辍学。只有将净入学率提高到每年3.8%的增长率，才能在2030年实现零失学儿童的目标；按照2015年0.92%的增长率，还需要60年才能达到零失学率这一目标。

改善教育不仅对促进青年就业、提高收入、提高青年的社会参与度、创造更为有效的社会联系有重要作用；而且对减少绝对贫困、增加公民政治参与、降低人口增长等也有作用。然而，低质量和不均衡的教育正是巴基斯坦面临的最紧迫问题之一。巴基斯坦最近致力于提高入学率，这一阶段中，虽然入学率有所提高，但社会经济等状况并没有改善；尽管识字率水平不断提高，但失业率居高不下，凸显了教育质量对于人的发展的重要性，只有教育质量提高到一定水平，才能提高人力资源，才会对经济发展起作用。单纯地提高入学率，培养更多毕业生，并不意味着能够为国家培养足够多的有能力、有担当的青年公民，除了提高供给的人力数量之外，还必须提高质量，增加教育的普适性。

中高等教育是巴基斯坦教育体系中最薄弱的部分，不仅缺乏资金，而且缺少质量的监控；大多数中等教育强调死记硬背，研究性内容少，教师培训不足；导致学生对大学的学习内容和方式准备不足。课程设计和实践的相关性差是教育系统的一个重要缺陷，国家对教育系统的干扰加剧了这种缺陷；学术界和民间社会组织提出的大多数改革提议被选择性忽视，课程严重缺乏鼓励认知发展分析和批

判性思维技能的内容。中学和大学缺乏职业咨询服务，学生对职业选择缺乏认识，不能很好地选择职业。与工程、医学或法律等专业相比，越来越多的年轻人注册艺术、人文和普通学科等非专业本科学位。没有专业技能的毕业生供过于求，对劳动力市场也是一种恶化，巴基斯坦依赖农业经济，较高层次上的青年人在对农业研究上却最低限度参与。

《巴基斯坦国民人口发展报告》认为，尽管巴基斯坦在教育指标改进方面取得了一些进展，但各省之间、农村和城市之间的教育依然存在着较大的水平差异，尤其性别差异问题依旧比较严重。巴基斯坦不同地区的识字水平存在明显差异；根据地点、性别和社会经济地位不同，教育水平差异很大，特别是对于妇女和农村居民等弱势群体而言，中等教育水平是进入巴基斯坦劳动力市场的最低资格，近年来巴基斯坦的中学毕业生，特别是城市地区中学毕业生人数有所增加，但在农村地区和女性之中，毕业率则明显更低。女孩在教育方面受到剥夺，一般家庭认为女孩接受教育是不合算的投资，女性在结婚之后，会离开自己的家庭；在学校教育提供方面也存在因素阻碍女性受教育，例如，缺乏女子学校，女教师短缺，学校距离较远，缺乏公共交通，缺乏良好卫生设施等。受教育低于平均水平的人，在社会中会被边缘化，特别是在劳动力市场，在完成小学或中学教育之前被迫辍学的儿童就是教育边缘化的一种，巴基斯坦大多数年轻人因经济原因离开教育开始工作，而许多人渴望第二次接受教育的机会。巴基斯坦大学录取标准不考虑各地教育参差不齐、城乡差异、语言障碍和学生社会经济背景等，进一步助长了社会的阶级分化。

大量年轻人被排除在有质量的教育制度之外，影响国民生产力、发展潜力、政治和社会赋权以及提高生活质量的能力，形成一个恶性循环：缺乏接受教育的机会导致生产力下降，使贫困长期存在，进一步限制了受教育的机会。巴基斯坦制定的 2030 年可持续发展目标（SDGs），强调教育数量和质量指标的同步改进，具体需提高识字率，改善大中专学校的教育设施和条件，同时决定增加教育经费。根据世界银行报告，近年巴基斯坦各省教育取得了不同程度的成果。旁遮普省的小学教育取得了显著成果，2017~2018 年，旁遮普省入学人数从 1130 万增加到 1230 万，增加了 100 万。2016 年以来，该省还成功招聘了 10 万名教师，极度缺乏教师的学校从 23000 所减少到 300 所。2018 年 1 月，该省实施了幼儿教育政策，建立了 11000 个幼儿教室。截至今天，260 万学生正在旁遮普教育基金会（Punjab Education Foundation，PEF）领导的公私合作项目中学习。通过对数学、乌尔都语和英语的考察，发现基本的识字率和算术能力也在增加。省政府宣布2017~2018学年为学习年，每周预留一小时教授基本识字和进行算术指导。信德省在教育部门实施全面的改革计划，改善教育部门的治理方式和问责制。省政府为大约4500所学校改善了基础设施，对数量有限的教师进行分配，确保每个教室都有教师；实施学校整合计划，以确保对有限的学校资源有效利用。省政府选定一批学校进行重点改造，改善教育环境，保证入学率，然后作为样本推广。政府培训了900多名校长进入教育系统，确保这些校长有能力，并切实开展改进工作；同时为6000多名教师岗位实施招聘，注重科学、数学以及幼儿教育相关的招聘，希望填补这方面的空白。省政府每年对5年级和8年级学生开展一次大规模的评估，跟踪分析其学习成果。俾路支省通过国家伙伴关系战略（CPS）获得了3400万美元项目资金。项目实现了全省900多所学校运转，其中700多所是新建或翻新的，包含100多所具备升级（包括初级、中级和高级）考试能力的学校。通过该项目，有5.3万名儿童进入特殊学校入读，89%成功留下，其中72%是女孩；有700所学校建立了整套幼儿教育计划，包括受过培训的教师和受过审核的教材；并且有1200多名教师接受了欧洲经委会的培训，重点内容包括数学、科学和教育学。项目还对学校周围的社区成员进行了培训，以保证入学率，同时监督学校建设和教师发挥职能。

三、医疗卫生服务城乡分化、供给短缺

2000年之前，巴基斯坦政府将其GDP的43%用于偿还债务，3.1%用于经济发展、社会和社区服务方面，只有大约0.8%用于医疗保健，比孟加拉国（1.2%）和斯里兰卡（1.4%）还低。2000年，巴基斯坦政府实行权力下放计划，现今各省级地区在大部分事务上享有全面的行政和财政自主权，其中包括卫生部门。各个地区负责根据当地的数据和需求，确定医疗卫生发展相关战略、计划和措施。据世界卫生组织统计，2013年巴基斯坦全国经常性医疗卫生总支出占GDP的2.8%，按照购买力平价计算，人均医疗健康支出126美元；2015年全国医疗卫生支出占GDP的2.7%，人均经常性医疗卫生支出134.4美元。过去几十年中，巴基斯坦人口的健康状况大有改善，儿童免疫接种率增加了一倍以上，计划生育知识普及率近乎普遍。据巴基斯坦统计局统计（估计数），2016年巴基斯坦有14282家医疗机构、123394张病床、1201家医院、683个农村医疗中心、195896名医生。2016年巴基斯坦男性人均寿命为65.5岁，女性人均寿命为67.7岁。

商务部发行的《对外投资合作国别（地区）指南》中介绍：巴基斯坦医院分公立和私立两种。公立医院收费低廉，主要面向普通市民。私立医院设备及医疗水平相对较好，但费用较高。巴基斯坦大城市都有国立医院和私人诊所，能够保证一般常见病的治疗。但在农村、边远山区的医疗卫生条件相对较差。巴基斯坦人口中有一半以上生活在农村地区，贫困加上文盲，妇女地位低以及安全的饮水和卫生设施不足，严重影响了健康指标，在农村的一些地区，90%以上的分娩是由未经训练或半训练的传统接生员进行的。公共部门缺乏医疗服务的资金，难以承受昂贵的成本是难以提高卫生服务水平最重要的原因；而农村地区有限的医疗和健康知识，迷信偏方，对卫生服务的认知不足等也严重阻碍了医疗卫生和健康指标的提高。公共医疗保健系统以初级保健为重点。在社区一级，巴基斯坦卫生部的女性卫生工作者计划（LHW）和人口福利部的农村计划生育工作者计划（VBFPW）颇有成效。这些计划项目覆盖面广，根植于农村，服务农村人口，在国际上获得了广泛声誉。这些计划内，社区附近设置能够满足需求的药房，服务1万~2万人的基本医疗单位（BHU）或者是服务2.5万~5万人的农村医疗中心（RHC），为基层社区的卫生工作者和计划生育服务工作者提供支持。但是，这些基层设施存在运营时间有限，往往距离人口较远等问题。这些机构之上是taluka/tehsil医院（可以服务50万~100万人）和三级医院（服务100万~200万人）。在私营部门，有经过授权许可的药店和医院，但也有很多不受管制的，包括私营的医院，私营全科医疗医生、传统治疗师、精神治疗师、草药医生、接骨师等，非政府组织也积极参与医疗卫生事业。在巴基斯坦城市地区，通过对私营医疗机构的特许经营，借助一些公私合作的措施，在很大程度上提高了人们对医疗卫生和健康的认识水平，例如，避孕普及率的上升，就是非政府组织部门和政府的女性卫生工作者计划（LHW）共同努力的成果。

四、基础设施落后对民生的阻碍

巴基斯坦基础设施建设滞后，制约了其经济发展和民生质量的提高。道路、通信等基础设施建设滞后，使本国市场联通性差，经济生产成本高。巴基斯坦基础设施建设对外国无偿援助和贷款的依赖度高，其中对世界银行、亚洲开发银行等国际机构及中国、美国、英国、日本等国的无偿援助和贷款依赖度较高，同时巴基斯坦积极鼓励外国投资者参与当地基础设施投资。

根据商务部《对外投资指南》介绍，公路建设被视为巴基斯坦经济社会发展的关键。2009 年，NHA 制定了“十年投资规划”，拟在 10 年（2010~2020 年）内全面扩建公路网络，提高公路密度和道路运输速度，降低车辆运营成本和道路故障。目前，已新修和改扩建 8 条高速公路、4 条国道，全国公路密度提高至 0.64 公里/平方千米，道路运行速度提高 25%，车辆运行成本降低 10%，道路故障减少 50%；仍有 72 个正在进行项目，耗资 3050 亿卢比，资金来自 PSDP，2017~2018 财年还新批了 18 个 PSDP 计划项目，资金为 147 亿卢比。巴基斯坦的铁路始建于 1861 年，建国后出于体制、资金和管理等原因，铁路建设长期停滞不前。政府在《2030 年远景规划》中确立了“使铁路成为国家主要运输形式、运输系统逐渐盈利、有力促进国家经济发展”的目标。地铁轻轨主管部门主要是各省政府。拉合尔、卡拉奇、伊斯兰堡-拉瓦尔品第、白沙瓦四个主要都市区均有建设城市轨道交通系统的设想。其中由中国公司承建的拉合尔橙线地铁项目，于 2015 年开工，已于 2018 年上半年完工交付使用。在海运方面，巴基斯坦共有 3 大海港，分别是卡拉奇港、卡西姆港和瓜达尔港。卡拉奇港和卡西姆港承担了大部分的航运任务，2016~2017 财年 99%的国际货物通过这两个港口进出。巴基斯坦本国海运能力较弱，全国仅有 15 艘远洋货轮，载重总量为 63.6 万吨，进出口货物多依赖外轮。巴基斯坦国家航运公司（PNSC）是巴基斯坦唯一的国营航运公司，拥有各类货轮 9 艘。2013 年，中国港控、瓜达尔港务局、新加坡港务局三方签署《特许经营权协议》，中国港控接管了瓜达尔港口 923 公顷自由区的开发、经营权。目前，瓜达尔港重建工作已基本完成，港区恢复作业能力，2018 年 1 月 29 日举行了开园仪式，2018 年 3 月开通“巴基斯坦瓜达尔中东快航”集装箱班轮航线，预计到 2055 年，瓜达尔港将成为巴基斯坦最大的港口。

巴基斯坦电信行业实施完全市场化方针，主管部门是信息技术和电信部、电信管理局（PTA）。2000 年开始对外开放电信行业，大量外资涌入，行业高速增长。上届政府制定了《2015 电信发展政策》，旨在通过开放、竞争和管理完善的市场，提供全覆盖、买得起和高质量的电信服务。2016 年，巴基斯坦有移动通信用户 1.5 亿，宽带用户达 5700 万，3G 和 4G 用户达 5500 万，电话用户约 300 万。但北部高海拔地区、部落和偏远农村的通信网络建设相对落后。巴基斯坦电力供应紧张，夏季用电高峰期时，城市每日停电时间可达 12 小时，农村每日停电时间可达 16 小时；电网建设落后，与周边国家互联互通程度不高，输电损耗大，输电和窃电损失占总供电量的近 25%。巴基斯坦国家电力公司（PEPCO）辖区装机量约 2281.2 万千瓦，实际电力需求 1800 万~2000 万千瓦，实际发电能

力1200万~1400万千瓦，缺电600万千瓦。根据《2030年远景规划》，电力供应方面的主要目标和措施有以下五个：①加快以印度河为主的河流大中型水电站建设；②开发塔尔煤田，大力发展火电站建设；③加大油气资源勘探开发力度；④2030年核电装机目标880万千瓦，可再生能源装机容量970万千瓦；⑤通过私有化等措施提高水电和电网管理部门工作效率，升级更新输电网络。中巴经济走廊早期获批项目中能源项目占很大比重，走廊能源项目全部完工后，将为巴基斯坦增加约11000兆瓦电力供应，大大缓解巴能源紧张局面。

第三节　巴基斯坦民生相关政策的总结和反思

2017年12月开始，巴基斯坦政府致力于维护经济发展的稳定性，2018年8月开始加紧措施，在《2019-2020年度计划》继续加强。问题的核心是应对即将到期的债务偿还，需要在未来几年内实现还款。《2019-2020年度计划》是《巴基斯坦“十二五”规划（2018-2023）》的第一年。根据议程，政府采取了各种紧急的财政措施，并寻求外部帮助来稳定经济。由于财政整顿和对外部门相关的措施，通胀压力预期降低；新的财政年度，经常账户赤字也已经缩减；外汇储备的增加使本地企业和国际市场都得到了保证。在实体部门的紧急措施有助于恢复增长，尤其是能源部门治理的改善对经济起到了利好作用。

对巴基斯坦来说，相较其本国其他政治相关问题，民生问题或许并非其最紧要的事项，同样，仅就其民生来考察民生失策之所在，也有失全面。民生在于保障人民生活安全、稳定，促进其发展、繁荣；安全、稳定是根本。巴基斯坦受本国宗教争端、地缘政治影响，动荡不断，是其发展受阻的根本原因，自然条件差进一步限制发展。国家体量庞大，人口众多，如西方国家一般的自由式民主政治应对如此庞大的国家机器，施展和作为必然受限，以致国家积贫，外债累累，又进一步增加了国民负担。如此反思，其民生之改进如果仅落脚于经济发展、文化教育上等做一些修修补补，必然收效甚微，耗时长久。思想上的认识是根本原因，也是最难以改变的，国家的发展源自每个国民对于相同目标的追求。

“人民有信仰，民族有希望，国家有力量”，在习近平的带领下，中华人民共和国坚定地走在中华民族伟大复兴的道路上，中华民族伟大复兴的道路，不仅不排斥其他国家和民族，而且同其他国家互惠共通，共谋发展。从对与巴基斯坦的民生问题相关的问题考察中，可以得到以下四点启示：

第一，国家的安全和稳定是保证一切发展最重要的基石，民生保障必须与推动经济协同发展。有些观点认为，经济发展自然会推动社会福利水平的增长，也有些观点认为两者无关。实际上，经济发展的受限和民生服务的滞后，受国内政治和治安风险影响，较高的风险使国家难以有效吸引境外投资，从而带动经济的整体发展，进而在发展中解决民生问题。因此，经济发展与民生保障都需要营造稳定可期的政治经济环境。就我国而言，民生保障仍然需要建立在经济高质量发展的成功转型上，因此，营造稳定可预期的制度化营商环境，不仅有利于推动经济发展，也是进一步推动我国走向共建共享共治普惠型发展之路的前提。

第二，教育、培训等方案在促进人的发展上的作用明显。民生政策的基础是推动人的发展，受教育权是最基本的权利。巴基斯坦推动的一系列培训教育计划，特别是继续教育和终生培训的计划，有利于推动人力资本的提升，一方面为经济发展提供强劲动能，另一方面也有利于推动社会平等，促进就业、促进教育，乃至对家庭关系、代际教育都有正面的效果。其推动义务教育普及的相关政策在各省都取得了积极的发展效果。

第三，推动社会融合与认同感建立。社会共融与认同的整合应该作为民生发展的重要标准之一。无论是族群、信仰、代际还是性别，较好的社会融合度有利于促进民众的幸福感、获得感，并为社会发展提供互助的支持性力量，从而有利于培育跟国家一道提供公共服务于民生福利的治理伙伴，例如社会组织和各种志愿团体。

第四，推动社区保健和初级保健进乡村。在社区一级，巴基斯坦卫生部的女性卫生工作者计划（LHW）和人口福利部的农村计划生育工作者计划（VBF-PW）颇有成效。我国农村地区还存在大量的基本医疗尚未覆盖的地区，虽然巴基斯坦医疗卫生条件仍然较差，但其在初级保健上所付出的努力成效显著，声誉较好。这表明，建立健全覆盖面更广的初级卫生保健体系是一种有效的选择。

总的来说，巴基斯坦的经济和社会发展状况与中国相比还有较大差距。中国推动经济发展和社会发展走过的路和经验对巴基斯坦有更多借鉴意义。值得思考的是，如何在当前形势下，借助民生保障的经验分享和交流，推动中巴经济、社会发展模式的深入学习、互补，以期建立“互利共赢”的伙伴关系，主要有以下三个建议：

第一，围绕扶贫，将中国精准扶贫、教育扶贫和产业扶贫的思路带给巴基斯坦人民。首先，通过互访、培训、交流、帮扶等多种形式帮助巴方人民脱贫。这样做的好处是有利于凝聚双方共识，推动两国和世界上多种民间力量的交流与合作，事半功倍。其次，扶贫是一个长期的系统性工程，包含了政策出台、民间动员、企业参与以及创意方案等多个社会工程。中巴双方可以根据自身的社情民意灵活调整具体的合作模式，对接合意的扶贫方案，具有足够的灵活性。

第二，抓住巴基斯坦青年群体，推动青年教育培训。依托智库、高校、研究机构等组织，开展以“贫困与社会发展”为主题的多种经验交流、研讨与分享活动，鼓励巴基斯坦青年到中国来参加一系列的职业培训、政策学习与经验学习，以青年交流为纽带，让来中国的留学访学、交流人员成为星星之火，带动巴基斯坦的就业、教育、医疗的全面发展。

第三，“要致富、先修路”，帮扶基建助发展。巴基斯坦落后的基础设施建设，制约了本国的经济发展，使国家长期陷入贫困陷阱中。只有改善路网、通信、电力，引进适合本地发展的产业，盘活本地资源，安置就业、投资教育，才能从根本上除“穷根”。这也是吸引外资、发展经济的根本前提。

巴基斯坦一直以来都是中国紧密的战略伙伴之一，是中国人民的好兄弟、好伙伴。习近平总书记提出的“一带一路”倡议以及“中巴经济走廊”战略和巴基斯坦本国的发展紧密相关联，对其意义重大；中国援建的瓜达尔港口，也已然成为其经济发展的重要“窗口”。虽然巴基斯坦目前面临着许多发展上的困难，但相信在不久的将来，巴基斯坦将成为一个在国际上具有重要影响力的国家。

参考文献

［1］商务部对外投资和经济合作司．对外投资合作国别（地区）指南——巴基斯坦（2018 年版）［R］．2018.

［2］World Bank. Overview［EB/OL］. https：//www. worldbank. org/en/country/pakistan/overview#3.

［3］Ali S. Why Does Policy Fail? Understanding the Problems of Policy Implementation in Pakistan—A Neuro-cognitive Perspective［J］. International Studies in Educational Administration，2006，34（1）.

［4］Tointly prepaleaby Policy Wing. Finance Division Poverty Reduction cell，Planning Commission Government of Pakistan. Novemer2011. IMFC International Monetay Funcl, website. 访问网址：inf. orjlExternal/NP/prsp12001/pak101/index. thm.

[5] Planning Commission Govevnwent of Pakistan. Vision 2030-Pakistan [M]. Pakistan, 2007.

[6] Nadeem UI Haque & Rataana Sahay. The Framework for Economic Growth [M]. Pakistan, 2011.

[7] Goverment of Pakistan. The Official Web Gateway to Pakistan [EB/OL]. http://www. pakistan. gov. pk.

[8] Government of Pakistan Ministry of Planning, Development and Reform. Ministry of Planning, Development & Reform [EB/OL]. https://www. pc. gov. pk.

[9] Iqbal A. Long Term Plan for China-Pakistan Economic Corridor (2017-2030) [R]. Pakistan: Ministry of Planning Development. Reform Government of Pakistan, 2017.

[10] Adil Najam F. B. Pakistan National Human Development Report 2017 [R]. Pakistan: United Nations Development Programme, Pakistan, 2017.

[11] Rasool G. R. Education in Pakistan: The Key Issues, Problems and the New Challenges [J]. IBT Journal of Business Studies, 2007, 3 (1).

[12] Lloyd C., Mete C., Grant M. Rural Girls in Pakistan: Constraints of Policy and Culture [M]. Pakistan, 2007.

[13] Gazdar H. Social Protection in Pakistan: In the Midst of a Paradigm Shift? [J]. Economic and Political Weekly, 2011, 46 (28): 59-66.

[14] Shaikh B. T., Hatcher J. Health Seeking Behaviour and Health Service Utilization in Pakistan: Challenging the Policy Makers [J]. Journal of Public Health, 2004, 27 (1): 49-54.

后　记

感谢各位作者的努力！

《亚洲的社会发展与民生保障》得到中国社会科学院社会发展战略研究院及学界其他同仁的支持，终于成书出版了。在该书中，我们力图从亚洲各国的发展经验出发，系统总结各国的社会发展战略，研究其人口变动态势与就业结构转变趋势，讨论人力资源开发、卫生健康保障、人民群众生活质量、社会基本公共服务等问题，争取从现实中汲取其成功经验，规避其重大历史教训，以便科学制定中国民生领域的社会政策，促进中国的教育、就业及其他社会保障政策的公平和公正，推进基本公共服务的均等化，在社会主义现代化强国建设过程中，促进中国社会事业顺利发展，推动中国社会政策日趋完善。

项目由张翼任组长，房连泉任副组长，以中国社会科学院社会发展战略研究院为主体，并吸收其他相关研究人员，共同完成了本书的写作。

各章的作者分别是：前言，张翼；第一章，房连泉、魏茂淼；第二章，郭云蔚；第三章，郭冉；第四章，齐传钧；第五章，罗婧；第六章，刘海霞；第七章，马峰；第八章，刘学。

当前，“十四五”规划正在如期推进。在全面建成小康社会之后，中国已步入全面建设社会主义现代化国家的新征程。在新发展阶段，只有贯彻新发展理念，才能形成高质量发展的新发展格局。

这本著作论证并分析了亚洲主要国家的社会发展与民生保障问题，既具有很强的历史性，也具有显著的前瞻性，同时还具有应用对策意义的针对性，显示了各位专家学理意义的真知灼见。在努力促进中国形成新发展格局的过程中，我们希冀正确分析他国经验，规避他国发展风险，在 5000 年悠久的历史文化中汲取智慧，正确分析当前我们遇到的社会问题，调查和总结人民群众的实践创新，科学应对重大国内和国际问题，科学研判未来发展趋势，提出具有操作意义的政策建议，以优异成绩迎接党的二十大的胜利召开，将中国建设成为富强、民主、文明、和谐、美丽的社会主义现代化强国，实现中华民族伟大复兴的中国梦。

最后，对经济管理出版社任爱清老师的辛勤努力表示真诚感谢。没有她的周旋与敦促，该书出版面世的时间还会后推。

张　翼

2022 年 5 月于北京